价值思维与公司价值管理

——CFO 到 CEO 的必由之路

赵治纲　著

中国财经出版传媒集团

经济科学出版社

Economic Science Press

图书在版编目（CIP）数据

价值思维与公司价值管理：CFO 到 CEO 的必由之路/
赵治纲著 . —北京：经济科学出版社，2021.7
ISBN 978 - 7 - 5218 - 2611 - 1

Ⅰ. ①价… Ⅱ. ①赵… Ⅲ. ①国有企业 - 价值论 -
研究 - 中国 Ⅳ. ①F279. 241

中国版本图书馆 CIP 数据核字（2021）第 110725 号

责任编辑：谭志军
责任校对：徐 昕
责任印制：范 艳 张佳裕

价值思维与公司价值管理

——CFO 到 CEO 的必由之路

赵治纲 著

经济科学出版社出版、发行 新华书店经销

社址：北京市海淀区阜成路甲 28 号 邮编：100142

总编部电话：010 - 88191217 发行部电话：010 - 88191522

网址：www. esp. com. cn

电子邮箱：esp@ esp. com. cn

天猫网店：经济科学出版社旗舰店

网址：http://jjkxcbs. tmall. com

北京季蜂印刷有限公司印装

710 × 1000 16 开 15.25 印张 300000 字

2021 年 8 月第 1 版 2021 年 8 月第 1 次印刷

ISBN 978 - 7 - 5218 - 2611 - 1 定价：68.00 元

（图书出现印装问题，本社负责调换。电话：010 - 88191510）

（版权所有 侵权必究 打击盗版 举报热线：010 - 88191661

QQ：2242791300 营销中心电话：010 - 88191537

电子邮箱：dbts@ esp. com. cn）

前　言

为何要撰写本书？我从事 EVA 考核与价值管理研究已经 10 余年，近几年一直在思考、研究和探索如何构建我国本土化的 EVA 价值管理框架体系，于是就有了将近年来的研究心得和 EVA 实践经验进行系统总结的想法。此外，在 2020 年新冠肺炎疫情冲击、数字化转型加速、双循环新发展格局加快构建等大背景下，我国企业经营管理的不确定性和风险日益增大，企业经营管理更需要树立"价值理念"与"价值思维"，这就迫切需要加快构建价值管理体系，来提升经营管理水平，来应对外部风险和挑战，来追求长期价值的可持续增长，真正实现高质量发展。所以，撰写此书就显得更具现实价值、更加责无旁贷。

为何要阅读此书？在数字经济时代，尤其在信息爆炸的时代，书要做到开卷有益、要做到思想具有开拓性、要做到应用具有指导性，说来容易，做到其实很难。我认为，至少本书做到了对 EVA 和价值管理有了新的思考、提出了新的观点，也总结了企业新的实践。当前，绝大多数公司的 CEO 或者 CFO 对价值管理缺乏系统、清晰的理解，对价值管理工作的战略意义认识不足，对实施价值管理还存在许多疑虑，比如，价值管理核心内容是什么？价值管理与现有管理体系有何区别？价值管理与现有管理体系是否冲突？价值管理将给企业带来什么影响？价值管理工作如何开展才能取得实效？阅读完此书，我想你应该能从中找到一些答案。

本书有何特色？首先，本书的开拓性贡献是对"价值思维"和"价值管理框架"进行了系统研究，特别是本书对数字经济时代企业价值管理的新挑战、新逻辑和新思维进行了初步思考和系统研究。其次，本书对 EVA 会计调整方法，价值管理框架体系、EVA 业绩考核体系、EVA 全面预算管理体系、EVA 关键驱动分析体系、EVA 价值诊断体系，以及 EVA 监测预警体系等内容进行了总结和阐述。最后，如何将价值思维和价值管理在企业真正落地，本书提供了初步答案和有益参考。

如何通过构建价值管理体系来实现长期价值增长目标？如何从"管利润"转向"管价值"？本书是后疫情时代价值管理的又一部力作，更是公司CFO成长为CEO的必读之作。本书不仅可以为我国学者从事价值管理研究和本土化应用提供指引，也可作为企业开展价值管理培训与学习的指导教材，还可作为高等院校管理会计、人力资源管理等专业的教学参考用书。

本书的出版得到了中国财经出版传媒集团经济科学出版社的大力支持，我指导的吴冰婕和马瑛萍两位研究生对资料整理和文字校对工作付出了艰辛的努力，在本书即将出版之际，一并表示感谢。虽然我尽力做到观点新颖、思考深入、内容全面和结构严谨，但限于作者的水平，书中难免会存在一些不足之处，恳请学界同仁和实务工作者不吝指正，以便今后进一步修改和完善。

赵治纲

2021 年 3 月 22 日于中国财政科学研究院

目　录

第一章　公司价值管理：目标与挑战

第一节　公司价值管理定义及内涵

一、何为价值管理？

价值管理，又称为基于价值的企业管理（Value-Based Management），是建立在价值思维基础上的一套公司管理方法和一种行为模式。价值管理是一种以价值为核心的管理方法和制度体系，使得公司的管理人员集中于公司的战略制定，聚焦于价值关键驱动因素的管理，通过资本和其他资源的有效结合来实现价值增长的有效途径，其最终目标是股东财富的最大化。也有观点认为价值管理是贯穿于公司整体战略和经营决策之中的目标体系，它是将公司愿景、价值驱动和管理行为紧密地结合，来强化过程管理和结果导向，以创造价值为目标来提高企业价值，是一种新型的价值管理方式。

自 20 世纪 90 年代以来，企业经营中一种有别于传统方式的经营理念和管理方法逐渐兴起并得到广泛应用。可归纳为三个观点，即：结果观、程序观和综合观。结果观认为价值管理是一种管理方法、管理思想或管理模式，主要代表人物有奈特（Knight）、西姆斯（Simms）等。程序观认为价值管理是一套管理程序，它通过一定的步骤或按照一定的程序进行管理，以实现公司价值创造的目标，代表人物有罗恩特（Ronte）、克里斯托弗（Christopher）等。综合观认为价值管理是一种综合性管理行为，它需要运用多学科、多技术来进行综合管理，以实现经济组织的价值创造，代表人物有约翰·D·马丁、威廉姆·佩蒂等。

关于价值管理，不同的学者有不同的定义，其代表性的定义或观点主要体现在以下几个方面。

（一）国外学者对价值管理的定义

价值管理思想最早可以追溯到莫迪格利安尼（Modigliani）和米勒（Miller）提出的现代企业价值理论。波特（1985）认为价值链理论从企业价值创造流程角度考察各种经营活动，认为企业存在五种基本价值活动和四种辅助价值活动。五种基本价值活动包括内勤、生产经营、外勤、市场营销和服务，四种辅助价值活动分别是企业基础设施、人力资源管理、技术开发和采购。拉帕波特（1986）在《创造股东价值》（Creating Shareholder Value）一书中提出了基于自由现金流量的价值管理模型，使股东财富最大化的理财目标，由一种管理理念转变成一种可操作的管理方法和技术，这标志着价值管理的正式形成。

《财富》杂志（Fortune，1995）中提到当通用电气公司的前执行总裁杰克·韦尔奇被问到他为谁的利益而经营公司时，他回答说："我们都在试图使股东、雇员和社会之间达到适当的平衡。但这可不容易，因为如果最终不能使股东满意，我们就无法机动灵活地去照顾雇员或社会。在我们这个社会中，不管你愿不愿意，都必须让股东满意。"

1997年美国管理会计师协会提出，"价值管理（value-Based Management，VBM）是一种管理方法，它将公司的整体构想、分析技术及管理程序都结合起来，通过将管理决策的制定集中于股东价值主要驱动因素上的方式使公司价值达到最大。"

卡普兰（Copland，2002）认为："价值管理是基于企业价值的管理，是一种以价值评估为基础，以价值增长为目的的一种综合管理模式。它是指在企业价值评估的基础上强调企业长期价值提升的管理模式。"

安妮·艾米尔斯（Anne Ameels，2002）则认为："价值管理是一种用来整合企业资源、活动以实现企业组织既定目标的管理工具、管理装置、管理控制系统，它通过把企业资源合理地分配到最有价值的投资上尽可能多地创造财富，实现股东价值最大化。"

蒂姆·科勒（Koller T，2007）所著的《价值评估：企业价值的衡量和治理（第四版）》一书中，对公司价值的衡量、管理和最大化创造等基本原理进行了系统阐述，指出企业高层管理者的核心职责是股东价值的治理，而价值治理的目标就是追求股东价值的最大化，并在此基础上对股东价值最大化的方法进行了积极探讨。

（二）国内学者对价值管理的定义

汤谷良（2003）认为，价值管理，是根源于企业追逐价值最大化的内生要求而建立的，以价值评估为基础，以规划价值目标和管理决策为手段、整合各种价值驱动因素和管理技术，梳理管理和业务过程的新型管理框架。李晓明（2003）认为企业价值管理是将公司的全局目标、财务分析技术和管理程序整合在一起，推动公司将管理决策集中在价值驱动因素方面，最大限度地实现其价值创造的经营目标。

汪平（2005）在《基于价值的企业管理》中指出，基于价值的企业管理模式是企业管理领域中影响深刻的一场革命，与以往有着根本性的区别，其核心是价值管理的目标。

赵治纲等（2010）认为，价值管理是一种基于价值的企业管理方法。价值管理的目的就是实现企业使命（经营理念）、实现企业使命和目的的经营战略、企业治理（由谁来制定企业使命、规范企业活动）、企业文化、企业沟通、企业组织形态、决策系统和决策流程、绩效管理系统和流程、薪酬回报系统和流程，与企业所要追求的价值和目的之间的一致性。

张文兢（2014）认为价值管理是一种综合性的管理工具，它既可以用来推动企业的价值创造，又与企业投资者要求的收益超过资本投资成本的目标相一致。实现经济增加值持续增长的目标既可以满足价值管理的要求，又帮助企业提升价值、实现股东价值的最大化。

张漫子（2014）认为价值管理是在为企业价值性目标服务的前提下，引导企业进行战略规划、决策选择与绩效评价的管理手段，沿"价值目标—价值创造—价值评估—价值分配"的逻辑流程进行。

王苏（2015）认为价值管理不只是采用一些新型业绩指标或是会计工具，它是一种使企业内部各级管理层的管理理念、管理方法、管理行为、管理决策致力于股东价值最大化的管理机制，是围绕一些核心环节的一整套管理体系。这些核心环节包括：公司战略及目标、资源配置、投资管理与计划预算、业绩度量体系、激励体系、投资者关系管理、变革管理。所有这些环节的实施都围绕同一个目标：股东价值最大化。

金菁（2017）从价值管理的角度指出，企业需要引进更先进的管理模式，以维持并提高其企业的价值。

由此可见，尽管国内外学者们对价值管理的定义侧重点不同，但是其核心目标是相同的，只是在价值管理模式和理念见解方面有些差异，一个真正的价值管理体系要求在企业经营活动时，都要以企业的价值最大化为核心，以创造价值为基本理念，对企业组织每一个层面上都要求按价值最大化原则进行衡量和激励，并以实现价值创造为核心思想，最终实现企业价值提升的一种管理模式。

（三）国资委的价值管理定义

为指导中央企业进一步深化经济增加值考核，优化资源配置，提升以经济增加值为核心的价值管理水平，促进中央企业转型升级，增强核心竞争能力，加快实现做强做优、科学发展，国务院国资委2014年下发了《关于以经济增加值为核心加强中央企业价值管理的指导意见》。该指导意见对价值管理进行了定义，即价值管理是基于经济增加值的价值管理，是以价值最大化为目标，以经济增加值管理理念、管理决策和流程再造为重点，通过价值诊断、管理提升、考核激励、监测控制等管理流程的制度化、工具化，对影响企业价值的相关因素进行控制的全过程管理。

中央企业开展价值管理的基本原则：

（1）价值管理与企业实际紧密结合。实事求是、尊重企业发展规律，根据企业所处行业、发展阶段、战略目标，推动企业根据资本属性，在战略规划、投资决策、生产运营、财务管理、业绩考核、薪酬分配等方面与价值管理有机结合，实现从注重利润创造向注重价值创造转变。

（2）价值管理与制度建设相互促进。在坚持过去行之有效做法的基础上，遵循价值管理的基本理念、基本方法，将资本成本、资本纪律、风险控制等价值管理要素与现有管理体系有机融合，促进价值管理的制度化、体系化。

（3）价值管理与完善激励约束机制有效衔接。以经济增加值考核为切入点，积极探索以经济增加值创造水平或改善状况与绩效薪酬或中长期激励挂钩的有效做法，建立长效激励约束机制，最大限度调动企业负责人和员工的积极性、创造性。

（4）价值管理与维护各方利益有机统一。既要坚持股东价值最大化，又要模范遵守国家法律法规，统筹兼顾债权人、供应商、消费者、内部员工等相关方的利益，积极履行社会责任，创造互利共赢、和谐发展的良好环境。

二、价值管理的目标

1. 企业价值管理的总体目标

企业建立并实施价值管理体系的目标是从长期的角度来致力于追求企业价值最大化，并着眼于公司战略、着眼于核心能力、着眼于资本资产管理和着眼于管理提升，确定价值创造者和价值破坏者，并建立以价值为导向的考核和薪酬激励体系，最终形成一种有利于价值创造的企业文化。

国务院国资委2014年下发的《关于以经济增加值为核心加强中央企业价值管理的指导意见》中则明确了中央企业开展价值管理工作的总体目标：力争用两个任期时间，通过全面开展价值管理工作，推动中央企业管理方式向集约化、精细化转变，提高内涵式发展水平，实现"战略、计划、预算、考核和激励"围绕价值主线一体化运行，最终建立符合中央企业经营实际的价值创造长效机制，从而实现股东价值最大化目标。

2. 企业价值管理的具体目标

企业开展价值管理体系建设，还需要结合企业自身的管理基础和业务具体情况，来明确相应的具体目标，通常而言，价值管理工作的具体目标如下：

（1）推动EVA价值理念的全员普及；

（2）实现企业战略的价值引领；

（3）推进绩效考核价值导向的深入；

（4）建立薪酬激励价值分享的新方向；

（5）建立价值分享的薪酬体系和价值创造的企业管理文化。

通过实现上述价值管理的具体工作目标，真正帮助企业提升经营管理水平，实现企业价值改善和可持续发展。

三、价值管理与现行管理的关系

价值管理是企业在现有管理制度基础上，结合自身战略和发展重点，确定价值导向的管理理念，对核心管理流程进行全面梳理和优化，明确价值管理重点，开发和建立价值管理工具，形成一套科学合理的基于价值的新管理模式。企业实施价值管理需要对企业管理理念、管理行为、管理方法进行重构和再造，但这不是对企业现行管理的颠覆和否定，而是对现行管理模式的一种优化和调整；价值管理不是企业经营管理的紧箍咒，而是企业转型发展的助推器和核心抓手。

价值管理是对企业现行管理体系按照 EVA 价值思维进行的重新梳理，要求现行管理向 "EVA 价值管理" 聚焦。价值管理体系建设是在集团现行管理中植入 "资本成本、资本回报、资本纪律、风险控制" 等价值思维和要求。价值管理体系建设为企业管理的转型和价值提升提供了新理念和新思路。

四、价值管理的内容与作用

（一）价值管理的关键内容

企业实施价值管理时，要明确价值管理的三个要素，即创造价值、管理价值和衡量价值。

创造价值（creating value）是企业价值管理的基本理念。指企业利用相关的资源和手段最大化企业的价值，包括现实的和未来的价值，以此实现企业的保值增值。创造价值更多的是反映企业或者组织的总体战略，包括顶层战略、部门战略等各个层级。

管理价值（managing for value）是企业以管理方式变革、企业文化构建、企业管理沟通等手段对企业价值综合管理的结果。对价值实施的管理是贯彻在企业管理运营的所有层面和各个环节的，包括战略规划、制度制定、树立企业文化、进行内外部沟通等各个方面，其中管理价值主要体现在企业或者组织的内部软实力，包括管理能力、企业文化、治理结构等。

衡量价值（measuring value）是对企业价值的评估结果，是价值管理很重要的一个方面，创造价值的多少，未来价值的提升计划，经营状况的好坏都依赖于对于价值的准确衡量和评价。

价值管理的三要素相互区别又相互联系。基于价值的企业管理就是企业价值管理，是企业在创造价值、管理价值和衡量价值三要素综合作用下落实的价值管理。

价值管理的关键在于将价值理念体现到企业经营管理者的决策和每个员工的日常行为之中，并与股东利益保持一致。价值管理体系建设，应着力做好以下几个方面的重点工作：

（1）建立价值型的经营管理决策体系；

（2）深化适应价值管理工作要求的各项管理制度变革；

（3）建立价值型的财务管理体系；

（4）建立全面价值预算管理，实现资源优化配置和价值战略；

（5）建立 EVA 为核心导向的业绩考核体系

（6）建立以价值创造分享为主的薪酬激励体系

（7）建立价值管理报告体系，比如，建立以 EVA 和关键驱动指标为核心的跟踪监测体系来开展价值预警、价值分析、价值诊断和价值评估。

因此，价值管理是一个以价值创造为核心的综合和完整的管理制度系统。价值管理体系建设关系企业战略规划、组织机构、业务流程、考核激励、管理制度和企业文化等方面的全面优化，甚至重大变革。

（二）价值管理的关键作用

价值管理得到越来越多的企业重视，在现阶段的经营活动中，形成了经济增加值（EVA）、市场增加值（MVA）、折现现金流量（DCF）等多种价值管理体系。这些价值管理指标都旨在实现企业的长期价值创造，尽可能改善传统利润指标管理的短期化倾向，帮助企业实现长期发展并提高自身的核心竞争能力。

价值管理的基本原理其实很简单。只有当企业投入资本的回报率超过投入资本的资本成本率时，企业才会为股东创造价值。价值管理将这个思想予以延伸，并注重于企业应如何运用这个理念来进行总体战略的制定和日常经营的决策。价值管理若得到全面和持续实施，它将会成为管理层有效整合公司总体目标，实施基于价值目标的预算考核和管理程序的有效工具，并使管理层能专注于那些驱动价值增长的关键因素上（如研发投入、品牌投入、人力资本和无形资产等）。

价值管理要求企业管理者必须学会运用以 EVA 为基础的业绩评价标准，以此做出更好的经营和投融资决策，这就需要在管理好传统的利润表的同时，还要管理好资产负债表，从而平衡好资金的效益和资金的周转与使用效率，以及平衡好长期和短期的各项发展因素。

相比于传统利润导向的经营管理体系，基于 EVA 的价值管理体系确实有着其明显的优势。总体来说，价值管理体系最主要的特点就是统一的管理标准和行动，使得各层面的决策都能达到价值最优化，能与公司整体的价值增长目标相一致，而这是传统经营管理体系所不具备的。

企业建立基于 EVA 的价值管理体系主要有如下几个方面的优势：

（1）目的层面。EVA 价值管理体系是以公司价值为驱动的，它的所有经营管理活动都是为了使公司价值得到提升而展开的，目的是增加公司经济利润的创造能力，改变了传统的经营管理为了追求利润的最大化的目的。重视企业的价值最大化能力是价值管理的又一重要特征。现代企业管理之所以摒弃"利润最大化"企业发展目标，取而代之的是"价值最大化"，根本原因在于利润最大化导向容易破坏企业赖以持续发展的内部机制，不利于企业的长期发展。

（2）目标驱动对象层面。以利润最大化为目标的传统经营管理体系会使企业各部门间只按照自己部门的目标实行，各个部门之间缺乏沟通和交流合作，更有甚者会出现自己部门的目标与企业总体目标不一致的情况；而在 EVA 价值管理体系中，公司的 EVA 目标是直接作用于各个经营管理层面的，推进了各部门之间的有效沟通和合作来共同提升 EVA。

（3）内部决策层面。EVA 价值管理体系帮助企业改善内部管理决策，企业管理运营体系涵盖了指导运营、执行战略方针、执行相关的政策等各个方面，在 EVA 价值管理体系之中，包括对制定战略、进行投资规划、实施预算等各个方面进行基于 EVA 目标的决策管理，并在 EVA 管理的指导下，制定月度、年度计划，能尽可能地引导管理人员做出正确的决定。

（4）交流方式层面。传统经营管理中，信息的交流按照逐层逐级的方式来实现，决策过程是自上而下的；EVA 价值管理体系中，企业各层面都要参与到经营管理中去，是自上而下和自下而上相结合的双向交流方式，提高了决策的及时性和科学性。价值管理犹如一座沟通的桥梁，以价值目标为载体，两端分别连接着管理者和从业员工。企业管理者和员工之间不再是上下级别的行政关系，而是沟通者之间的相互关系。价值管理从来都不是管理者单方面运用的工具，它需要企业上下员工的共同参与和执行，任何一个环节的脱离，都可能导致价值管理实施的搁浅。因此，良好的沟通和交流是价值管理得以顺利实施的前提和保障。

（5）权力的集中程度层面。避免了传统管理模式下权力的过度集中，且公司的决策权与控制权都掌握在公司管理者手中的现象的发生；而 EVA 价值管理则实行分权制度，即将大部分决策与控制权都被下放到企业的各个部门，每个部门都可以以公司的整体目标为前提，根据自身的实际情况自主进行决策，避免了控制层次过多带来的弊端。

总之，企业价值管理对于企业经营发展的作用主要表现在以下几方面：有助于企业稳定的创造价值，并实现企业经济效益的最大化；通过价值管理提高企业管理的透明度并督促企业不断提高经营管理决策水平；可以对企业在市场经营环境中的风险因素进行妥善的管理；可以实现企业投资决策流程的优化；可以督促企业在内部建立以价值为导向的企业控制管理体系。

第二节　价值管理的目标与价值观

公司价值管理要求公司管理者必须学会运用以价值增长作为经营决策、预算管理、业绩考核的目标，以此作出更好的经营和管理决策，这就需要在管理好公司利润表的同时，更好地管理资产负债表，从而平衡好资金的来源、资金的周转效率和资金的效益，以及平衡好长期和短期的各项发展因素。公司价值管理若得以顺利实施，它将使公司实现良性的驱动和健康可持续地发展。

一、公司价值管理的价值形式

（一）价值的表现形式

尽管国内外大量学者对企业价值进行了多年的研究和发展，但是，目前对企业价值仍没有一个完全一致的结论，不同研究人员对企业价值的理解存在差异。企业的价值体现形式，如账面价值、市场价值、市场增加值、出售价值、清算价值等，具体如下。

（1）账面价值。反映会计账面上列出的投资者对企业的权益贡献，是所有过去投资、财务状况和经营决策的反映，是一种重视过去事件影响，而忽视未来前景因素的价值观点。

（2）市场价值。是指公司将要为其权益所有者创造的一系列期望的未来现金流的净现值，是预测期股权现金流的当前价值。

（3）市场增加值。是对超出公司账面价值的市场价值的衡量，也是对未来经济增加值（EVA）总和的衡量。

（4）出售价值。是从资产被变卖的角度来看待公司的，通常将企业未来能产生的现金流进行贴现。

（5）收购价值。是公司对外部投资者或其他公司而言所能创造的价值。

（6）清算价值。是企业申请破产清算后，预计在清算时出售资产可变现金额的现值。

（二）价值的构成内容

公司价值通常由股东价值、员工价值、客户价值等构成。

（1）股东价值。它是指股东对公司未来收益的所有权。这种未来收益的基础，是公司的市场价值，等于从其目前规划的经营活动所产生的、可预测的未来盈利按风险利率进行折现后的现值。

（2）员工价值。它是员工满意度的综合衡量方式。

（3）客户价值。它是公司通过服务于客户所带来的价值，它可以通过客户价值等方式来衡量，反映的是公司产品和服务为客户提供的效用与客户付出的成本的相对比值。

二、公司价值管理的主要目标

利润最大化是指通过对企业财务活动的管理，不断增加企业利润，使利润达到最大。它强调企业生产经营的目标在于利润。利润最大化的利润是指企业税后利润，是企业一定时期经营活动的最终成果，是企业在扣除承担社会责任所需支出后的结果。持这种观点的学者认为，利润代表了企业新创造的财富，利润越多说明企业新创造的财富越多，越接近企业的目标，并以利润最大化来分析和评价企业的业绩。

（一）利润最大化目标

1. 利润最大化概述

经济学鼻祖亚当·斯密在他的著作《国富论》（1776）中曾经提出，企业家将资本投入企业是为了追求利润的最大化。这可以说是企业利润最大化的理论渊源。这一时期，以古典经济学理论为基础的西方企业目标被认为是利润最大化。

在西方经济学中，利润最大化被认为是企业唯一不变的经营和管理目标。企业的经营活动就是为了获得利润，并且利润越大越好。以利润最大化作为企业经营管理目标，就是通过不断扩大市场增加营业收入，加强和改进企业成本管理，降低成本费用的投入，以实现企业利润的不断增长，达到利润的最大化目标。

利润最大化的企业经营管理目标持续了相当长的一段时间，获得了许多经济学家的广泛认同。直至今日，仍有不少经济学家认为利润最大化才是企业应该设定的目标。我国以利润最大化作为企业经营管理目标的主要时期约为 1990～2000 年。从 1993 年下半年宏观经济调控政策开始实施之后，国家开始逐步下放经营权，主张以国家调节市场，市场引导企业。有了一定经营权的企业在市场经济中逐渐从只注重规模转向了以利润作为衡量企业价值的标准。国家也逐渐将利润作为考核企业经营业绩的首要指标，企业领导与职工的工资、奖金、福利待遇同企业实现的利润息息相关。

2. 利润最大化目标的优点与缺点

（1）利润最大化目标的优点。利润指标直观、简便，以利润最大化作为企业经营管理的目标，有其一定的合理性，通常具有如下几个方面的突出优点：

①它强调了资本的有效利用，可以优化公司的资源配置，提高公司整体的经济效益。

②在实务中操作性很强，也更容易被企业所有者、经营管理者、财务人员及其他财务信息使用者理解和接受。

③利润是一个会计指标，利润最大化目标便于预测和计量，并能层层分

解落实。通过对各责任单位的利润指标实际完成与计划或预算的差异分析，从而对各责任单位进行合理的奖惩，便于督促企业着力提升日常经营管理，促进劳动生产率的提高，使产品成本有效下降，从而为利润最大化目标的实现提供有力保证。

④利润最大化目标有利于企业加强管理，积极开源节流，挖潜增效，便于用这个指标衡量企业是如何理性增长的。

⑤该指标不仅在一定程度上体现了企业经济效益和股东投资回报的高低、企业对国家的贡献，而且和职工的利益息息相关。

（2）利润最大化目标的缺点。随着现代企业所有权和经营权的分离，以利润最大化作为企业经营管理目标容易诱发企业经营者的短期行为，甚至为了追求短期利润不惜严重损害股东的长期价值和利益，因而利润最大化目标逐渐无法满足企业的现实需要。

①利润最大化是一个绝对指标，没有考虑所获利润和投入资本额的关系。一方面无法反映出企业真正的价值，不能真正评判企业的经营结果，因为更高的利润也往往意味着更大的资本投入，对企业在竞争中确立优势地位产生消极影响。另一方面，不利于不同资本规模的企业或同一企业不同时期之间的比较，不利于高效率项目的选择。

②在现代企业管理过程中，时间也是一种宝贵的资源和财富。单纯的利润最大化没有考虑利润实现的时间，也没有考虑企业投入的时间成本，忽略了货币时间价值，更没有将利润和企业的资本投入结合起来。

③未能有效地考虑风险问题，不符合风险与报酬均衡的理财原则。单纯地追求利润的最大化，可能会导致企业财务决策与控制不顾风险的大小去追求最大的利润，也会导致不同行业的利润指标不具有可比性。

④容易导致财务决策上的短期化行为。企业经营者可能为了追求当前的业绩目标，故意选择投资时间短见效快的投资，忽视了企业的长期发展。

⑤对企业管理层而言，留有盈余操作的可能和机会，降低了财务信息的可靠性和有效性。因为在利润最大化的目标里，并没有明确的界定利润。

（二）企业价值最大化目标

1. 企业价值最大化概述

企业价值最大化目标，要求企业经营者站在整个企业的角度，综合考量企业价值的关键驱动因素和股东的利益，作出使企业整体价值最大的经营决策。为了实现企业价值最大化目标，企业经营者必须合理使用资源、选择最优财务决策、充分考虑企业股东的利益，同时还必须保证企业长远稳定的发展，而不能盲目追求短期的利润指标改善。

企业价值并不是企业资产账面价值的总和，而是指企业全部资产的市场价值，也就是企业资产总额的市场价值。在计算企业价值的时候，通常可以采用两种方法：第一，企业价值可以是股票的市场价值和负债的市场价值之和。通常在企业资本结构不变的情况下，负债的市场价值一定，此时企业价值最大化就等同于股票的市场价值最大化。而在企业股票数量一定的情况下，股票市场价值最大化就等同于股票价格最大化。所以公司价值最大化可以进一步引申和细化成股票价值最大化和股票价格最大化。第二，企业价值等于预计未来可产生的现金流量，以一个适当的贴现率折现所得的价值综合。在计算中，通常以企业的加权平均资本成本作为贴现率来进行折现。

王化成（2000）认为企业价值最大化是更适合中国企业的财务管理目标。王化成指出，财务管理目标是多个利益集团共同作用和相互妥协的结果，不能将财务管理的目标仅仅归结为某一集团的目标，从这一意义上来说，股东财富最大化不是财务管理的最优目标，在社会主义市场经济条件下更是如此。因为，从理论上来讲，各个利益集团都可以折中为企业长期稳定发展和企业总价值的不断提高，各个利益集团都可以借此来实现其最终目的。所以，王化成认为，以企业价值最大化作为财务管理的目标，比以股东财富最大化作为财务管理的目标更加具有科学性。

王化成又进一步提出企业价值最大化目标包含丰富内容：（1）强调风险与报酬的均衡，将风险限制在企业可以承担的范围之内；（2）创造与股东之间的利益协调关系，努力培养安定性股东；（3）关心本企业职工的切身利益，创造优美和谐的工作环境；（4）不断加强与债权人的联系，凡重大财务决策请债权人参加讨论，培养可靠的资金供应者；（5）真正关心客户的利益，在新产品的研制和开发上有较高的投入，不断通过推出新产品来尽可能满足顾客的要求，以便保持销售收入的长期稳定增长；（6）讲求信誉，注重企业形象的塑造与宣传；（7）关心政府有关政策的变化，努力争取参与政府制定政策的有关活动，以便争取出台对企业自身有利的政策或法规。但一旦通过立法的形式颁布并付诸实施，不管是否对企业自身有利，都必须严格地予以执行。

2. 企业价值最大化目标的优点与缺点

（1）企业价值最大化目标的优点。

①企业价值最大化目标考虑了资金的时间价值，强调风险与报酬的均衡，符合财务管理的实质。

②能够克服企业追求短期利润的行为。因为企业的当前收益与未来收益都会对企业价值产生影响，并且企业的价值更多的受企业未来发展潜力的影响。

③更能体现企业主体的特征和利益相关者的利益。因为企业价值最大化不再是只体现股东的利益，而是体现企业整体的利益。

④将企业长期稳定发展放在首位，用价值代替价格，避免了过多外界市场因素的干扰。

⑤企业价值最大化目标既适合上市公司又适合非上市公司。

（2）企业价值最大化目标的缺点。

①该目标难以计量，主要通过资产评估或用企业未来现金流量折现求和获得。理论上，企业未来现金流量难以预测，而且与企业风险相应的贴现率也难以确定。实践上，通过资产评估确定企业价值，不仅需要大量的时间，而且要花费较高的成本，这对于现代企业应对瞬息万变的市场，无疑是一个不小的障碍。

②企业价值这个概念比较抽象、模糊。对此可以作多种解释：从性质上看，企业价值有企业经济价值、企业社会价值、企业人文价值之分；从时间上看，企业价值有过去价值、现在价值和未来价值之别。这里所讲的企业价值究竟指的是哪种企业价值并不十分清楚，或许包括上述所有内容。也有人将企业价值最大化与股东财富最大化混为一谈。

③该目标很难实行分解，不能把它落实到各经济责任单位、个人。

④影响企业价值的因素太多，很多外部因素企业财务部门也无法控制，这也有违可控性特征。

（三）股东财富最大化目标

1. 股东财富最大化概述

20 世纪 80 年代以后，西方经济学提出了以"股东财富最大化"作为财务管理目标，主张股东财富最大化目标的以美国企业为代表。

随着资本市场的发展，上市公司的形态也不断发展，由于上市公司股票的流动性强，社会资源随着股票的流动而在不同公司间流动，而股价作为最直接的量化指标，是市场对上市公司未来价值创造能力的评价，实现股票价值最大化也成为各上市公司的目标。

股东财富最大化是指通过财务上的合理经营，为股东带来最多的财富回报，充分体现了股东创办公司的目的，即获取投资收益。企业是所有者的企业，股东应在企业生产经营、财务决策中起主导作用。企业的每一项决策都应以服从股东利益为前提条件，以股东财富最大增长为根本目的。

持这种观点的学者认为，股东创办企业的目的是扩大财富，企业的所有者即股东和经营者是一种委托代理关系，为了获得尽可能多的收益，股东必须科学决策，并督促经营者努力工作，经营者应最大限度地谋求股东的利益。在股份经济条件下，股东财富由其所拥有的股票数量和股票市场价格两方面来决定。在股票数量一定的情况下，当股票价格达到最高时，股东财富就最大。因此，股东财富最大化又被称为股票价格最大化。换言之，在运行良好的资本市场里，股东财富最大化目标可以理解为最大限度地提高现在的股票价格，它反映了资本和获利之间的关系。股价的高低也代表了投资大众对公司价值的客观评价。

2. 股东财富最大化目标的优点与缺点

（1）股东财富最大化目标的优点。

①股东财富最大化目标考虑了时间和风险因素。因为股票价格是企业现在和未来价值的体现，因为风险的高低会对股票价格产生重要影响。

②在一定程度上能够克服企业在追求利润上的短期行为，因为股票价格的高低不仅受目前利润的影响，更受企业未来的发展潜力的影响。

③比较容易量化，因为股票价格很容易从股票市场上取得，便于考核和评价。

（2）股东财富最大化目标的缺点。

①股东财富最大化在适用范围上具有狭隘性。由于该目标以股票价格作为考核标准，因此它只适用于上市公司，非上市公司很难使用，限制了其使用范围。

②股东财富最大化把过多的不可控的因素引入财务管理目标，不符合可控性原则。该目标以运行良好的资本市场为前提，但实际中股票价格受到多

种因素的复杂影响，例如政治因素。政治因素会对股票价格产生不可预计的影响，而它本身又是不可控制的。因此，把过多的不可控因素引入财务管理目标是不合理的。

③股东财富最大化在考虑范畴上具有狭隘性，过分重视股东的回报容易忽视其他的利益相关者。从企业契约理论角度看，现代企业是一系列契约关系的结合体。在这个契约合同关系的集合体中，除了有股东外，还有债权人、雇员、供应商、顾客、政府和社会，他们都与企业存在着某种或近或远或疏或密的关系。他们对企业有所投入，因此也要求有利益回报。而股东财富最大化只强调股东利益，而忽视其他利益相关者的利益，因而可能导致企业所有者与其他利益主体之间的矛盾，从而影响到企业的生产经营活动，不利于企业的长远发展。

④追求股价的最高化可能导致企业偏离正常的经营轨道，用过度投机制造"纸上富贵"，使虚拟经济与实际经济相脱离，容易误导投资者做出错误的选择，不符合证券市场的发展。

（四）利益相关者利益最大化目标

1. 利益相关者利益最大化概述

相关利益最大化，是以利益相关者理论为基础提出的。根据詹森（Jensen，2001）的定义，是指在考虑企业所有利益相关者的利益的基础上增加企业长期总市场价值。多年的企业实践也表明，如果企业仅为某一利益相关者服务而对其他利益相关者的利益不加重视，甚至不闻不问，反过来会对企业本身的生存与发展产生不利的影响。

1984年，诺贝尔经济学奖获得者弗里曼出版了《战略管理：利益相关者管理的分析方法》一书，明确提出了利益相关者管理理论。本书指出，利益相关者是指任何一个影响公司目标完成或受其影响的团体或个人，包括雇员、顾客、供应商、股东、银行、政府，以及能够帮助或损害公司的其他团体。企业的经济价值是由所有权利益相关者、经济依赖性利益相关者和社会利益相关者等共同决定的，并进一步延伸到企业经营管理中的绩效评价。

利益相关者概念引发了有关战略管理——即公司如何制定正确的发展方向的新思维，同时也促使了价值管理目标理论的发展。企业的所有者和管理者不再仅仅关注企业自身利润最大化的单一目标，更关注企业自身的存在和发展以及与其他利益团体和谐共存的问题，更关注在与利益相关者打交道的过程中如何趋利避害，实现双赢或共赢的企业发展目标。

与传统的股东至上主义相比较，利益相关者理论认为，企业是不同利益相关者缔结的一组契约，企业不仅仅是股东的企业，同时也是所有利益相关者的企业，任何一家公司的发展都离不开各利益相关者的投入或参与。因此企业在生产经营的过程中，不仅要考虑股东的利益，还要考虑其他利益相关者的利益。这些利益相关者有的分担了企业的经营风险，有的为企业的经营活动付出代价，有的对企业进行监督和制约，企业的经营决策必须要考虑他们的利益或接受他们的约束。当然，企业要全面考虑所有的利益相关者的利益，并不意味着企业对它们全部一视同仁，平等看待，而应根据每个利益相关者各自的特点分别对待。

2. 相关者利益最大化目标的优点与缺点

（1）相关者利益最大化目标的优点。价值管理最经常遭受人们批评的是股东价值至上的思维逻辑，这一缺陷体现在从目标到决策行为的整个过程，包括战略规划、预算控制、薪酬管理以及企业并购等决策。价值管理"只重视公司的股东，却忽视了公司的重要的支持者，如公司员工、消费者、供应商、环境及地方社团"。而价值创造是企业所有员工和团队的行为，相关者利益最大化目标具有如下优点：

①相关者利益最大化目标将企业众多利益相关者的利益纳入考虑的范围，一个多元化、多层次的目标体系，兼顾了各个利益相关者的利益；

②由于相关者利益最大化目标充分考虑各方利益关系，因此该目标有利于企业的长期稳定可持续发展；

③能较好地体现企业社会责任，有利于实现企业经济效益和社会效益的统一。

（2）相关者利益最大化目标的缺点。

①这个目标太过理想化，它从理论层面看似完美，但在实际操作中会遇到很多问题。首要的一个问题就是如何有效地衡量相关者利益最大化。公司管理层面临广泛的目标和任务，除非这些目标之间是单调的，否则要衡量管理层对员工、供应商和顾客等利益相关者的福利有多大贡献，这要比衡量企业的利润困难得多。

②在股东和其他利益相关者同样在公司投入了"赌注"或专用性资产时，股东可以通过市场分散其资产被"锁定"而引发的风险，并且可以安全退出，但是其他利益相关者的资产"锁定"状态则难以打破，是种"套牢"状态，使其利益的保障只能依赖于公司的运行状况。

③相关者利益最大化难以为公司经营提供准确的财务管理目标，会造成公司理财混乱，反而损害利益相关者的利益。

④在相关者利益最大化目标下，与非投资者分享控制权可能会影响融资，同时在控制权分享的情况下，还会造成决策低效，利益相关者公司治理模式也不是保护所有利益相关者的有效制度安排。从发展至今，没提出切实可行的实施机制，在实践中缺乏可操作性。

总之，随着大数据、云计算、区块链、人工智能等数字技术的发展，不仅给企业带来更多组织架构、内部运营、商业模式的选择，同时企业为了应对环境不断变化、业务类型不断复杂、满足不同利益主体、保证企业长期稳定发展等需求，这对企业的价值管理理论和管理目标提出了新的要求，建立并适时调整价值管理目标以适应新环境，从而推动企业价值管理体系的不断完善。

三、公司价值管理的"价值观"

（一）基于经济增加值（EVA）的价值观

基于经济增加值的价值观认为企业价值是企业税后的经营利润与投入资本成本的差额。

这种价值观认为以价值为基础的管理是通过创造出超过资本成本的收益来增加股东的价值。关注于真正的价值即经济利润而不是账面利润，只有当公司收入在弥补了投资人的全部成本之后仍有剩余，公司才创造了真正的价值。美国管理之父德鲁克认为，作为一种度量全要素生产率的关键指标，EVA反映了价值管理的所有方面。因此，EVA并不仅仅是一种新的衡量经营业绩的财务指标，而是一种包含战略规划、预算控制、业绩评价、管理报酬、内部沟通、外部沟通等因素在内的价值管理体系。

1. 基于 EVA 的价值观优点分析

（1）EVA 价值观有利于统一企业的决策目标。为了实现有效地增加股东财富，激励企业管理者，采取何种指标来作为财务目标是关键所在。在现实实践中，由于单一会计指标不能全面地反映公司的综合情况，故企业选择用一系列指标综合来定义财务目标，但这样做可能会使其出现企业发展、经营战略和经营决策不协调的问题。EVA 指标体系有共同的计算基础，可以用 EVA 这一单一指标将企业的多个目标紧密地联系起来，简单地说，如果某项决策只要能使企业 EVA 值增加，那么该决策就是可行的，因为 EVA 值从本质上反映了只有投资收益率高于其机会成本时，该项投资就是在为企业创造价值，是有意义的投资决策，从而较完美地解决由传统会计指标给企业带来的不协调问题。

（2）EVA 价值观有效遏制管理者可能发生的短期行为。在 EVA 测算模型中，通过对传统会计准则中相关会计指标的若干修正，降低管理者以牺牲企业长期业绩的代价来追求短期效果的可能性，EVA 绩效指标统一了股东和管理者的统一利益，鼓励管理者采取为企业带来更多长期收益的投资决策，如新产品的研发的等，以企业的未来和长远发展为出发点，促进企业的可持续发展。

（3）EVA 能促进市场价值的提升。EVA 指标还可促进 MVA（Market Value Added，市场增加值）提升，通过 EVA 与 MVA 相联系，可以激励管理者选择价值更高的投资项目，以此促进其市场价值最大化。由于 MVA 是未来预期 EVA 的贴现值（MVA = 企业的市场价值 − 投入企业的权益性资本和债权性资本），因此 MVA 值越大，企业的长期价值和未来发展越好，在 EVA 绩效评价体系中，MVA 最大化就是经营管理者和股东的直接目的。

（4）EVA 能够更加真实地反映企业经营绩效。传统会计项目计算核算方法会使得资产收益率、会计利润等绩效评价指标都存在某种程度的会计失真，导致绩效指标不能真实地反映企业经营业绩。但在计算 EVA 绩效指标值时，已对传统会计指标做过必要的调整，将传统会计准则所造成的扭曲性影响降到最小，从而能够更加真实、完整地评价企业的经营业绩。此外，EVA 绩效指标的另一大亮点在于扣除了权益资金成本和债务资本成本，纠正了权益资金无成本的错误观念，反映企业的真实盈利能力。

2. 基于 EVA 的价值观缺点分析

虽然基于 EVA 的价值观和管理体系有许多优点，但在企业的实际运用中，它也存在一定的局限性。主要有以下四方面：

（1）由于经济效率不是投入与产出之差，而是投入与产出之比，所以 EVA 只能反映经济效益的有无，而不能在都存在经济效益的时候，单以绝对数额来体现经济效率的高低，反映经营情况的优劣。

（2）由于 EVA 的计算取决于对收益与费用的财务会计确认方式，但这一确认方式本身就存在着漏洞，过于依赖财务取向。

（3）由于根据 EVA 设计的考核体系建立在理性互动的基础上，要求经营者和投资者都是理想状态下的良性决策，因此 EVA 反映出所关心的重点是决策的结果，而不是驱动决策结果的过程因素，不是业绩指标与经营、运作和战略之间的关系因素，这必然导致人力资本、顾客资本、革新资本、过程资本等非财务资本可能被忽视，减弱了产品、员工、创新等方面对 EVA 的推动力。

（4）EVA 作为重要的业绩评价指标，在评价管理者的经营结果时明显缺乏全面性，它未能全面探究和区分出经营结果变动的深层次原因，特别是外部变化对经营结果的影响，比如外界经营环境变化原因导致收益上升或下降，就不是管理者自身努力的结果。

（二）基于市场增加值的价值观

市场增加值（MVA），即公司的市值与账面价值之差，是反映股东收益的指标，上市公司应该引入基于 MVA 的市值考核和管理机制。其中公司治理也是上市公司市值管理的重要内容之一。根据麦肯锡公司的一项调查研究显示：良好的公司治理，越来越被国际资本市场和全球投资人看作是改善经营业绩、提高投资回报、走向国际化的一个重点。在财务状况类似的情况下，投资者愿意为治理良好的亚洲公司多付 20% ~ 27% 的溢价，愿为治理良好的北美公司多付 14% 的溢价。安占强（2009）对我国上市公司的公司治理水平与股价收益的关系的实证研究表明，治理最好的公司组年投资回报率高于治理最弱的公司组 17.43%，因而发现公司治理指数与公司价值显著正相关，公司治理对市值的"溢价"存在。

人们对 MVA 的认可程度远远低于 EVA，主要是因为 MVA 不满足人们设定的评价指标的标准。通常认为衡量价值增值的指标，应能体现部门管理者的水平，能够体现一定时期的增值，并且有利于股东财富的创造。而 MVA 恰恰"不符合"上述标准，MVA 是对公司整体价值的评价，不能用于对部门管理者业绩进行评价；MVA 是时点数据；股价的高低不能完全反映经营者的经营业绩。加上 MVA 计算过程中市场价值的确定存在困难，更限制了 MVA 的应用。

尽管基于 MVA 的价值观应用不如 EVA 价值观应用广泛，但还是具有如下几个方面的优势，并得到部分上市公司的推崇：

（1）MVA 反映的是市场价值，是市场对管理人员使用稀缺资源效率的评价，克服了内部人对自身业绩评价的缺陷。MVA 不仅反映了企业开办以来管理者为投资者所创造的增值额，更体现了市场对公司长期业绩的预测和评价。显然，如果将管理者的收入与 MVA 挂钩，将有助于公司股票价值的增加，有利于股东财富的最大化。

（2）MVA 能及时反映企业的时点价值，可以增加 MVA 应用的灵活性。如果资本市场发达，公司的市场价值可以随时通过股市反映出来，扣除投入资本总额可以随时计算出 MVA。要想对一段时期经营者业绩进行评价，可以用这段时期期初和期末 MVA 的变化量进行评价，而且计算过程也不复杂。

（3）MVA 可以减轻管理者不愿投资的倾向。在发达的资本市场上，企业市场价值的变化不一定要等到收益实现时才获得市场的认可，关键是管理者采取的发展战略。如果管理者的决策得到市场的认可，同样会使股价得到提高，即使 MVA 没有增加，投资者也可以获得股票的转让收益。

（三）基于折现现金流量模型的价值观

企业价值是未来时期内期望现金流量按照加权平均资本成本进行折现之和。该模型建立在持续经营和资产可以被循环用于创造未来收益和现金流量的基础上。折现现金流量模型能够更好地体现企业价值的性质，即企业价值从本质上讲反映的是企业投资者对企业现金流量索偿权的大小。企业之所以存在是由于它对其投资者有价值，而这种价值正好体现在企业能够向其投资者提供足够多的现金流量。

基于折现现金流量模型的价值观认为企业价值取决于未来期间企业经营

活动所创造现金流量的多少以及这些现金流量的风险程度的大小。基于折现现金流量模型的企业价值观认为，决定企业价值的是企业在一个较长时期内所获得的现金流量的多少，仅仅追求某一时期内的现金流量最大化对企业价值的增加并无益处。

该价值观有助于消除短期行为，增强企业的可持续发展能力。该价值观奉行"现金为王"原则，强调公司价值的概念不是基于已经获得的市场份额和利润，而是基于与适度风险相匹配的已经获得和可能获得的自由现金流量（FCF）。公司价值本质上是投资者对公司自由现金流量追索权的大小，公司价值也当然取决于公司在当期以至未来创造自由现金流量的能力。

现金流量折现模型的理论基础相当完善的，它考虑了时间价值，简单易懂，有其自身独特的优势。

（1）现金流量折现模型将企业内部的单项资产作为统一的整体进行评估，而非单项资产价值的简单加总。企业价值是各项单项资产的整合，这种整合可以产生 $1+1>2$ 的效果，即企业价值可能大于单项资产的组合。

（2）现金流量折现模型体现了产权交易真正的目的。投资者看重的不是企业过去实现的收益、现在拥有的资产价值，而是企业未来获得现金流量的能力。

（3）现金流量折现模型体现出企业价值取决于现金流量而非利润。一方面，现金流量是企业的血脉，只要血脉不断，企业就能存活下去。另一方面，现金流量不容易被篡改，比利润可靠。

现金流量折现模型有其他评估方法不可比拟的优势，但是也有其自身固有的缺陷。

（1）现金流量折现模型中缺乏市场对企业的评价，利用现金流量折现法，只能通过评估人员的估计来判断企业的价值，这样的结果难免过于主观。

（2）现金流量折现模型中缺乏灵活性。在现实经济社会中，企业内外部条件瞬息万变。而现金流量折现模型需要一个相对稳定的环境，无论是真实数据与预测数据不符，还是管理层调整投资策略，未来任何一个变动都将使其计算出的结果失效。

（3）现金流量折现模型的结果取决于对三个基本参数的准确估计。其难度不言而喻，特别是折现率的合理确定是被公认的使用该方法的一大难题。

（四）基于社会责任的价值观

现代企业管理理论认为企业作为一系列生产要素相联系而形成的社会协作系统，它不属于任何单一生产要素的所有者所有，企业的行为不仅影响股东的利益，也会影响生产者、管理者以及债务人、债权人、顾客、上下游企业、行业、社区以及整个社会的利益。因此，企业本质上就是一个道德共同体，从而需要承担一定的社会责任。

社会责任是指企业在经营发展过程中应当履行的社会职责和义务。在"股东利益至上论"盛行之时，社会责任说已初露端倪。早在20世纪50年代就有学者提出了企业社会责任的观点，如弗雷德克里认为"企业有责任为社会进步做出贡献"；麦克奎尔认为"企业应该承担除经济和法律之外的其他责任"；沃尔顿认为"企业应该关心更广泛的社会系统"。多纳德和邓菲则认为企业是社会系统中不可分割的一部分，是利益相关者显性契约和隐性契约的载体，企业与社会提出一个契约：企业为它存在而提供条件的社会承担社会责任，社会应对企业的发展承担责任。

卡罗尔通常被认为是企业社会责任理论的倡导者，他从九种较具代表性的观点中，总结出一个三维度的CSP模型，如图1-1所示。卡罗尔模型的企业社会责任的主要有经济责任、法律责任、伦理责任和慈善责任。按照卡罗尔的观点，经济责任是企业最本质也是最重要的责任，是企业的利润来源；法律责任是确保企业在法律范围内生产经营得到保证和保护，使得企业有个良好的商业环境；伦理和慈善责任是社会对企业寄予的伦理规范和超出法律范畴的期望，以使企业获得良好的声望。企业在这四项责任上的资源分配依重要性水平遵循4：3：2：1的原则。

卡罗尔将以往人们所争论的关于企业社会责任的观点系统化，构建了一个有价值的理论框架，为帮助人们全面认识、实施和评价企业的社会责任提供了扎实的理论支撑和可供实践的标准。

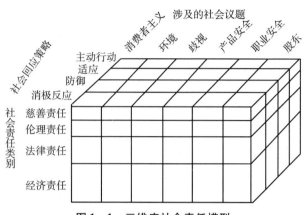

图1-1　三维度社会责任模型

基于社会责任的企业价值观有助于将社会责任融入企业文化中，并使其成为企业内部每个人的行为准则，使得企业能够实现良性和可持续性发展，从而形成更加有利于企业发展的内外部环境，呈现双赢局面。近年来，我国越来越多学者和企业家对企业的社会责任目标也给予了更多的研究与关注。

综上可见，目前公司价值管理目标和价值观没有一个统一的规定，在不同时期，在企业不同发展阶段均会涉及不同的价值管理目标，但主要目标还是离不开利润最大化、股东财富最大化、企业价值最大化，相关者利益最大化等则是在基础上的改进和补充。无论采用哪一种企业价值观，企业的根本还是追求经济利益的最大化。当然企业在追求经济利益最大化的同时，需要越来越多地考虑与企业利益相关的各个群体、组织的利益，考虑应承担的适当的社会责任。

第三节　数字经济时代价值管理的挑战

一、数字经济时代企业价值管理的新逻辑

（一）数字经济的定义与特征

1. 数字经济的定义

从20世纪60年代起，世界范围内用得比较多的概念是知识经济、信息

经济、网络经济、新经济等。数字经济可以说是比知识经济、信息经济、网络经济、新经济更具有国际共识度的概念，因为近两届的 G20 峰会都向全世界发布了促进数字经济发展的官方文件。

数字经济是指以使用数字化的知识和信息作为关键生产要素、以现代信息网络作为重要载体、以信息通信技术的有效使用作为效率提升和经济结构优化的重要推动力的一系列经济活动。G20 的定义具有典型性，其指出了数字经济的本质属性体现在三个方面：（1）使用数字化的知识和信息作为关键生产要素；（2）以现代信息网络作为重要载体；（3）以信息通信技术的有效使用作为效率提升和经济结构优化的重要推动力。第一个属性事实上指出数字经济的核心生产资料是数据，后两个属性指出数字经济的主要生产力是信息通信技术。

国际货币基金组织（IMF）将数字经济分为狭义和广义，狭义上仅指在线平台以及依存于平台的活动，广义上是指使用了数字化数据的活动。在操作上，其区分了数字经济（Digital economy）和数字部门（Digital sector），后者是数字化的核心部分。"数字部门"一词指的是经济活动的具体范围，覆盖三大类数字化活动：在线平台、平台化服务、ICT 商品与服务，其中平台化服务涵盖了共享经济、协同金融、众包经济等新型业态。而"数字经济"一词通常用于表示数字化已经扩散到从农业到仓储业的经济的各个部门。

中国信息通信研究院的数字经济定义是："数字经济是以数字化的知识和信息为关键生产要素，以数字技术创新为核心驱动力，以现代信息网络为重要载体，通过数字技术与实体经济深度融合，不断提高传统产业数字化、智能化水平，加速重构经济发展与政府治理模式的新型经济形态。"

由此可见，数字经济是继农业经济、工业经济之后的新经济形态，是 G20 等主要国家和国际组织形成全球共识的重要经济概念。但是，关于数字经济的定义和测算方法并没有形成国际共识，我国学术界对于"数字经济"的研究和探讨也还处于初级阶段。数字经济相关的新概念依然会不断涌现，如共享经济、智能经济等，这些新概念在不断拓展和丰富着数字经济的内涵。

2. 数字经济的特征和范畴

21 世纪以来的十多年间，世界经济呈现出从工业经济转向数字经济的明显趋势。2019 年，全球市值最大的十大公司中有 7 家都是互联网科技公司，且 10 家公司中 8 家位于美国，2 家位于中国；而在 2014 年，同样这份榜单中 7 家是工业时代典型的跨国公司，且这 10 家公司 8 家位于美国，2 家位于欧洲。2018 年底全球网民数量达到 39.24 亿人，首次超过世界人口总数的一半，达到 51.4%。随着互联网进入下半场，全球数据生产总量巨大且即将爆发式增长，数字经济时代汹涌而来。随着 5G、移动互联网、大数据、人工智能和区块链等新一代数字技术的快速发展，世界正快速进入数字经济时代。

数字经济是宏观经济三次产业革命后新发展产生的经济形态，从核心生产要素来看，农业经济是以劳动力、土地为核心生产要素；工业经济以资源、技术和资本为核心生产要素；服务经济以知识、服务为核心生产要素；而数字经济是以网络通信技术和数据为核心生产要素（如表 1-1 所示）。

表 1-1　　　　　　　　　　四次产业与经济形态的特征比较

经济形态	核心生产要素	起始时代
农业经济	劳动力、土地	新石器时代
工业经济	资源、技术、资本	18 世纪 70 年代
服务经济	知识、服务	20 世纪 70 年代
数字经济	数据、5G 等数字技术	21 世纪 10 年代

当前，我国经济已由高速增长阶段转向高质量发展阶段，以数字经济为代表的新动能加速孕育形成。2019 年我国数字经济增加值达 35.8 万亿元，占国内生产总值比重达 36.2%。数字化发展从根本上改变了传统经济的生产方式和商业模式，全面渗透和深刻影响生产、流通、消费、进出口各个环节，这有利于拓展经济发展新空间、培育经济发展新动能、推动经济高质量发展，加快实现质量变革、效率变革、动力变革。党的十九届五中全会提出，要全面推进数字产业化和产业数字化，推动数字经济与实体经济深度融合。

美国朗玛娜·伯克特（Rumana Bukht）和理查德·希克斯（Richard

Heeks）将数字经济细分为三类：核心的数字部门（Digital Sector），即传统信息技术产业；狭义的数字经济（Digital Economy），即包含数字平台、共享经济、协议经济等新经济；广义的数字化经济（Digitalised Economy），即包含电子商务、工业化 4.0、算法经济等。此定义被联合国贸发会议的《2019 数字经济报告》所采纳，具有一定的国际共识性。

江小娟（2020）则认为，一般把数字经济分成数字产业化和产业数字化两部分。

数字产业化是当前和今后一个时期各地区产业竞争和经济角逐的主战场。所谓数字产业化就是数字技术带来的产品和服务，没有数字技术就没有这些产品，例如电子信息制造业、信息通讯业、软件服务业、互联网业等，都是有了数字技术之后才有了这些产业。

当前，以互联网、大数据、人工智能为代表的新一代信息技术日新月异，数字产业化新业态新模式不断涌现、层出不穷。通过数字技术催生新产业，推动数字产业形成和发展。培育壮大数字产业，完善信息通信、软件服务等数字产业链，推动大数据、人工智能、数字货币、区块链等产业发展，统筹布局一批高水平数字产业集聚区。加快培育数字化新业态，利用互联网整合线上线下资源，支持平台经济、共享经济、众包众创、个性化定制等。发展数字文化产业，拓展数字创意、数字出版、数字影音等数字文化内容。要在新一轮竞争中抢占先机，集中力量推进数字产业化。

产业数字化是指在新一代数字科技支撑和引领下，以数据为关键要素，以价值释放为核心，以数据赋能为主线，对产业链上下游的全要素数字化升级、转型和再造的过程。这些产业原本就存在，但是利用数字技术后，带来了产出的增长和效率的提升，如果没有数字技术，就没有这些。这包括但不限于工业互联网、智能制造、车联网等融合型新产业新模式新业态。这两部分中产业数字化占大部分，大概占数字经济的 4/5 或者 3/4，所以大家有时候会看到很不一样的数据。

利用数字技术全方位、全角度、全链条赋能传统产业，由单点应用向连续协同演进，提升全要素生产率。大力发展智能制造，实施工业互联网创新发展战略，支持工业机器人、传感器、超高清视频等发展，建设智能工厂、智能车间，发展普惠性"上云用数赋智"，推动制造业数字化、网络化、智能化。加快发展数字农业，普及农业智能化生产、网络化经营，依托互联网促进农产品出村进城。促进服务业数字化发展，加快金融、物流、零售、旅游等生活性服务业和服务贸易数字化进程。

（二）数字经济时代企业价值驱动的新逻辑

数字经济改变了企业过去以增加投入为主的价值增值模式，推动企业应用数字技术来改造企业的业务模式、盈利模式和管理模式，实现更高质量、更有效率、更加公平和更可持续的发展。

1. 新的数据驱动逻辑

数据成为企业重要的生产要素和战略资源，数据的价值化、资产化、产权化，推动数据资产的可交易化。随着经济活动数字化转型加快，数据对提高生产效率的乘数作用不断凸显，已成为最具时代特征的生产要素。针对数据爆发增长、海量集聚的特点，要充分发掘数据资源要素潜力，更好发挥数据的基础资源作用和创新引擎作用。

联合国《2019 年数字经济报告》指出，数据流正在大幅增长，当前世界仅仅处于数据驱动型经济的早期阶段。不过人类产生的数据将很快迎来大爆发，2018 年世界数据总量达到 33ZB，到 2025 年预计猛增至 175ZB（见图 1－2）。数字经济发展具有阶段性，目前处于起步阶段的加速期，未来将更加鲜明地呈现出网络驱动和数据驱动的双驱特征。

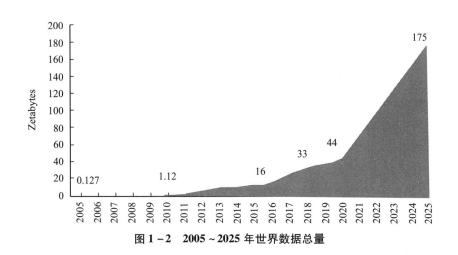

图 1－2　2005～2025 年世界数据总量

2. 新的盈利模式

数据要素的价值不在于数据本身，在于数据要素与其他要素融合创造新的价值，这种数据赋能所产生的价值创造效应则是指数级的。企业通过分散在设计、生产、采购、销售、经营及财务等部门的业务系统对生产全过程、产品全生命周期、供应链各环节的数据进行采集、存储、分析、挖掘，确保企业内的所有部门以相同的数据协同工作，从而通过数据驱动，实现生产、业务、管理和决策等过程的优化，提升企业的生产运营效率。

数字经济时代，企业需要兼顾实体和虚拟两个市场，在实体市场上延续并创造新的实体消费，同时辅以在虚拟层面释放大量的数字消费，数字时代的企业常常被称为社区型企业。社区型企业能够把分布于不同城市中的员工、合作伙伴、消费者等用虚拟社区的方式整合起来，并用社区的组织方式把所有的利益相关者、产品、服务链接在一起。由实体消费和数字消费这个二维市场而带来的海量链接就是数字经济时代最为重要的资源，企业需要利用各种新技术开发可能存在于自己周围的大量链接，并基于这些链接建立一种新的盈利模式。

3. 新的资本形态

数字经济时代，企业资本的形态也发生了裂变，企业资本不再仅仅局限于有形资本，物质资本、财务资本对于企业价值创造的重要性不断下降，而人力资本、知识资本、数据资产和无形资产对企业价值创造的重要性逐渐上升，成为获取企业竞争优势和提升企业价值的关键驱动要素。

由于数字技术已成为实现数字经济的重要手段，并成为当今各产业实现数字化升级、激发新职业、新模式、扩大数字经济规模的必然选择，因此，数字技术受到人们的广泛欢迎。而数字技术作为一种新的思维方式，在尊重产业规律的基础上，又重新打开了效率的边界。大部分行业仅仅改变了销售模式，并未将科技深度融入行业中，在进入互联网时代和数字科技到来之前，其本质流程、生态都没有进一步完善。数字科技帮助传统产业突破效率界限，寻找新的增长曲线，形成新的增长动力。它还可以用来衡量数字技术是否真正有效，是否能够降低工业成本，改善用户体验，增加工业收入，是否存在重复的商业模式。

数字科技正在成为我国产业发展和企业数字化转型的重要助推器。它可以对行业的基础设施，特别是技术设施进行重构，从而加速新技术应用，提高资源流转效率，避免无序、重复、低效建设，降低企业的开发和运营成本。还可以基于对大数据的积累和洞察，丰富产业知识图谱，对行业和企业的核心竞争力进行重塑，探索出更符合国内企业资源禀赋、国内用户需求偏好的发展路径。最后还可以结合具体的场景化实践，深化业务融合与技术创新，促使有效供给与有效需求紧密贴合，为行业持续发展创造长期价值。

二、数字经济时代公司价值管理的新挑战

数字化，是继工业化之后推动经济社会发展的重要力量，引领产业基础高级化和产业链现代化以及社会生活的智能化。什么是数字经济？数字经济是以数字化的知识和信息作为关键的生产要素，以数字技术为核心驱动力，以现代信息网络为重要载体，通过数字技术与实体经济的深度融合，不断提高数字化、网络化、智能化的水平，加速重构经济发展与治理模式的新型经济形态。

在数字经济时代，云计算、物联网、大数据、人工智能、区块链、量子技术等数字技术层出不穷，与传统产业、社会生活加速融合，工业互联网、车联网、平台经济、直播电商、在线教育、远程办公等新业态新模式不断涌现。对于快速发展成长的新业态、新模式和新技术，传统的管理理念、管理制度和管理方法面临巨大挑战。

（一）数字技术改变了传统价值管理的方式方法

数字经济的繁荣发展对人们的日常生活、工作、商业、生态都产生了深远的影响，标志着全球经济迈进新的发展时代。价值管理相较于企业其他的管理活动更为抽象，并且伴随着现代企业商业模式的日趋复杂、经营活动范围扩大，这种抽象程度还在进一步加深。数字技术的全面应用正在重塑商业逻辑并最终推动企业战略、组织结构以及管理方式的转变。价值管理作为企业管理活动的重要内容和最终目标，可以研究和探索数字技术条件下的价值管理理论和新模式。

在以"大数据、物联网、云计算以及人工智能"为代表的数字经济时代，新一代数字技术在提高企业生产、经营效率的基础上，更深层次改造企业的创新模式、经营模式以及盈利模式，这对公司的价值管理理论带来了挑

战，也带来了重大的机遇。

美国学者波特提出的"价值链理论"成为 20 世纪直至今日最著名的价值管理工具，企业通过对自身价值链的分析将企业的价值管理工作重心放在价值链的价值增值上，试图获得可持续的竞争优势。但是，以价值链为代表的传统的价值管理理论在解释现代企业价值活动和驱动因素时具有明显的局限性，这是因为传统价值管理理论形成的内外部经营环境发生了本质改变。传统价值链理论中的基本增值活动与辅助增值活动的划分在如今的商业环境中也很难成立，最突出的变化就是更多的无形资产成为企业价值创造的重要因素，而不像过去最多只承担辅助性的作用。

过去在对企业的价值管理中，注重的是对价值管理结果的计量和评价，而非价值创造过程的反映和控制，这种价值管理模式受到了当时信息技术水平的限制。但是现在，借助无线网络、传感器和各种信号采集器，企业可以精准、及时、高效地捕捉、传递、处理和储存各种信息和数据。在信息技术飞跃式发展的当下，只有充分利用信息技术提升价值管理水平、变革价值管理思维，才能发挥价值管理促进企业价值实现可持续增长的管理工具。

（二）数据日益成为驱动公司价值的关键资产

数据资产成为数字经济时代的关键生产要素，随着数字经济和数字技术的发展，数据资产日益成为企业负责人和管理者特别关注的领域，数据也已逐渐成为驱动公司价值的关键因素之一，数据更是成为许多企业的战略性资产。2020 年 3 月发布的《中共中央国务院关于构建更加完善的要素市场化配置体制机制的意见》首次将数据正式纳入生产要素范围，要求加快培育数据要素市场。然而，并不是公司的所有数据资源都能成为有价值的数据资产。

数据资源至今没有作为一项专门的资产类别出现在企业的资产负债表上，主要因为大部分数据资源的资产属性目前仍不清晰。数据是互联网的衍生产品，互联网上数据的含义很广，不仅包括各种数字，还包括符号、字符以及文本、声音、图像、照片和视频等文件。不少企业开发或积累了大量数据，但这些数据却难以满足现行企业会计准则下资产的确认条件，数据目前很难在企业报表上确认为一项资产，来供企业进行价值分析和价值决策；单个数据或割裂封闭的数据价值也不大，只有数据规模达到一定的程度，能够体现多个维度且具有较好的及时性时数据才有价值；此外，数据还具有可复制、可共享、无限增长和供给的显著特征。数据资产不需要折旧、摊销，它会越用越多，数据资产本身是无限增长，甚至每年都在增值。

数字时代，数据对企业价值创造的影响已经越来越明显，但是各个企业因不同的商业模式、业务模式，可能会产生完全不同的数据驱动逻辑，这也带来了数据价值分析和管理的难度。一个拥有大量数据的企业要发挥其数据的价值，就需要整合和加工现有的各种信息系统或者业务应用中的数据，并通过数据的深度加工处理嵌入到业务流程中，实现智慧化生产和智慧化管理。数据资产管理今后将成为企业价值管理的一个关键内容，其目的是让数据的使用者能够清楚地认识数据和数据关系，进而能够用好数据，让企业管理者特别是企业高层能够及时掌握关键价值驱动因素的变化和洞察未来的市场机会，从而最大化实现数据资产价值。

（三）价值管理需要关注前瞻性的非财务数据

在新的商业环境下，适用于传统工业经济时代的利润最大化和股东价值最大化的公司价值管理目标受到了冲击，公司的价值管理越来越关注价值的非财务关键驱动因素，尤其是非财务因素成为驱动公司价值增长的长期因素，研发投入、人力资本、品牌假设和社会责任投入等非财务数据也得到了公司价值管理越来越多的关注。

数字经济时代，公司管理决策依靠目前财务会计提供的资产、负债、收入、成本、费用等信息显然是无法完整反映出价值整体情况的，仅仅通过财务数据了解企业总资产或总利润对于分配公司资源的决策提供不了太大帮助，依据财务数据得出的投资评估结果也往往会导致公司管理者做出比较短视的投资行为，甚至严重影响公司长期战略的实现，从而更导致公司管理者缺乏对公司价值的统一认识。实际上，重视财务结果而非企业整体价值会导致很多企业在依据财务数据对日常业务进行决策时，会面临不同部门之间目标的冲突，如：销售部门的人员注重提升销售额不太关心客户回款，更不关心产品是卖给了战略客户还是一般客户；财务部门则希望能够更好地控制成本，同时还能给客户提供更多的选择；生产部门则希望企业多采购先进的机器设备，加速淘汰现在陈旧的机器；人力部门则希望企业加大人力资本投入，以高薪来招揽最优秀的人才等。这种部门间决策冲突的出现正是各部门片面依据财务数据或本部门的业务数据所导致的决策后果。影响企业价值的驱动因素不仅有财务数据，更有非财务数据，特别是在数字经济背景下，企业非财务数据对企业的价值驱动和重大决策变得越来越重要。

对于当前数字经济时代公司价值管理所面临的困境和挑战，只有重新审视企业价值活动的内在机理与价值信息系统的构成逻辑，借助数字技术建立符合企业价值活动原貌的信息系统与管理模式，才能从根本上克服传统价值管理的局限，发展出顺应时代变革的价值管理理论，为新时期的公司价值管理提供更好的价值指引。

价值管理最早的应用，是为了满足企业对提高效率、降低成本的需求，因此，当时对价值管理的运用，管理者往往将重点放在企业运营关键财务指标的变化上，如成本降低额、利润增长额等，忽略了价值管理中人力资本的价值因素。事实上，数字经济时代，企业价值的创造在很大程度上不仅取决于数据的驱动，也取决于企业员工的共同努力，人力资本成为驱动企业价值的关键因素。价值管理需要强化对人力资本价值的管理和重视，员工培训、员工参股等激励方式的出现，是对价值管理人为因素重视最强有力的体现。比如，如何及时采集企业人力资本价值信息，而不是现有的会计报表中体现在成本、费用领域，例如职工薪酬、管理费用等提供的人工成本信息，公司管理者从这些成本费用信息中无法得知公司人力资本的价值增长趋势和员工行为的具体状态，而管理者从财务结果来看，看到的更多是一种成本甚至负担，看到的是对公司利润指标的影响，很难由此看到公司人力资本价值及其对公司价值的长期贡献程度。

第二章　公司价值管理：树立价值思维

第一节　树立"价值一体化"的价值思维

一、将"价值思维"贯穿价值管理全过程

成功的价值管理，要求将价值理念和价值思维全面融合到企业经营管理决策中去。企业在制定经营管理决策时，要将价值最大化作为目标，从企业价值的关键驱动因素，尤其是关键非财务因素来分析、监测和管理这些具体目标，从而使得价值理念和目标在企业的战略制定、年度计划、年度预算、业绩考核、薪酬激励等关键管理过程中得到一致的应用，从而做出"价值一体化"的经营管理决策（如图 2-1 所示），实现价值目标的层层分解和传递，最终实现公司价值的持续提升。

在企业战略计划、全面预算、管理报告和考核激励的具体管理过程中，需要不断地向企业经营管理者传递价值目标信号，以价值思维来做出公司的关键经营管理决策。当然，在具体的管理过程中常常会出现某个管理部门会集中于某一个优先目标，而另一个管理部门则会集中在其他的优先目标上，因此需要在管理过程中向这些部门的管理者传递持续且一致的价值目标信号（如图 2-2 所示）。

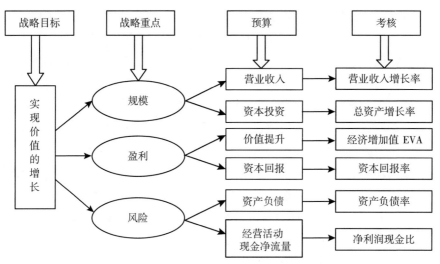

图 2 - 1 "价值一体化"的价值管理体系

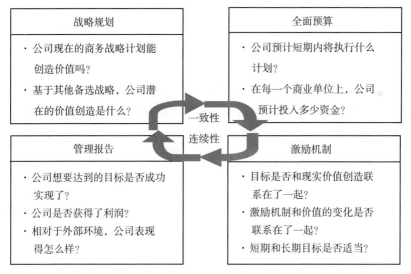

图 2 - 2　价值管理过程的闭环

（1）价值战略。企业制定战略规划需要运用价值思维和价值增长目标来实施。在充分评估现有业务价值创造状况、特点以及对未来变化等有关信息的基础上，制定企业中长期的价值增长规划，并由此形成年度的价值目标。这样有助于改变目前企业战略与年度预算和年度业绩考核之间相互脱节的局面，使企业的价值战略规划目标能够转化为不同时期各部门各所属企业的价值管理任务，并使价值考核真正成为连接企业长期发展战略目标与短期经营管理的关键支撑。

（2）价值预算。价值管理的重点是建立基于价值增长的全面预算管理体系，预算目标聚焦于价值改善、优化资源配置和风险防控，并由此建立价值导向的全面预算管理指标体系，实现价值目标的层层分解和责任目标落地，定期开展预警和对标分析，通过价值预算结果的考核和激励，来全面促进各部门和各所属企业聚焦价值的改善。

（3）价值考核与激励。基于利润的考核与薪酬激励机制是通过年度利润目标的完成情况来兑现的，利润目标实现了，但并不意味着公司的长期价值真正得到了提升，尤其可能是采取了损害长期价值来增长利润的措施时，可能给了一个负向的激励效果。因此，企业应该全面建立基于价值增长目标的考核责任体系和价值分享机制，把增量价值创造结果作为企业管理者薪酬战略的一个重要组成部分，从而驱动企业管理者主动关注价值创造的结果。

（4）价值报告。价值管理报告是对企业价值结果和过程的分析总结，在价值管理报告中可以用 EVA 来衡量价值结果，并及时提供有关价值增值和价值毁损方面的价值信息。价值管理报告还要定期提供有关部门和子分公司 EVA、营业利润、资本占用、资本成本的结果，全面分析资本回报率、资产周转率、资本成本率，以及资本结构等方面的信息。只有通过价值管理报告，企业相关管理部门才能关注价值管理，提供在收入、成本、费用和资本成本之间进行平衡的决策信息。价值管理报告还要立足于长期，提供企业关键价值驱动因素的长期改进计划和完成情况，并纳入年度预算之中，这才是非常有价值的。

（5）价值沟通。价值的沟通应该贯穿企业经营管理的全过程，不仅为企业管理者对外进行有效沟通和提供价值信息创造了良好的机会，更让企业内部各个部门更好的看到价值创造的结果，价值型战略是如何实现的，部门和员工在企业价值创造过程中扮演了什么样的角色。

总体来说，当以价值为中心时，上述五个主要的管理过程都会统一和加强价值创造的理念。图 2－3 说明了企业如何建立基于价值的思考和管理过程。

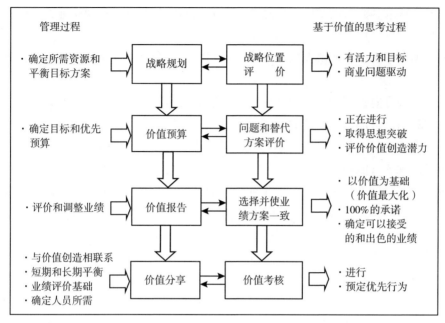

图 2 - 3 价值管理过程与基于价值的理念之间的关系

二、从"利润思维"转向"价值思维"

利润思维主导下的企业经营管理聚焦于关注企业的利润是否最大化，直至今日大部分企业以"利润导向"作为核心目标。在利润导向下，一是企业为了创造更多的利润，极易盲目扩大规模，用规模的大幅扩张来拉动利润总量的上升，比如有的企业忽视主业，存在投资冲动，在超出自身能力的情况下，急于寻找非主业项目，急于申请资金促成项目投资，而项目投资后效益水平十分有限，出现的结果往往是，企业通过扩大资本投入带来的微薄收益不一定大于所投资本的机会成本。二是容易滋长企业管理的短视行为。管理层为了增加短期收益（一般是一个考核年度），实现利润目标，更容易关注短期利润的实现，而忽视或减少那些短期增加成本但长期对企业有益的业务，如提高服务质量、加强研究投入等，管理层通过压缩对企业长期发展有益的成本，表面上看，短期实现了盈利，实质上是在损害企业的长远利益。三是容易受到会计准则和人为操纵利润的影响。比如企业在经营利润未能达到考核目标的情况下，可以通过处置资产、转回减值或减少计提资产减值等手段来获取利润，而实际上，这些处置方式不但不能真实反映企业经营的真实状况，反而加大了企业的风险。因此，以利润等传统指标作为预算的导向，不利于实现企业资源的高效配置和利用，不利于提升企业长期创造价值的能力。

利润导向强调的是增收增效和降本增效，实际上，很多企业经营者为了追求利润，可能会选择通过赊销或者放宽销售信用政策来不断扩大营业收入，而这实际上更加容易产生后续的坏账损失，导致增收并没有实现增效，再者经营者可能会为了实现短期利润的改善，而不顾经营管理实际成本费用投入的需要，大幅削减对企业长期绩效提升的成本费用投入，就利润表数据来看，这样迅速改善了利润指标，但实际上严重损害了企业的长期绩效提升，企业经营者实际上做出了损害股东利益的决策。这样成本费用管理在利润思维下很容易被"一刀切"，容易出现短视的短期行为。比如，如果一家汽车制造企业经营者为了完成年底的利润考核目标，可能会选择大幅压缩广告支出和研发投入，从而达到年底完成利润考核目标的目的，然而广告和研发是驱动汽车企业长期价值提升的关键因素，应该长期持续加大投入，而不能因为短期利润考核目标而随意削减，为了短期利润做出的这种决策就会极大破坏公司的核心竞争力，不利于公司的长期发展。

此外，利润思维下企业经营者往往会忽视资本结构和高杠杆导致的风险，顺着财务报表背后的逻辑看，从总资本出发，最早解决的是资本是怎么来的，资本来了怎么用，所有的资产会形成所有的收入，而在财务报表上展示的利润就是实际发生的收入扣减实际发生的经营成本、三项期间费用以及研发费用后得到的结果，不难看出，这种利润结果没有考虑企业投入资本的成本费用，也不需要考虑企业资本结构的优化问题，在现代的委托代理理论下，管理者是有动力去驱动利用杠杆经营的，只要融资成本低于 ROE，那么就是有效的，但是这样做会增大企业风险，结果就是让股东去承担这个风险。

由此可见，价值管理的实施首要的就是企业经营管理者应从"利润思维"全面转向"价值思维"（如图 2 - 4 所示）。

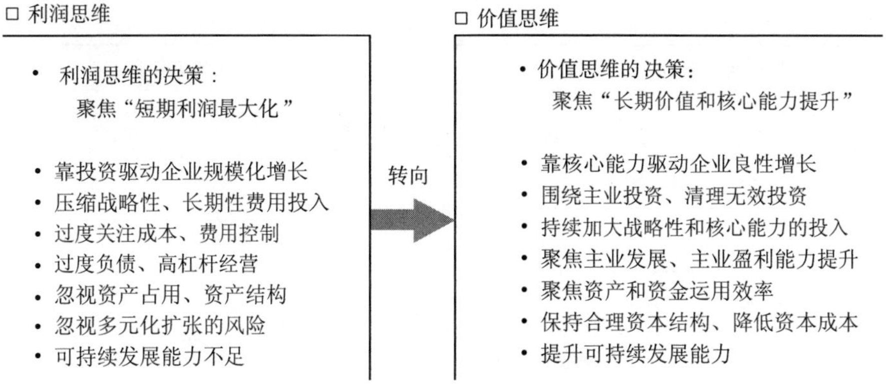

□ 利润思维

□ 价值思维

- 利润思维的决策：
  聚焦"短期利润最大化"

转向

- 价值思维的决策：
  聚焦"长期价值和核心能力提升"

- 靠投资驱动企业规模化增长
- 压缩战略性、长期性费用投入
- 过度关注成本、费用控制
- 过度负债、高杠杆经营
- 忽视资产占用、资产结构
- 忽视多元化扩张的风险
- 可持续发展能力不足

- 靠核心能力驱动企业良性增长
- 围绕主业投资、清理无效投资
- 持续加大战略性和核心能力的投入
- 聚焦主业发展、主业盈利能力提升
- 聚焦资产和资金运用效率
- 保持合理资本结构、降低资本成本
- 提升可持续发展能力

图 2 - 4　利润思维与价值思维的区别

三、理解价值思维的决策变化和优点

（一）价值思维的决策变化

1. 价值思维是一种新的"决策观"

价值思维下的企业经营管理决策，有着明显不同于利润思维下的决策考虑，价值导向的决策是一种新的决策观和新的经营理念（具体见表 2 - 1）。

在利润导向下，因为利润主要是受营业收入、营业成本和期间费用的影响，企业经营者提升利润也就主要通过增收和降本来实现，部分企业甚至在经营陷入困难时，通过减员降低人工成本来提升利润。这种利润导向下的决策很容易短视和损害股东的长期利益。

然而，在价值导向下，要求企业经营管理者围绕关键价值驱动因素来分析、诊断、评估和决策，这就需要兼顾利润目标和资产负债目标，同时注重节约资本占用，降低综合资本成本，并着重考虑成本费用对长期业绩的影响，通过"增收、降本、资产利用、管理效率提升、研发和人力资本投入"等关键价值驱动型措施来切实提升企业的长期价值。

表 2 - 1　　　　　　　价值思维下的"新决策观"

"利润导向"的增效决策重点	"价值导向"的增效决策重点
①增收增效	①增收增效 （战略性客户、高价值客户）

"利润导向"的增效决策重点	"价值导向"的增效决策重点
②降本增效 （降生产成本、期间费用）	②降本增效—降综合成本 （降资本成本、科技降本和科学降本）
③减员增效	③资产增效 （高效利用资产、盘活闲置资产、处置不良资产）
	④管理增效 （流程优化、效率提升）
	⑤研发创效 （大力鼓励研发、研发就是绩效）
	⑥人力创效 （人力资本作为资本投入者、价值分享者）

（1）"增收增效"的新理念。在价值导向下，企业的增收增效决策就不能是传统地为了实现营业收入增长而片面追求销量。企业不仅要实现对老客户和零散客户的销售，更要实现对战略性客户和新客户的销售，因为，不同性质的客户今后的需求差异、回款能力、甚至对企业技术和管理升级的帮助等方面带来的综合价值是完全不同的。企业销售决策如果忽视客户这种综合价值的差异，可能短期带来了营业收入增长，实际反而会造成企业资源浪费或增加回款风险。因此，企业必须针对每一类客户的需求特点、风险水平和价值贡献能力，来选择不同的客户战略和制定不同的销售策略。

战略性客户就是对企业未来业务的增长具有战略意义或者具有行业号召力和影响力的客户，给企业带来收益比较明显、具有战略意义的客户。因此，企业需要将战略性客户的开发作为企业销售策略的优先方向，成功开发一个战略性客户带来的长期价值和综合价值不可估量。当然，获取战略性客户的策略也应与企业总体战略互相呼应。

高价值客户是对企业当前销售收入和价值带来贡献的最具价值客户。这类客户是企业利润的重要基石，如果企业失去这类客户，尤其是该客户转向竞争对手，则会给企业带来巨大的损失。因此，企业应该定期主动地与高价值客户进行沟通交流，及时了解他们的需求。对这类客户适当投入大量的资源，给予优惠的合作条件，比如定制化的服务、灵活的支付条件、实施一对一的营销策略等，从而有效提高客户的满意度，推动客户关系向更好的方向发展。

由此可见，数字经济时代，企业销售决策更应该充分应用价值思维，从客户的综合价值来评价销售的增长质量和数量，更要高度重视通过大数据来跟踪分析战略性客户和高价值客户的需求变化，定期评估其综合价值贡献。

（2）"降本增效"的新思维。从成本费用的管理来看，利润导向的成本费用管理容易"一刀切"，成本费用可能通过预算进行了严格管控而下降，但是，成本费用"一刀切"管控的中长期后果和对长期价值的损害却往往被忽视。价值导向下企业需要新的成本费用管控观念，不仅要注重生产经营成本的精细化管控，更需要定期跟踪、分析隐性的资本成本，对资本成本进行合理控制。对费用的管控更要注重费用是否影响企业的长期价值，比如，研发投入费用和品牌建设费用，从财务口径往往费用化影响企业的利润，企业管理者可能出于短期业绩考核压力而对这些长期价值驱动的费用进行大幅削减或者严格控制。因此，费用管控理念就需要从过去是否有助于改善利润转变为是否影响企业的长期价值？是否影响员工的价值创造行为？此外，企业在成本费用管理方面，还应充分利用大数据方法、科技的手段来创新企业成本费用管理的瓶颈，真正推动企业提升价值创造能力。

（3）资产增效的新思路。资产占用规模和资产利用效率严重影响企业的价值创造，资产管理增效益更成为价值导向下企业内部增效的关键途径之一，因此，企业需要强化资产管理增效的理念，建立资产 ABCD 分类管理机制并采取针对性的管理措施（具体见表 2 - 2）。

表 2 - 2 　　　　　　　　资产分类 ABCD 管理标准

资产分类	分类标准	管理措施
A 类资产（优质资产）	EVA >0，利润 >0	集团资源向 A 类倾斜，鼓励发展
B 类资产（有效资产）	EVA <0，利润 >0	合理支持，关注风险
C 类资产（低效资产）	EVA <0，利润 <0， 但（利润 + 折旧）>0	还能贡献现金流，盘活利用
D 类资产（无效资产）	EVA <0，且（利润 + 折旧）<0	关停，抓紧处置退出

具体而言，一是企业可以通过对资产的价值贡献进行评估开展资产分类管理，据此作出不同的资产管理决策；二是企业应该不断优化资产结构，提高优质资产的占比；三是加快改善资产周转率，定期分析总资产周转率和流动资产周转率的变动，高度关注存货和应收账款的占用情况；四是，企业应该加快利用闲置资产和处置不良资产。

盘活利用闲置资产和处置不良资产的方式有：（1）进行资源再配置；（2）通过招标或拍卖进行让售，对于整体效益良好的企业，应把不符合企业发展规划的闲置资产从正常资产中分离出来，通过招标或者利用中介机构进行拍卖；（3）开展租赁业务，企业将闲置资产的使用权转移给其他企业或个人，并收取一定的租金，既增加企业的经济利益，又达到盘活闲置资产的目的，还减轻了企业对闲置资产的管理及维护成本；（4）互联网模式下的不良资产处理，可以利用互联网的优势实现不良资产和网络平台的有效结合，让不良资产实现原本的价值，实现资产的重新分配。

2. 新的成本费用"管控观"

在价值导向的企业价值管理中，企业的成本费用管控思路是基于价值驱动思维来进行管控，而不是基于利润目标来管控，凡是带来长期价值提升的成本和费用，不仅不能因为利润目标而削减，反而因为对长期价值提升有帮助要鼓励加大这些投入，体现的是价值驱动下的成本费用管控新思维。

此外，价值导向下的成本管理视角不仅关注实际的营业成本，更高度关注不在企业成本账本中实际体现的资本成本，企业经营管理者需要定期计算、分析和监测资本成本的高低。在费用管理方面，则注重区分非绩效费用和绩效费用（带来绩效长期改善的费用），对于非绩效费用的管控跟利润导向下一致，对于绩效费用，则需要鼓励企业经营管理者加大投入，且在业绩计算时不因其而影响利润指标。

表 2 – 3 　　　　　　　　　　　价值思维下的成本费用管控观

利润导向：严控成本费用	价值导向：降低综合成本
通过财务预算来严格控制实际成本和费用，达到降本增效	通过价值预算来全面管控：综合成本 综合成本 = 实际成本 + 资本成本

续表

利润导向：严控成本费用	价值导向：降低综合成本
• 严控各项费用的增长 • 大幅削减损害价值增长的投入 • 费用按实际发生计入当期损益 • 经营层不愿意牺牲利润投资未来	• 鼓励战略性投入（研发、品牌、人力资本等） • 考核时战略性投入作为业绩回加或资本化
忽视了资本成本，成本和费用控制"一刀切"	重视资本占用和资本结构的常态化管理，降低资本成本，改善长期价值

在利润导向下，企业管理者为了改善企业短期利润指标或年末突击完成利润目标的考核任务，很容易出现单方面强调降成本控费用的决策行为，把降成本控费用作为一种"救命"方式，大幅削减那些有助于提升企业长期价值的成本费用投入。从利润表的结果来看，这种做法确实会很快改善企业的利润指标，但由于没有进行成本效益分析，没有将成本费用管理与企业的价值目标相结合，更没有考虑到企业的长远发展和核心能力的培育，这对企业的长远发展是很不利的，这种长远考虑的缺失，还可能会导致企业往往意识不到品牌和口碑带来的效益，只关注能否完成利润指标而降低成本，最终给企业带来的可能是巨大的价值损失。

（二）基于价值思维决策的优点

价值管理需要统一企业经营管理者的价值思维，从利润思维转向价值思维，当然，价值思维和利润思维也并不是完全排斥的，因为没有核心业务的经营利润改善就不会有价值的提升，但价值思维确实是一种长期思维、核心业务思维；是一种多维视角的综合思维，也是一种优化的利润思维。价值思维不是要去否定企业经营者追求利润，而是要追求核心业务的利润、快速周转的利润、有现金流量的利润和风险可控下的利润，真正实现可持续的改进和提升。

实施价值管理，建立价值思维和 EVA 价值导向的经营决策体系，具有如下几个方面的优点：

（1）有助于公司全员树立"新的业绩观"和"新的经营导向"；

（2）有助于公司管理层专注于核心业务盈利和核心竞争力的提升；

（3）有助于公司在利润完成的情况下加大战略性费用投入；

（4）有助于公司高管从关注利润转变为集中关注主业盈利、资产质量和现金流，有助于指导公司高管更科学、更理智、更高效地使用资本；

（5）有助于指导公司高管选择更有效的投资方向和业务发展重点；

（6）有助于降低经营风险和提升可持续发展能力。

第二节　价值思维的基本框架

价值管理推崇的是价值思维，那么价值思维如何体现？价值思维实际上是一种侧重资本管理能力和技术创新能力的思维，注重成本费用的绩效驱动思维，注重长期和持续盈利的思维，这种思维聚焦的是长期回报和核心能力的提升。价值管理体系的价值思维框架，具体可体现为以下"四大思维"（具体如图 2 - 5 所示）。

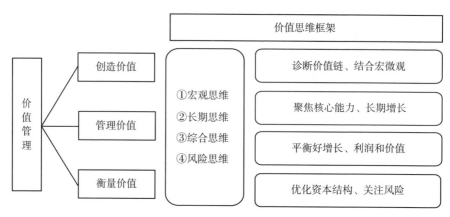

图 2 - 5　价值思维的基本框架

（一）基于价值链的宏观思维

价值链这一概念始于 1985 年，由迈克尔·波特教授在其著作《竞争优势》中，分析企业竞争优势而提出的战略管理理论。波特教授认为，虽然企业在获得竞争优势过程中使用的战略和工具不尽相同，但究其核心竞争力，这种竞争优势来自企业无法被取代的价值，并认为企业的价值创造是通过一系列活动构成的，这些生产经营活动构成了一个创造价值的动态过程，即价值链（见图 2-6 所示）。

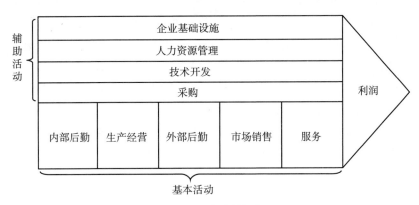

图 2-6　价值链框架

　　价值链分析的核心在于分析价值，其重心是对产生价值的企业活动进行多维度分析。价值链思维强调的是通过深入分析价值链从而建立竞争优势，进而增加企业的价值。外部价值链分析确立了企业的商业模式、战略选择和经营战略；内部价值链分析强调战略执行、具体价值创造活动。价值链思维强调价值创造的具体思路和方法。

　　不同的企业有着不同的文化，背景和发展环境的不同造成不同的产业具有不同的价值链模式，即使处于同一产业，不同的企业因各自的历史、发展规划以及管理模式等方面的差异，也拥有各不相同的价值链。这说明不同企业存在不同的价值链，同时也透露出不同产业、不同企业的竞争优势所在来源。

　　价值链诊断作为企业价值管理的重要分析和价值诊断方法，可以从内部、纵向和横向三个角度提出优化战略。在内部价值链中，企业可以通过识别价值作业和非增值作业进行必要的价值链修正调整；在纵向价值链中，企业通过上下游企业的利润共享分析，确定自身发展方向和战略；在横向价值链中，企业从产业整体角度出发，分析竞争对手的成本信息、市场份额和利润空间等等，作出成本规划和营销方案等行为战略，从提高自身在产业中的竞争优势。

在企业价值诊断中，需要应用价值链思维来：（1）分析各个价值活动对企业总价值的贡献或者毁损，准确抓住所寻找竞争优势的关键价值提升方向和问题；（2）分析各价值活动之间的相互配合促进关系，有效评估资源配置与企业竞争优势的关系；（3）分析不同价值链条上的价值优势、与竞争对手存在的差距，为确定价值型战略提供方案；（4）全面分析企业价值创造的相关系统，了解与企业外部相关价值链的配合和协调情况。

由此可见，企业价值分析、诊断和决策应基于企业的内部和外部价值链条，特别是要着眼于从宏观和微观，结合产业政策、上下游行业企业变化来制定和评估企业战略。这样才能通过业务和财务的微观数据来全面分析和把准企业价值变化的价值链逻辑和宏观逻辑，从而做出更为精准的价值提升决策。

（二）基于价值改善的长期思维

价值管理体系下，企业的经营管理决策重点应聚焦于长期的价值改善和价值提升，并采取相应措施来切实提高良性增长和可持续发展能力。

价值思维更多表现为一种长期思维，宏观思维只是帮助企业去判断资本的走向和价值增长趋势，而长期思维就是要在看准形势后进行长期的投资和改进，聚焦未来的能力，在影响企业价值的关键驱动因素上进行长期且持续的投入和管理，这样才能实现企业价值的长期提升和可持续发展。

基于价值改善的"长期思维"，需要企业管理者将这种思维深入到各项日常管理工作当中并长期坚持。比如，企业需要围绕自己的核心竞争能力持续加大主业相关的研发投入和品牌建设投入，而不能是看到哪里有利润可赚，就改变公司战略进行多元投资去挣快钱，只要坚持这样的长期思维才能实现良性的增长和保持长期的价值获取能力。

华为公司在《价值为纲》一书的第一章就直接提出：华为"追求公司长期有效增长"。开什么花结什么果，华为公司正是在这样的指导思想下，在坚定不移地推动落实中得以实现长期持续发展。华为公司的"长期有效增长"理念包括了六个方面的内涵。

（1）追求有利润的收入，有现金流的利润，不重资产化。这是对长期有效增长下的财务指标的根本体现与要求。对华为公司来说，具体包括四个方面内容：追求收入的增长，追求规模效益；明确经营结果要以利润为中心，但不能追求利润最大化；明确提出现金流是企业生存的命脉；不进行重资产投资。总之，华为要求"经营结果必须稳健、均衡，这样才能支撑起公司的长期生存和发展。"

（2）不断提升公司的核心竞争力。这是实现规模持续扩张、利润同步增长的根本保障，是确保长期有效增长的必然要求。华为在提升核心竞争力方面，主要从两个方面入手：一是从资源配置上，要求"加大前瞻性、战略性投入，构筑公司面向未来的技术优势，引领行业发展"；二是从驱动要素上明确提出"以技术创新和管理变革双轮驱动"。

（3）构建健康友好的商业生态环境。任正非先生有句话是这么说的："长期有效增长，短期看财务指标；中期看财务指标背后的能力提升；长期看格局，以及商业生态环境的健康、产业的可持续发展等。"由此可见，华为认为构建健康友好的商业生态环境是一个企业长期有效增长的必备要件。华为将构建健康友好的商业生态环境上升到战略的高度。从财务的角度来看，构建健康友好的商业生态环境必须要求强调互利共赢，强调合理的利润，而不是一味追求利润最大化。在合理的利润追求下，将部分利润让给合作伙伴、让给客户，从而使合作更长久。

（4）追求公司长期价值。华为认为价值表现为公司现实的获利能力和未来潜在获利机会的货币化，这意味着价值不仅仅是眼前的获利多少，还包括了未来的获利潜力。因此，在企业发展中，必须平衡短期与长期、现在与未来。

（5）资本与劳动分享利益。做蛋糕重要，分蛋糕同样重要。追求长期有效的增长，必须平衡各方的利益，并且分配蛋糕的原则是"资本与劳动"。

（6）通过无依赖的市场压力传递，使内部机制永远处于激活状态。这是内部激励机制，通过将"市场竞争压力层层传递到每一道流程、每一个人，激活组织"，从而驱动企业实现持续增长。

（三）基于经营决策的综合思维

价值管理需要建立价值型决策模型，通过价值型决策模型来全面分析和评估一项经营决策对"收入增长、盈利改善、资本成本"的综合影响。企业经营决策时综合多维度进行分析和权衡才能作出更科学合理的价值决策。

任何财务变量都不是孤立存在的，在分析和评估经营决策时，一定要联系起来去看，要分析决策对各项财务变量的综合影响。

开展基于价值导向的企业经营决策，需要建立价值型的决策管理系统，全面规范企业的经营决策行为。比如，企业以价值增长目标约束为指导方向，甄选出关键财务驱动指标和关键业务驱动指标，研究各项指标之间的逻辑和相关关系，通过对这些关键驱动指标的联动性分析，在此基础上，搭建起经营决策的优化逻辑，再基于"利润总额、EVA、资本成本和现金流"四个财务目标约束，构建出综合性的价值型决策优化模型和信息管理系统。

随着数字经济时代的到来，企业应加快数字化转型，建立基于大数据的智能化价值决策模型和工具体系，从而让价值型决策越来越智能化和实时化。

（四）基于资本结构的风险思维

价值管理的关键内容之一是资本结构的管理。资本结构不仅体现企业的资本来源，体现不同的资本提供者对公司价值创造的长期影响，更体现了不同资本结构的安排会产生的不同杠杆和风险水平。由此可见，价值思维要求企业经营管理者从兼顾价值和风险的视角，注重对企业资本结构的优化和管理。

合理的资本结构是吸引投资者、改善公司运营状况和增强公司价值创造能力的关键环节。资本结构的变动可能直接作用于公司价值创造能力，也可能通过公司财务状况变化间接影响到公司价值创造能力。从公司融资方式选择来看，企业管理者与股东对公司资本结构的选择往往是不一致的，股东希望充分利用财务杠杆作用实现财富最大化，倾向选择债务融资，管理者为了降低经营及破产风险和财务困境尽可能避免债务融资，防御动机的存在使得企业管理者更多选择权益融资。因此从理论上来看，管理层的融资偏好行为往往会影响到公司的资本结构，并对公司的长期价值造成损失。

此外，在"全球共同体、社会共同体、企业共同体"且风险高度关联的今天，全球不确定性和外部风险的增大也对中国企业的影响也越来越明显，宏观经济、财税和产业政策的调整对微观企业的业务和价值创造影响已经越来越显著（见图2-7）。面对外部经营环境的巨大不确定性，公司价值管理更应树立风险思维，不确定性成为常态下，外部风险对企业经营和价值创造的影响将远超预期，企业不仅要利用内部小数据深入分析公司内部关键业务、关键财务的变化，更要利用大数据及时掌握所处行业、产业、国内和全球宏观的动态变化和风险挑战，因此，"管风险"就是"管价值"已日益成为新的共识。

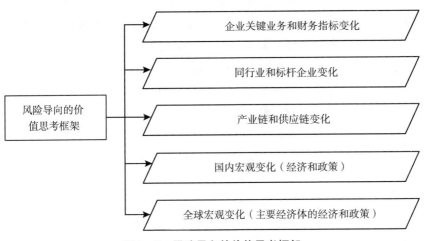

图 2 - 7 风险导向的价值思考框架

决定公司价值增长的关键是能够洞察和把握未来。陈春花（2016）指出"互联网时代的到来，最重要的两个要素变了，一是行业的本质竞争要素改变，二是增长逻辑改变。今天你甚至不知道谁是你的竞争对手，所有行业的游戏规则都在动态变化。企业的挑战是对未来的战略洞察和机会把握。"麦肯锡对未来五十年公司经营环境的判断是："未来世界的不连续性和波动性将频繁出现，长期走势也不再是平稳上升的曲线，我们长久以来秉持的线下增长和确定性思维已经越来越难以适应，一些看似奏效的商业模式可能被颠覆。"

第三节 数字经济时代价值管理的"新思维"

一、公司价值的数据驱动逻辑

（一）数字经济时代价值创造的"新逻辑"

数字经济，是以数据为关键生产要素、以现代信息网络为重要载体、以数字技术应用为主要特征的经济形态。数字化发展将使得经济领域从消费端延伸至生产端，从生产流通到分配消费呈现全流程、多领域覆盖，数字工厂、数字农业、数字贸易、数字货币等成为大趋势。葛红玲、杨乐渝（2020）则认为："数字经济是以数字技术为基础，以数据为核心生产要素，以全社会、全产业、全要素为坐标，以人的需求为导向，以开放、共享、链接、协同、融合为组织方式的全新的资源配置与价值创造模式。"

随着数字经济时代的来临，数字化转型成为引领企业蓬勃发展的关键驱动因素，也关系着企业的未来趋势变化，企业应该意识到数据爆炸性增长带来的更多可能性，深入理解数据及数字化转型对企业发展和价值创造的重要性。在数字经济时代，数据将通过对企业资本、资金、人力等不同经营要素的不断重新组合，产生新的业务模式和价值创造机会。比如，从原材料到产品与服务，从生产方式到运输方式，从技术手段到管理能力，从组织流程到商业模式，这些经营要素的组合与再组合，也即熊彼特所谓的"创造性破坏"，使得我们的经济发展不断升级和企业不断创新。在数字经济时代，企业创新更多体现的是数据的重新组合。基于数据的重新组合，新的产品和服务被发明，新的业务提供与交付方式被创立，新的搜寻模式和交易模式被催化，新的支付手段和价值创造体系也随之应运而生。

数字经济时代，"数字产业化"将蓬勃发展，数字产业化将信息和知识转化为生产要素，发展形成新产业、新业态，代表着产业现代化的方向，引领结构性变革。例如，新冠肺炎疫情期间催生的线上教育、远程医疗、视频会议、线上办公，以及情景互动的直播带货、视频营销等新消费、新模式，既带动产业化快速跟进，又反方向推进产业链延伸发展。"数据资产化"更是成为经济发展的关键驱动力。数据将成为企业重要的生产要素和战略资源，数据的价值化、资产化和产权化，推动数据资产的可交易化。

在数字新技术如此发达的今天，企业如果不能充分利用数字新技术来进行经营和管理，特别是如果没有正确的"数字化思维"，企业就很难做到真正的数字化转型和发展。数字化转型和发展要解决的首要问题是如何通过数字技术来提升产品与服务的品质；其次就是企业战略与商业模式的数字化转型，这一层次要解决的问题是如何设计好新的盈利模式；最后要解决的是企业文化的数字化转型，这一层次要解决的关键问题是数字化转型思维，在企业数字化转型中，企业文化的数字化转型最重要，也就是公司全员要确立正确的数字化思维最重要。只有这样的数字化转型，企业创造和释放的价值才会越大。

（二）数据驱动价值创造的"新路径"

企业是一种配置资源的组织，企业竞争的本质就是资源配置效率的竞争，数字化的今天，客户需求日益碎片化、个性化、场景化、实时化。在不确定性的环境中进行决策是企业管理者面临的巨大挑战，企业管理者需要用数据驱动的"智能决策"来替代"经验决策"，这是一场基于数据+算法的决策革命（见图2-8），即"数据+算法=服务"的实现分四个环节：一是描述，在虚拟世界描述物理世界发生了什么；二是洞察，为什么会发生，事物产生的原因；三是预测，研判将来会发生什么；四是决策，最后应该怎么办，提供解决方案。"数据+算法"将正确的数据，在正确的时间传递给正确的人和机器，以信息流带动技术流、资金流、人才流、物资流，优化资源的配置效率，从而把企业管理者从繁重、重复性的工作中解放出来。

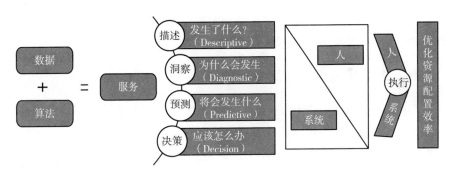

图2-8 企业决策革命："数据+算法"

比如，企业战略如何取舍、如何缩短一个产品的研发周期、如何提高一个班组产量、如何提高一个机床的使用精度、如何提高一组设备的使用效率，所有这些问题，都可以归结为一个问题，就是如何提高资源配置效率，而基于"数据+算法"可以对资源优化配置的各种问题进行状态描述、原因分析、结果预测、科学决策，可以洞察未来的新机会。

数据能够实现公司业务价值的倍增，数据要素能够提高企业单一要素的生产效率，数据要素融入企业的资本、技术和人力等每个要素中，企业原有的生产经营要素的价值将会实现倍增。此外，数据还能通过分析来优化资源配置，有效提高企业资本、技术、土地和人力这些传统要素之间的资源配置效率。由此可见，数据要素推动了企业传统生产经营要素的革命性"聚变"与"裂变"，成为驱动企业价值增长新的关键因素，这才是数据创造价值的真正逻辑所在。

二、数字时代价值管理的"新思维"

面对数字化转型大变革，企业应从思维转变开始：一是以不确定性应对不确定性。面对需求的不确定性，企业需要以数据＋算法的策略应对不确定性，需要摒弃冗余思维、静态思维，走向精准思维、动态思维；二是构建"新型能力"，企业数字化转型，就是要把软件、设备、流程优化、管理变革最终都要转化为企业的新型能力。

数字经济时代，所有这些影响都需要企业重新思考其业务或运营模式，并相应调整其战略规划，因为企业运营需要更快、更灵活，企业要形成新的发展逻辑，并运用新的价值思维来指导内部决策管理。数字经济时代价值管理应该突出以下几个方面的新思维。

（一）"数据驱动"思维

数字经济时代，数据到底如何创造价值？如果就数据谈数据是没有太大的价值。数据要素的价值在于重建了人类对客观世界理解、预测、控制的决策管理新模式因此，公司管理者应积极树立正确的"数据驱动"思维，大数据并不单单是对大量数据的处理，而是一种管理思维方式，更是一种认识公司和外部世界的方式。比如，大数据与公司管理理念，两者若能够完美融合在一起，不但能够提高公司管理的质量与效率，也利于促进业务和组织模式的创新，从而推动公司的持续健康发展。

首先，树立"数据驱动"思维需要公司全员转变管理工作的思维观念，推进公司价值管理模式的创新。数字经济时代，大数据、云计算、人工智能等数字技术的发展，为公司价值管理从传统的财务报表管理向业财融合的大数据管理突破提供了重要帮助，从而帮助公司管理人员更为准确、及时地掌握到企业发展的真实情况，以及了解关键价值驱动因素的变化和管理，最终实现公司价值的提升。

其次，树立"数据驱动"思维需要公司高层管理者特别注重大数据在公司价值管理过程中的有效运用。比如，充分利用大数据技术深入地分析当前市场的发展变化，结合客户对产品的使用和消费，挖掘客户深层次的体验和需求，进而对数据的收集及分析渠道进行深入探索和创新，逐步掌握公司价值的动态和变化规律。

最后，树立"数据驱动"思维需要公司转变财务管理思维和理念、创新财务管理方法，特别是要从"小数据"管理转向"大数据"管理。通常而言，公司内部的财务和业务数据是"小数据"，公司上下游企业数据和行业数据属于"中数据"，产业和宏观经济数据属于"大数据"，因此，公司价值管理不能仅仅局限于小数据的分析和管理，外部大数据的分析、跟踪对公司的决策管理，尤其价值发现和价值创造已经越来越重要。比如，公司通过建立业财融合的管理信息系统，从客户、产品/服务、组织、地域、业态、期间、项目等多个维度构建企业的经营预测和分析评价模型，并实现数据分析和数据洞察的实时化，及时将经营快报、预警消息、分析结果自动推送到管理者手机，帮助管理者及时洞察战略执行情况。

（二）"客户运营"思维

数字经济的核心内容是如何服务客户，企业应全面树立"客户运营"思维。企业应通过产品或者服务，与客户建立一种"强关系"，能成为24小时在线，了解、预测、满足客户需求的"客户运营商"。

企业只有通过多个渠道挖掘数据（包括个人、行业、生活方式和行为的数据），才能从细节上理解客户的购买过程，这在以前是无法想象的。数字技术可以提供准确实时的关键信息，帮助企业了解客户的需求和行为，从而做出更好的推广和销售决策。企业处在一个"随需应变"的时代，这也必然要求不论企业在哪里，也不论客户身在何处，都要求企业管理者和员工始终把客户放在第一位，必须实时响应客户需求，需要利用数据分析改善客户体验，提供基于数据的敏捷服务。

（三）"协同创造"思维

协同是公司创造价值的关键思维逻辑和价值创造的方法。所谓协同，就是指协调两个或两个以上的不同资源或个体，按照不同的分工和某种约定的流程，一起完成同一目标的过程和能力。在数字经济时代，公司战略不再是追求所谓自身的"竞争优势"，而是通过"创造协同"，让企业能够"持续创造价值"。

数字经济时代，数据和信息成为公司最重要的价值载体，也是客户需求与价值实现的基础，公司的价值和绩效越来越依赖于公司内部协同和公司内外部的全面协同。因此，协同不仅包括公司部门之间和员工之间的协作，也包括不同的应用系统、数据资源、终端设备、应用情景、人与机器、组织内外部等之间的全方位协同。数字经济时代，"以人为中心"的企业内部组织单元、价值链环节（组织之间）的协同正在发生一系列深刻的变化，也深刻影响着公司价值的发现方式和实现途径。由此，公司的管理内涵和意义正在发生重大变化，公司需要树立"协调创造"的价值创造新思维，构建统一的数据共享和业务协同平台，充分利用数据推动灵活而有效的组织内外协同，实现并不断优化数字驱动的协同组织，从而推动公司组织模式基于新的价值发现而快速重塑，实现价值的新增长。

（四）"产业生态"思维

生态之所以是生态，在于一群异质性主体基于某个共同愿景在某种共有制度的协调下共同开展价值创造。数字经济时代，公司应通过网络联动形成跨界融合的产业生态圈。从产能合作向产业链合作延伸，形成产业链互补链接、上下游融合发展的产业共同体。以共创、相互赋能、共享的合作模式实现产业生态优化。

"产业生态"思维方式具有整体性、协调性和功能性的本质特征，是一个开放、多元和动态的思维，能够破解工业革命以来形成的单点思维、直线推演和二元对立的传统工业思维方式的误区。

公司价值管理的"产业生态"思维是以环境为约束、价值为牵引、平台为手段寻求多主体、多资源全局优化的动态过程（具体如图2-9所示）。"产业生态"思维的关键是要提升产业生态圈上各个主体的资产回报率和资源利用率，并寻求多主体、多资源的全面价值提升，否则该主体就会游离于产业生态。

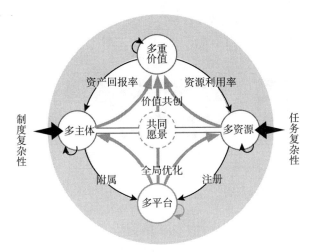

图 2 - 9　价值管理的"产业生态"思维

（五）"平台管理"思维

传统企业的科层制组织结构，已不适应数字时代企业跨界融合的要求，去中心化、平台化、无边界是企业组织变革的重要趋向。传统的公司组织架构主要沿用了金字塔型的直线职能制，虽然在集中统一的行政负责人领导下实现了各个专业机构能动性作用的发挥，但其最大的缺点是条块分割、各自为战，职能部门之间的协作和配合性差。

在数字经济时代，公司组织必须忽略传统企业边界的概念，打破自身边界，变成开放的平台系统，公司组织将从层级化结构到网络化结构。公司管理更多聚焦于关注客户需求，实施"平台管理"思维，这是一种覆盖面更广、更具科学性的管理。公司的平台化管理将使得企业能够集中资源满足消费者需要，增强企业抵抗风险的能力，并且极大地提高组织员工积极性，增强企业活力。比如，通过区块链、人工智能、大数据等手段把员工的工作信息与业务信息呈现在数字化的价值管理平台上，智能、准确地帮助公司完成合同或订单的评估与决策；一些公司过去的生产中心、销售中心模式，转变为线上线下一体化的平台体系，通过工业互联网、工业云平台等布局，促进基于数据的跨区域、分布式生产和运营，提升全产业链资源要素配置效率。推动实现个性定制、联程设计、协同制造、延伸服务。

第三章 公司价值管理：EVA 核心内容

第一节 EVA 的定义与内涵

一、EVA 定义与应用概述

（一）EVA 定义及计算

EVA 是经济增加值（Economic Value Added）的英文缩写，EVA 是公司的税后净经营利润（NOPAT）超过资本成本（CC）的价值。EVA 的基本思想是：一个企业，只有在其资本收益超过为获取该收益所投入资本的全部成本时，才能为股东带来价值，这里的资本不仅包括债务资本，也包括股东投入的股权资本。EVA 不仅可以作为业绩考核指标，更可以作为企业的一种管理决策工具，其核心是企业经营者只有创造超出了资本成本的利润，才是为股东创造了真正的价值。

EVA 用公式表示为：

EVA ＝税后净营业利润 − 资本成本 ＝税后净营业利润 − 资本占用 × 加权平均资本成本率

由以上公式可知，EVA 的计算结果取决于三个基本变量：税后净营业利润，资本占用和加权平均资本成本率。

其中，税后净营业利润衡量的是公司的运营盈利情况；资本占用是一个公司持续投入的各种资本，如债务、股权等；加权平均资本成本率反映的是公司里各种资本的平均成本。其中，税后净营业利润和资本占用的计算来源于公司财务报表（具体见图 3-1）。

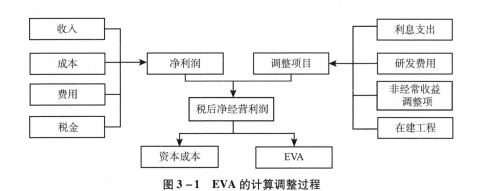

图 3-1 EVA 的计算调整过程

（二）EVA 国内外研究综述

布莱恩特·斯图尔特（Bennett Stewart，1981）在 20 世纪 80 年代提出 EVA 的概念并阐述了 EVA 的框架，认为 EVA 最能反映企业真实的经济价值，并且它反映出的经济价值是与股东财富的创造紧密相关的。

埃萨·马克莱宁（Esa Makelainen，1989）对 EVA 指标做了具体的阐述，他从 EVA 的定义背景、适用范围、优胜性等方面将 EVA 系统地做了介绍。戈恩·汉隆（Gohn Hanlon，1998）认为 EVA 能够真实地反映企业实际创造的业绩，他将 EVA 在企业业绩评价方面的应用称为是"现代企业管理的一场革命"。

欧伯恩（O'Byrne，1996）以公司价值为研究对象，应用回归模型，将经济增加值加入公司价值研究体系，除 EVA 外，还分析了 NOPAT 和 FCF 与公司价值之间的关系。结果发现，经济增加值对公司价值变化的解释能力比 NOPAT 和 FCF 高，也就是说，EVA 对公司价值有很大的影响。

加姆斯·华莱士（Games S. Wallace，1997）研究发现："EVA 指标能促使管理者选择更有利于实现企业价值最大化的决策，从而有助于提高企业股票收益率。"

赫尔茨伯格（Herzberg，1998）提出，EVA 对企业价值的评估不仅是财富分配的角度上，更是在持续产生价值能力的角度上，EVA 指标比股利折现法更实际。

詹姆斯和华莱士（James & Wallace，2007）研究发现："公司采用 EVA 指标进行业绩评价或制定薪酬制度，将对提高企业的经营管理水平大有裨益。除此之外，EVA 的使用还可以在一定程度上提高企业的业绩，更有利于企业的经营达到最终的股东利益最大化的目标。

斯图尔特·布莱恩特（Stewart & Bennett，2009）对经济增加值指标进行了价值树分解，通过分析说明了相较于传统绩效指标，经济增加值更有优越性，特别是在权衡风险、绩效评价和识别投资机会等方面，他们还指出经济增加值在评价企业绩效方面比传统指标的具体优势。

阿拉姆·尼扎穆丁（Alam Nizamuddin，2012）通过详细介绍了 EVA 理论指出，传统的绩效评价体系有其固有的缺陷，并不能准确估算出企业的真实价值。与传统的绩效评价体系不同的 EVA 可以经过一系列计算和调整估算出精确的企业价值。除此之外，对提高企业的经营效益这方面，他们认为应用 EVA 进行绩效评价也是有着显著作用的。

王化成和程小可（2011）以实证分析的方法对 EVA 业绩评价指标在市场经济条件下的有效性进行了充分的研究。结果显示，在 EVA 业绩评价方法中，权益资本的支出也作为企业资本成本的考量，相较于传统的业绩评价分析方法，更贴合企业的实际经营水平。

池国华，王志和杨金（2013）研究了 EVA 的实施对企业价值的影响，他们发现 EVA 绩效评价的实施是有利于提升企业价值的。另外，他们还发现 EVA 影响企业价值的途径是通过影响管理层的投资决策行为，其具体情况又取决于非效率投资的不同类型。EVA 绩效评价的实施可以显著提高那些有着过度投资行为的企业的企业价值。

赵治纲（2015）在对 EVA 本土化的研究中提出目前央企在 EVA 应用中的缺陷：高负债企业因利息费用加回使得 EVA 得以提升，研发型企业因研发支出加回致使 EVA 指标虚高，建筑类企业会因提前或者延迟竣工致使 EVA 指标剧烈波动。在分析了这些缺陷对企业 EVA 指标结果的影响后提出了 EVA 本土化的完善思路。

汤谷良和戴天婧（2015）评价了 EVA 实施的制度效果，认为 EVA 在不同企业实施情况有明显的差异。通过对四个案例进行深度分析，总结出

EVA制度实施的效果与制度本身简洁直观与否、总部的管控能力是否强效、企业与员工在绩效评价方面价值观的匹配以及是否为偏离主营业务的单元和国家战略性经营产业有关。

郝婷和赵息（2017）分析了2009年至2013年国有上市企业的情况，得出EVA绩效考核的实施有利于提高研发投入的强度，总体来说，EVA的实施对企业的研究开发投入有一定的促进作用，尤其是对高新技术产业。

何威风和刘威（2017）通过实证研究的方式，研究发现当央企施行EVA业绩评价方式的时候，企业改变了原有的风险承担水平。并且进一步发现，实行EVA业绩评价制度使企业提高了资本使用率，更加积极地承担风险进而提升了企业的价值。

由上述国内外学者的研究可见，EVA指标有效性得到了国内外许多学者的肯定，大多认为EVA是更符合企业价值最大化目标的一种绩效衡量指标；EVA指标在企业战略制定、绩效考核、薪酬激励等管理方面的优越性得到了大量实践，应用效果也得到了实证检验；EVA指标确实有效地衡量了企业经营效益、周转效率和资本占用的综合结果；EVA指标在国外企业中的应用较为广泛，并受到了越来越高的重视。

（三）EVA的优越性

经济增加值是公司既考虑公司的债务成本，也考虑了权益资本成本后的"增量利润"。因为该理念提供了价值创造的渠道，故逐渐发展为企业价值衡量的主要工具和价值管理模式。

在EVA理论下，企业投资报酬率的高低并非企业经营状况好坏和价值创造能力的评估标准，关键在于投资报酬率是否超过资本成本率。EVA同时连接了资产负债表与利润表，同时揭示了企业的经营效率和资本回报率。EVA的核心思想是"注重资本成本、鼓励价值创造、突出主业经营、提高资金使用效率、兼顾出资人与经营者的利益"。EVA具有以下几个方面的独特优势：

（1）EVA作为评价（measurement）指标，建立在经济利润概念的基础上，要求企业计算包括股权成本在内的全部资本成本，并基于内部评价和管理的角度，对通用会计准则进行了适当调整，使得业绩评价更加全面客观，由此真实反映出企业是否真正为股东创造价值。

（2）EVA作为管理（management）工具，代表的是一种价值管理，引导企业在战略制定和经营管理方面与价值创造保持一致。建立以 EVA 为核心的绩效评价体系，将从根本上改善企业的治理结构和管理体制，提升执行力和管理水平。

（3）EVA 作为激励（motivation）机制，实现股东价值与管理者利益高度一致，当 EVA 增长时，股东的财富也随之增加，管理薪酬也相应增加。

（4）EVA 作为经营理念（mindset），强调财务管理和薪酬制度评价指标的单一性和同质性，有利于企业塑造一种以创造财富和价值增值为核心的企业文化。

EVA 的基本原理很简单，但在简单的道理后面，通过层层分解，可以加工出许多非常有用的决策管理信息，这就是 EVA 的关键指标体系。图 3－2 列示了以 EVA 为核心的财务指标体系，该体系以盈利能力、营运能力、偿债能力和成长能力作为关键指标，可以全面概括公司的价值驱动情况和价值创造状况。

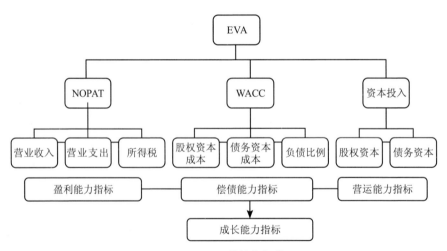

图 3－2　EVA 关键指标体系

当然，EVA 是一个净利润的计算调整值，资本占用的调整尤其资本成本率难以客观确定，这容易导致 EVA 的计算调整过程往往具有一定的争议，因此，EVA 的实施需要明确和简化 EVA 的调整计算标准。此外，EVA 的应用若仅仅局限于考核层面，不全面实施基于 EVA 分享的薪酬激励机制，EVA 的实施效果就会大打折扣，就很难形成持久的价值管理行为和创造价值的企业文化。

二、EVA发展及应用历程

EVA思想源于剩余收益（Residual Income）概念。1890年，英国经济学家阿尔弗雷德·马歇尔（Alfred Marshall）提出了经济利润这一概念，认为一家公司要真正地盈利，除补偿该公司的经营成本外，还必须补偿其资本成本。后来众多的管理者在经济利润基础上提出了剩余收益概念，主要用于投资决策，即评估投资项目时，其获得的利润应当扣除所投资本的最低收益率或预期报酬率，才能确定项目是否可行。

首先引入EVA定义，并将其作为公司管理评价工具加以发展和推广的是美国思腾思特公司（Stern Stwart & Co.）的约尔·思腾恩和G·贝内特·斯图尔特。EVA在国外已经有近30多年的历史。EVA的普遍应用使之成为评估公司业绩的重要标准，受到欢迎的程度超过其他业绩评价手段。此外，经过30多年的推广，EVA逐渐被资本市场投资者接受，全球有400多家大公司采用EVA作为业绩评价和奖励经营者的重要依据。比如美国学者思腾恩和思图尔特创立并发展了EVA概念，随后在美国、加拿大、中国等22个国家注册了商标；EVA思想自从提出以来，受到了众多公司的青睐，其中包括可口可乐、索尼、西门子等世界500强企业，取得了较好的效果。

宝钢集团于2001年在国内率先引入EVA思想，宝钢集团派人参加了美国思腾思特公司开展的培训，并参观和学习了思腾思特公司做过的成功的EVA价值管理的一些美国的小公司，也就是从那个时候开始宝钢集团就开始了EVA这方面的学习和探讨，但是培训回来之后觉得在宝钢这样流程很长的制造类企业推行EVA有点难，认为EVA在一个利润中心推行才更有价值，所以当时没有实质性推行EVA考核，宝钢集团EVA的具体应用历程如下图3-3所示：

国务院国资委对中央企业正式开展EVA考核之前，已经在中央企业试点EVA搞了将近6年，自愿参加试点的中央企业逐年增多，2007年开始鼓励中央企业引入EVA考核。2008年自愿参加国资委经济增加值考核的企业已由2007年的87户增加到93户。2009年已达到100户，超过中央企业总数的四分之三。经过将近6年的EVA试点工作，EVA考核在引导中央企业

稳健起步	完善机制	突出价值导向	深化价值管理
（2001~2006年）	（2007~2009年）	（2010~2012年）	（2013年至今）

- ● 探索EVA管理
- ● 聘请思腾思特进行EVA管理理念的培训与灌输
- ● 由于业务单一，EVA管理实践并未深入开展

- ● 业绩考核中鼓励使用EVA
- ● 预算编制尝试加入EVA指标作为管理财务指标之一

- ● 正式引入EVA考核所占权重为40%
- ● 增加投资资本周转率ICT、投资资本报酬率ROIC作为EVA的补充
- ● 任期制考核试点中EVA权重增至49%

- ● 以提升资产运营效率为抓手，深化EVA管理
- ● 全面推行以EVA为核心和导向的任期制考核
- ● 建立含EVA在内的在线管控系统
- ● 逐步建立年度和任期相结合的激励约束机制

图 3-3　宝钢集团 EVA 的应用历程

科学决策、控制投资风险、提升价值创造能力等方面发挥了积极作用。逐步改变了部分央企重投资、轻产出，重规模、轻效益，重速度、轻质量的现象，有效遏制了盲目投资、盲目要资源的冲动，逐步树立了减少资源占用和提高资源利用效率的现代经营理念。

为了进一步发挥业绩考核的导向作用，努力推动中央企业价值创造能力稳步提升，风险控制水平明显提高，创新能力显著增强，科学发展迈出新步伐，为实现国有资产保值增值、促进国民经济平稳较快发展做出新的更大的贡献。从 2010 年开始，国务院国资委决定从第三任期（2010~2012 年）开始全面推行经济增加值（EVA）考核，推动中央企业提高价值创造能力和科学发展水平。

国务院国资委自 2010 年开始对所有中央企业推行以经济增加值为核心的价值导向考核，EVA 和利润总额共同作为中央企业业绩考核的主指标。全面推行 EVA 考核，是为了引导企业围绕提高资本使用效率，牢固树立资本成本意识，既要重视生产经营成本，更要考虑资本成本，实现真正意义上的全成本核算，保证为出资人提供更多的回报和利益。经济增加值突出了"三个导向"：突出企业的资本属性，引导企业增强价值创造能力，提升资本回报水平；突出提高发展质量，引导企业做强主业、控制风险、优化结构；突出可持续发展，引导企业更加重视自主创新，更加重视战略投资，更加重视长远回报。

第二节 EVA 的计算标准

一、通用的 EVA 计算方法

EVA 的计算方法为：税后净营业利润减去资本成本。而资本成本又可以分解为加权平均资本成本率与资本总额的乘积。因此有：

EVA = 税后净营业利润 – 加权平均资本成本率 × 资本总额

即：EVA = NOPAT – WACC × TC

由以上公式可知，EVA 的计算主要涉及税后净营业利润、加权平均资本成本和资本总额三项数据。

第一，税后净营业利润指标是根据企业财务报表内的相关会计科目根据一定的调整原则进行严格的增减调整而得出的。由此，在计算税后经营业利润 NOPAT 的过程中，还需要将会计报表中的税后净利润通过一系列会计事项的调整后重新计算得到。

第二，加权平均资本成本率 WACC 同时考虑了债权成本和股权成本，此外还考虑到了企业所得税率。

第三，资本总额 = 股权资本投入额 + 债权资本投入额。资本总额是企业经营所实际占用的资本额，它的本质与总资产、净资产等概念不同。投入资本总额有两种算法，第一种是由资产负债表的左半部分数据为基础进行计算，即通过资产总额与非付息债务之间的差额来得出总的投入资本；第二种方法是，从资产负债表的右半部分进行计算，则投入资本总额等于所有付息债务与所有者权益之和。

（一）税后净营业利润

税后净营业利润等于税后净利润加上利息支出部分（如果税后净利润计算中已扣除少数股东损益，则应加回），也就是公司的销售收入减去除利息支出以外的全部经营成本和费用（包括所得税）后的净值。

因此，税后净营业利润实际上是在不涉及资本结构的情况下公司经营所获得的税后利润，也即全部资本的税后投资收益，反映了公司资产的盈利能力。除此之外还需要对部分会计报表科目的处理方法进行调整，以确认公司的真实经营业绩。

（二）资本占用（Capital）

资本占用是指所有投资者投入公司经营的全部资金的账面价值，包括债务资本和股本资本。其中债务资本是指债权人提供的短期和长期贷款，不包括应付账款、应付票据、其他应付款等不产生利息的商业信用负债（即无息流动负债）。股本资本不仅包括普通股，还包括少数股东权益。因此资本占用可以理解为公司的全部资产减去商业信用负债后的净值。同样，计算资本占用时也需要对部分会计报表科目进行调整，以纠正公司真实投入资本的扭曲。

（三）资本成本率（WACC）

资本成本率的合理计算是 EVA 指标准确和引导价值创造的关键前提，资本成本率的合理计算，有利于企业价值管理功能的充分引导和发挥，提高企业的资本管理水平和经营绩效。在资本成本率计算准确的情况下，EVA指标能够更加真实全面地反映企业全部资本运营的效率与效果。但是，如果资本成本率的计算方法不准确或者人为设定过低或过高，则不仅会扭曲EVA 指标结果，还会误导企业管理者的投融资决策，引发企业盲目投资、债务风险失控、降低企业的资源配置效率，最终反而损害了企业价值。

资本成本率（Weighted Average Cost of Capital，WACC）是指企业以各种资本在企业全部资本中所占的比重为权数，按债权资本成本率和股权资本成本率加权平均计算出来的平均资本成本率。

债权资本成本率是指企业借款和发行债券筹集资金的税后资金成本。

股权资本成本率是指企业通过发行普通股票获得资金而付出的代价，它等于股利收益率加资本利得收益率，也就是股东的必要收益率。

资本成本率（WACC）计算模型如下：

$$WACC = K_e \times W_e + K_d(1-T) \times W_d$$

其中：

WACC：平均资本成本率

K_e：股权资本成本率

K_d：债权资本成本率

W_e：股权资本占比

W_d：债权资本占比

T：企业所得税税率（25%）

1. 资本成本率的确定步骤

资本成本率通常按照以下4个步骤来计算确定：

步骤1，确定债权资本成本率

步骤2，确定目标资本结构

步骤3，计算股权资本成本率

步骤4，计算平均资本成本率

2. 资本成本率的计算

平均资本成本率（WACC）＝债权资本成本率×债权资本占比×（1－所得税税率）＋股权资本成本率×股权资本占比

其中，债权资本成本率＝利息支出总额/平均带息负债，利息支出总额是指带息负债情况表中"利息支出总额"，包括费用化利息和资本化利息。

股权资本成本率结合公司的盈利水平和国债利率水平差异化确定，也可以通过资本资产定价模型来计算确定。

债权资本成本率的计算相对而言比较容易确定，股权资本成本率的估算则相对较为困难和客观，这也是影响EVA指标客观性的一个关键所在。目前股权资本成本的估算方法主要有：资本资产定价模型、股利贴现模型、债券收益调整法和净资产收益率对标法等。

对多元化经营的集团公司来说，EVA不仅可用于企业整体层面的考核，也可以用于分部层面的考核。在集团层面计算时应该使用集团层面的加权平均资本成本率（WACC），而在对所属二级企业或者产业板块（业务单元）层面进行EVA考核时，使用集团公司的资本成本率或者统一用一个资本成本率是不太合理的，应结合集团公司的产业发展战略等，考虑行业特点和行业风险来确定集团主要产业板块（业务单元）各自的资本成本率，并进行差异化的设置。

3. 资本结构的计算

资本结构的计算，通常根据公司"带息负债占总资本比"来作为债权资本占比，并体现为公司的资本结构。

带息负债＝带息流动负债＋带息非流动负债

其中，带息流动负债＝短期借款＋交易性金融负债＋其他带息流动负债

其他带息流动负债包括短期债券、1 年内到期的长期借款、1 年内到期的应付债券和 1 年内到期的融资租赁款。

带息非流动负债＝长期借款＋应付债券＋其他带息非流动负债（融资租赁款）

债权资本占比＝带息负债占总资本比＝带息负债平均值/（带息负债平均值＋所有者权益平均值）

股权资本占比＝1－债权资本占比

二、国资委 2010 年 EVA 计算标准

国务院国资委 2010 年首次实施 EVA 考核，对 EVA 的计算采取了比较简化的处理，主要是对中央企业利润表和资产负债表进行合理的调整和计算取得。

经济增加值是指企业税后净营业利润减去资本成本后的余额。计算公式为：

经济增加值＝税后净营业利润－资本成本＝税后净营业利润－调整后资本×平均资本成本率

税后净营业利润＝净利润＋（利息支出＋研究开发费用调整项－非经常性收益调整项×50%）×（1－25%）

调整后资本＝平均所有者权益＋平均负债合计－平均无息流动负债－平均在建工程

税后净营业利润是对利润表中的净利润为起点进行调整取得；调整后资本以资产负债表的总负债和总所有者权益为起点，并在此基础上扣除不构成债务资本的无息流动负债和未竣工决算实际投入运行的在建工程而调整取得。

从企业内部 EVA 分析资本占用时，调整后资本也可以从资产负债表的左边进行计算：

调整后资本＝平均资产总额－平均无息流动负债－平均在建工程

（一）资本成本率的确定

虽然统一的资本成本率没有反映中央企业之间在风险、资本结构、融资成本和盈利能力方面的差异，但会影响经济增加值的准确性、在不同行业和不同企业之间的可比性。国务院国资委考虑到是首次全面应用EVA，EVA的计算尤其资本成本的计算不能设计得太复杂，所以中央企业采取了比较简化且统一的资本成本率也就具有较好的合理性和操作性，具体如下：

（1）中央企业资本成本率原则上定为5.5%。

（2）承担国家政策性任务较重且资产通用性较差的企业，资本成本率定为4.1%。

（3）资产负债率在75%以上的工业企业和80%以上的非工业企业，资本成本率上浮0.5个百分点。

（4）资本成本率确定后，三年保持不变。

（二）会计调整项目

EVA计算时，国务院国资委设置了5个会计调整项目，适当修正会计准则对企业经营业绩的扭曲。具体包括：利息支出、研究开发费用调整项、非经常性收益、无息流动负债和在建工程。

1. 对税后净利润进行调整的项目

EVA会计调整项目中对税后净利润进行调整的项目包括三大项，即：利息支出项目、研究开发费用项目和非经常性收益项目。从会计利润表的净利润到EVA计算公式中的税后净利润需要做的第一步就是将"利息支出""研究开发费用"从会计净利润中加回。

EVA对税后净利润进行调整时要将"利息支出"予以加回，这主要是由于在EVA的计算过程之中，在对资本成本进行调整时，已然是将债务部分包括在成本计算内。换句话说，EVA在对资本成本进行测算时已将"应付利息"计入，若不将与之对应的"利息支出"加回利润中就会造成资本成本的重复扣除。因此，在对税后净利润进行调整时应将已作为扣除项的"利息支出"加回。

利息支出先予以加回再统一扣除债务资本5.5%的资本成本，这对于部分资金密集型企业尤其是利息支出较高（实际利率高于5.5%）的中央企业，EVA 指标反而有一定的帮助。不过，如果中央企业贷款的平均利率低于 5.5% 的资本成本率时，则在一定程度上使得经济增加值指标掩盖了低息融资实际所产生的价值贡献。因此，利息支出的调整在一定程度上虚化了经济增加值指标的结果。

EVA 在进行会计调整时，一项重要的使 EVA 增加的项目便是"研究开发费用"项目。这个会计调整项目的数据一部分来自企业"管理费用"项目下的"研究与开发费用"，即费用化的研发支出；另一部分则来自资本化的开发支出，即当期确认的列报为企业"无形资产"的"研究开发支出"。

研究开发费用是企业的一项长期投入，有利于在未来提高企业的经营业绩。在利润考核导向下，由于研究开发费用严重影响了当年的利润指标，为了完成利润指标，部分企业管理者不太愿意或者选择少投入研究开发费用。国务院国资委为鼓励中央企业增强核心竞争力，加大自主研发投入，在计算 EVA 时，将企业当年新增的研究开发费用"视同利润"予以加回，这项调整规定对于中央加大研发投入和突破关键核心技术而言具有非常深远的战略意义和考核引导作用。

EVA 在对净利润进行调整时涉及到的"非经常性损益"主要包括：（1）变卖主业优质资产收益，即集团公司减少持有的那些具有实质控制权的上市公司股权所取得的实际收益；（2）转让股权收益，这里的股权是指那些占母公司资产、收入或者利润占集团总体十分之一以上的非上市公司，且这些非上市公司的主业包含在主业范围内；（3）资产转让收益，相比上文提到的第一条，这里主要指主业优质资产以外的非流动资产（含土地）转让收益；（4）其他，这里的其他作为一个补充说明项，主要是由与本公司的主业发展没有关系的一些非货币性资产交换等资产置换损益以及与本企业经常性的经营活动无关的补贴收入等构成。

国务院国资委关于非经常性收益调整的规定以及在计算"税后净营业利润"时扣除非经常性收益额的 50%，这是为了鼓励中央企业聚焦发展主业，提高主业的盈利能力和回报水平。

2. 对资本成本进行调整的项目

EVA 会计调整项目中对资本占用进行调整的项目为平均无息流动负债和平均在建工程两项。这里的平均无息流动负债和平均在建工程，均是将本期期末数与期初数进行简单平均计算得出。

在计算 EVA 资本占用时作为使资本占用减少的会计调整项目中首先需要关注无息流动负债。从会计的角度看，公司的全部资产来源于负债或所有者权益，即存在"资产 = 负债 + 所有者权益"这一恒等式。但是 EVA 所关注的是资本使用的成本，而并非所有的资金都有成本，流动负债中存在无息负债，而这类负债并无利息成本，不在 EVA 资本成本的考虑范围之内。无息流动负债包括了企业资产负债表当中的"预收款项"、"应付账款"、"应交税费"、"应付票据"、"应付利息"、"其他应付款"及"其他流动负债"。

相较于其他类型的负债，无息流动负债不占用资金，所以在进行资本调整时应当将其作为减项从资本占用中予以扣除。除此之外，根据《中央企业负责人经营业绩考核暂行办法》中的规定，对于那些因承担国家任务等原因造成"专项应付款"和"特种储备基金"余额较大的企业来说，明确规定可以将这部分"专项应付款"和"特种储备基金"也视同无息流动负债在对资本成本进行调整时予以扣除。

在建工程是指企业正在建设尚未竣工投入使用的建设项目。由于工程尚未完工，固定资产没有交付使用，在建工程的投资在当期不能给企业带来利润。如果在建工程金额较大，会产生较高的资本成本，导致当期经济增加值严重偏低，在一定程度上会挫伤管理者对资金需求量大、建设周期长、有利于企业价值增加的新项目的投资以及对现有项目更新改造的积极性。因此，"在建工程"不作为企业当期的资本占用，而应当在进行 EVA 资本占用时予以剔除。待该项在建工程达到预定可使用状态时再计入资本占用当中。

由于国资委在计算"调整后资本"时，扣除的是"平均在建工程"，因此，平均在建工程金额的高低将对"调整后资本"数据有着重大影响，从而对 EVA 指标有着重大影响。这也就意味着在建工程的竣工投产时点就很重要了，如果在建工程已实际投入使用但没有办理竣工决算手续转为"固定资产"，这将虚化企业的 EVA 指标。在建工程是安排年初竣工投产还是年底竣工投产，对在建工程金额很高的中央企业而言，其 EVA 指标也将带来重大影响。

三、国资委 2016 年 EVA 计算标准

国务院国资委自 2010 年首次实施 EVA 考核以来，经过第三和第四两个

任期的 EVA 考核，中央企业在二级和三级企业均已全面实施了 EVA 考核，对 EVA 的理解和应用具备了良好的基础，在此基础上，2016 年国务院国资委对 EVA 的计算标准结合中央企业实际以及更好地体现资本结构对企业价值创造的关键作用而进行了适当完善。新的 EVA 计算标准主要在两方面进行了重点完善，一是对非经常性收益进行全部扣除，二是对资本成本率采取了优化设置，债权资本成本率和股权资本成本率分别计算。2016 年新的 EVA 计算标准具体如下：

EVA = 税后净营业利润 − 资本成本 = 税后净营业利润 − 调整后资本 × 平均资本成本率

税后净营业利润 = 净利润 +（利息支出 + 研究开发费用 − 非经常性收益）×（1 − 25%）

企业通过变卖主业优质资产等取得的非经常性收益在税后净营业利润中全额扣除。

调整后资本 = 平均带息负债总额 + 平均所有者权益总额 − 平均在建工程

平均资本成本率 = 债权资本成本率 × 平均带息负债/（平均带息负债 + 平均所有者权益）×（1 − 25%）+ 股权资本成本率 × 平均所有者权益/（平均带息负债 + 平均所有者权益）

债权资本成本率 = 利息支出总额（含资本化利息）/平均带息负债

股权资本成本率结合企业功能分类和国债利率水平差异化确定。

对主业处于充分竞争行业和领域的商业类企业股权资本成本率原则上定为 6.5%；

对主业处于关系国家安全、国民经济命脉的重要行业和关键领域、主要承担重大专项任务的商业类企业股权资本成本率原则上定为 5.5%；

对军工、储备、电力、农业等资产通用性较差的企业，股权资本成本率下浮 0.5 个百分点（5%）。

债权资本成本率体现合理负债水平，引导企业降低融资成本。债权资本成本率根据企业实际水平确定。

资产负债率高于上年且在 70% 以上的工业企业或 75% 以上的非工业企业，平均资本成本率上浮 0.2 个百分点；资产负债率高于上年且在 75% 以上的工业企业或 80% 以上的非工业企业，平均资本成本率上浮 0.5 个百分点。

第三节　EVA 的会计调整项目

一、EVA 会计调整的基本原理

EVA 之所以能够精准地反映企业的经营业绩，一个重要原因在于对财务报表数据进行了必要的调整，对扭曲经营业绩以及容易导致管理层短期行为的事项进行调整。美国思腾思特公司认为，要得出精确计量的 EVA，涉及的调整事项达到 160 多项（主要调整项目见表 3 - 1）。

表 3 - 1	EVA 主要调整项目
主要调整项目	
研究开发费用，	退休金支付
广告、营销推广费用	租赁/购入资产
被动投资	开办费用
坏账准备	递延税款
非经常性收益/支出	递延收入
存货计价	质量保证准备金
折旧方法	利息费用
战略性投资	营业外收入
商誉摊销	在建工程
重组费用	联营企业、合营企业
养老金支出	负债准备
无息债务	非正常收入/费用
汇兑损益	

注：表中所列项目是思腾思特公司依据美国 GAAP 会计准则认为 EVA 可能需要的调整项目。

如果企业进行多达 160 多项的调整，这对企业来说是一件非常耗费时间和成本的事，而且会把 EVA 弄得过于复杂，非常不利于管理人员的理解和把握，EVA 考核与价值管理工作将很难推进和取得真正的成效，但是，EVA 调整项目过于简单、调整不全面、不突出战略导向，则 EVA 考核同样很难成功。

因此，在判断是否进行会计调整时，掌握的标准通常是看此调整能否对经营决策产生重大影响、能否显著提高 EVA、能否对 EVA 薪酬激励产生重大影响等，在实际使用过程中，一般企业都采用最具代表性的 5～10 项左右的项目进行调整，基本集中在财务费用、研究开发费用、营业外收支、递延所得税等，调整事项的不同则 EVA 的最终数值将产生较大差异。

1. 资产减值损失

（1）调整原因：出于稳健性原则，使公司的资产减值情况得以适时披露，以避免公众过高估计公司利润而进行不当投资。作为对投资者披露的信息，这种处理方法是非常必要的。但对于公司的管理者而言，资产减值损失不反映公司的真实损失，计提的减值损失尤其长期资产的减值损失不是当期费用的现金支出，且易于被公司管理层操纵。

（2）调整方法：将资产减值损失在扣除所得税的影响后，加入到税后净利润中；同时将提取的减值准备余额计入资本占用。

2. 营业外收支

（1）调整原因：营业外收入和支出反映公司在生产经营活动以外的其他活动中取得的各项收支，这与公司的生产经营活动及投资活动没有直接关系，它们的特征是具有偶发性和边缘性，并不反映经营者的正常经营业绩或经营决策。

EVA 业绩考核体系强调公司应主要关注其主营业务的经营情况，对于不影响公司长期价值变化的所有营业外的收支、与营业无关的收支及非经常性发生的收支，需要在核算 EVA 和税后净营业利润中予以剔除。

（2）调整方法：将当期发生的营业外收支扣除所得税影响后从税后净利润中剔除；同时，将以前年度累计发生的营业外收支计入资本占用。

3. 利息费用

（1）调整原因：公司为筹集经营资金所借入负息债务而发生的成本表现为利息费用。由于资本成本的计算包括债务部分的成本，在计算税后净营业利润时，发生的利息费用等融资费用不应计入期间费用，否则将导致资本成本和费用的重复计算。而作为财务费用减项的利息收入、汇兑收益不属于经营收益，不应计入税前经营利润。因此，在计算税后净营业利润时，整个财务费用科目不应作为期间费用进行扣除。

（2）调整方法：将利润表的财务费用的税后值加入到税后净利润中。

4. 一次性支出但受益期较长的费用

（1）调整原因：按照新会计准则的规定，公司发生的一次性支出但受益期限较长的费用计入当期损益，这些费用包括研究开发费用、广告宣传费用等。而在 EVA 体系下，这些费用是对公司未来和长期发展有贡献的，其发挥效应的期限不只是这些支出发生的会计当期，按照会计准则规定全部计入当期损益并不合理，而且容易影响管理者对此类费用投入的积极性，不利于公司的长期发展。因此，会计调整就要将这类费用资本化，并按一定受益期限进行摊销。

EVA 业绩考核小组应确定这些研究开发费用和广告宣传费用能够带来未来经济利益的流入，即能够增加公司未来的收入和营业利润，才能对这些费用进行会计调整。对于不能未来受益的研究开发费用和广告宣传费用的投入应直接费用化，不允许进行会计调整。

（2）调整方法：将此类费用从税后净利润中剔除，作资本化处理，并按照一定的受益期限进行逐年摊销，其中，研发费用一般按照 10 年进行摊销，广告宣传费用一般按照 5 年进行摊销，如果公司能够提供研发投入和广告宣传费用发挥更长受益期的证据，则由业绩考核小组确定这些费用的受益期并进行摊销。

新会计准则规定对公司在研究开发过程中发生的费用进行区别对待：研究过程中发生的费用应予以费用化；研究达到一定的阶段而进入开发程序后发生的费用，如果符合相关条件，允许资本化。所以，在 EVA 调整事项中只需要对研究阶段发生的费用和开发阶段不符合资本化条件计入当期损益的费用进行调整。

公司对研究开发费用支出应当单独核算，比如，直接发生的研发人员薪酬、材料费，以及研发所用设备折旧费等。同时从事多项研究开发活动的，所发生的支出应当按照合理的标准在各项研究开发活动之间进行分配；无法合理分配的，应当全部计入当期损益。

公司对广告费和业务宣传费应当单独核算，广告宣传费用包括各种媒体广告费用、展览费用、网站产品推广费用。其中，广告费用必须具备以下条件：①广告是通过经工商部门批准的专门机构制作的；②已实际支付费用，并取得相应发票；③通过一定的媒体传播。业务宣传费是公司开展业务宣传活动所支付的费用，主要是指未通过媒体的广告性支出，包括企业发放的印有公司标志的礼品、纪念品等。

5. 递延所得税费用

（1）调整原因：新会计准则要求公司采用资产负债表债务法来核算公司所得税费用，即所得税费用包括当期所得税费用和递延所得税费用。从经济观点看，公司应该从当前利润中扣除的唯一税款就是当前实际缴纳的税款，而不是将来可能（或不可能）缴纳的递延所得税费用。因此在计算EVA 时，应对递延所得税费用进行调整。同时，将递延所得税负债余额加入到资本总额中，递延所得税资产余额从资本总额中扣除。通过调整的EVA 更接近现金流量，更准确地反映了公司的经营状况。

（2）调整方法：从税后净利润中加入递延所得税费用，如是递延所得税收益则应从税后净营业利润中减去。

6. 在建工程

（1）调整原因：在建工程是对公司未来持续经营的投入，并不能在当期为公司实际创造经营利润，如将在建工程也计入资本占用中，可能导致当期经济增加值为负值，从而严重影响管理层对未来业务长期投入的积极性。因此在建工程不计入资本占用，当其完工并转入固定资产时才计入资本占用。

（2）调整方法：在计算资本占用时，应从资产总额中扣除在建工程。

7. 无息流动负债

（1）调整原因：资本来源于债权人和股东投入，而在负债中有部分负债为无息流动负债，即这部分流动负债不要求支付成本，不占用资本。如应付职工薪酬、应付账款、应付票据、应交税费、应付股利等。

（2）调整方法：无息流动负债等于期初和期末平均流动负债之和减去短期借款和一年内到期的长期负债之和。在计算资本占用时，应从资产总额中扣除无息流动负债。

8. 战略性投资

（1）调整原因：公司当年发生的战略性投资一般不会马上产生收益，由于要计算这些战略性投资的资本成本，这些投资项目的初期 EVA 往往是负的。公司管理层为了近期 EVA 免受影响，可能会在投资决策上犹豫，尽管项目未来的回报十分诱人。

（2）调整方法：公司当年发生的战略性投资（如大额债务融资或股东投资）不是从资金投入之日就全额计入资本占用并计算其资本成本，而是设置一个暂计账户将该项战略投资暂时存放起来，再分期计算其资本成本。

二、EVA 会计调整项目的好做法

国务院国资委 2010 年正式开展 EVA 考核以后，部分中央企业结合自身集团经营管理实际，在保持 EVA 计算方法一致的基础上，对部分会计调整项目的设置进行了创新和完善。

中国电信集团公司针对集团公司资产规模大、低效资产多的现状，将资产盘活收益双倍计入 EVA 计算，极大地激励了所属单位盘活存量资产，提高资产利用效率的积极性。

中国五矿集团公司为加大对低效资产清理和业务创新支持力度，促进经营单位结构调整和业务转型。对列为集团低效资产清理的项目和各单位承担的集团层面的战略性创新业务，给予政策支持，相关成本费用和资本占用在考核中还原。

中粮集团公司则在对各经营单位考核中，在计算利润类指标时，对实际发生的研发费用视同利润按 150% 加回，对实际发生的品牌费用高于预算的部分视同利润按 100% 加回。

中国石油集团公司把战略并购费用、尚未投入开发的海外油气资产和油气价格变动等因素，纳入经济增加值调整项目，引导企业重视战略投资和可持续发展。

招商局集团在考核经济增加值时，把非经营性利润全额扣除，把股东垫款视同股权资本占用，引导企业做强主业，提高资本运营效率。

神华集团公司会计调整项目包括：利息支出、研究开发费用及培训费用、勘探费用、非经常性收益调整项、无息流动负债、土地使用权及在建工程。

（1）研究开发费用及培训费用。是指企业财务报表中"管理费用"项下的"研究与开发费""员工培训费用"和当期确认为无形资产的研究开发支出。

（2）土地使用权。是指财务报表中"无形资产"科目下的"土地使用权"。对于符合集团战略的、用于生产性目的土地使用权支出，由于项目建设周期较长，在企业总资本中并没有发挥效益，可酌情在投入资本中予以抵扣，待相关的在建工程转固后再重新纳入到企业投入资本中。对于不符合条件的土地使用权支出一概不得调整。

（3）在建工程。是指财务报表中符合主业规定的"在建工程"。其中，非生产性在建工程不允许抵扣。非生产性在建工程指不属于企业主业经营范围的在建工程，如职工福利建房等。

三、EVA 会计调整项目的优化思路

（一）EVA 会计调整项目的核心原则

根据财政部发布的《管理会计应用指引第 600 号——绩效管理》中的规定，EVA 会计调整应遵循"价值导向性、重要性、可控性、可操作性与行业可比性"等原则。

（1）价值导向性原则。要求将对企业产生价值导向的会计项目予以调整，例如"研究开发费用"的加回对鼓励和引导企业加大科研力度，促进企业转型跨越发展有着明显的导向性。

（2）重要性原则。要求对于那些如果不进行调整，将严重影响对企业负责人经营业绩的客观反映的会计事项进行调整。

（3）可控性原则。要求会计调整的是能够被公司的管理层和员工控制和影响的那些会计项目，特别是对于那些企业负责人由于短视作出的一些错误经营战略等，如果不及时加以制止很可能对企业的长远发展造成不良后果，这些错误经营战略等所对应的会计项目应当在计算 EVA 时予以调整。

（4）可操作性原则。要求所有会计调整都应是可计算的，所有会计调整的信息都是可靠的和可获取的。

（5）行业可比性原则。要求同一行业采用的会计调整事项应是无太大差异的。

我们近年来在给部分中央企业制定 EVA 计算标准时，EVA 会计调整项

目设置通常遵循"战略性、可理解性、可操作性和行业基本一致"的核心原则。

1. EVA会计调整项目的设置应起到"鼓励正确行为、纠正错误行为，限制不合理行为"的战略牵引功能，并能有效鼓励所属企业专注主业盈利能力和增强其核心竞争力。

2. EVA会计调整项目的确定应坚持如下原则：

（1）对于那些重大因素如果不进行调整，将严重影响对企业负责人经营业绩的客观反映，这些重大事项应作为调整事项来设定。

（2）对于那些影响企业未来价值创造能力和可持续的创造价值因素，这些因素如果是重大和关键的，应将其作为调整事项。

（3）对于那些企业负责人的一些不符合股东利益和影响企业长远发展的重大错误经营行为和短期行为，应作为调整事项。

（二）会计调整项目的合理设置

国资委2014年修订的业绩考核办法中，EVA调整项目包括：利息支出、研究开发费用、无息流动负债、在建工程四个项目，此外，企业通过变卖主业优质资产等取得的非经常性收益在税后净营业利润中全额扣除。

国资委现行EVA会计调整项目设置在实践中存在如下几个方面的问题。

（1）研究开发费用调整项目。对企业当年新增的研究开发费用，在计算EVA时，在扣除所得税后全部加回到税后净营业利润中，这样规定确实起到了鼓励中央企业持续加大研发投入的积极性。

但是在考核实践中，对研发投入极少甚至无研发行为的中央企业而言，EVA指标就相对而言偏低，对研发为主业的央企而言，则EVA指标相对偏高甚至虚高，由此导致企业出现"盲目研发、虚假研发，重复研发、突击研发、无效研发"等问题。

（2）利息支出调整项目。费用化的利息支出在计算EVA时，先扣除所得税后加回到税后净营业利润，再统一扣除带息债务资本额的资本成本率（5.5%），这一做法容易导致资金密集型且高负债企业，因为实际贷款利率可能远高于5.5%，利息支出加回后反而构成了提升EVA的关键因素。

部分中央企业在EVA调整项目设置方面，在结合了国资委对EVA调整项目的相关规定，并根据集团自身实际情况和战略牵引要求增加了一些有针对性的调整项目。

（3）在建工程项目。在建工程项目作为资本占用扣除项，容易诱导企业延迟工程进度和推迟竣工决算。并且若中央企业当年有大额的在建工程项目竣工投产转入"固定资产"后计算资本成本，则导致该央企 EVA 指标产生非经营因素的剧烈波动。

在 EVA 调整项目设置方面，部分中央企业在结合了国资委对 EVA 调整项目的相关规定基础上，也根据集团自身实际情况增加了一些有针对性的调整项目。

四、EVA 会计调整项目设置方案

科学合理的 EVA 计算标准是企业尤其是大型集团公司 EVA 考核与价值管理推行的关键环节。通常而言，EVA 会计调整项目的设置包括：利润调整项目和资本占用调整项目。我们认为，EVA 调整项目的合理设置是集团公司 EVA 考核发挥"战略牵引"功能的关键抓手。EVA 会计调整项目应从集团公司当前"转型发展、结构调整、产业升级、创新发展"的大局出发；应从集团自身的"发展战略和经营策略"出发；应从所属企业的"价值定位和管理短板"出发。

当然，集团公司的 EVA 会计调整项目也可在统一规定的调整项目基础上，针对集团公司不同产业板块（业务单元）的经营管理特点而对每个产业板块设置 1~2 个针对性的调整项目并固定下来。

集团公司可以在国资委规定的 5 项会计调整项目要求下，根据集团及所属企业实际情况和业务板块经营特点，进一步细化本集团公司的 EVA 会计调整项目。我们认为，EVA 会计调整的核心项目可包括如下内容：

1. 利润调整项目

（1）非经常性损益。

非经常性调整项目不是营业所得的利润，不可持续；如有部分补贴收入与经营所得相关且每年都发生，则可视同为营业利润。

比如，企业当年处置交易性金融资产取得的投资收益、公允价值变动净收益以及处置主业资产取得的收益。

（2）企业战略性投入。企业战略性投入主要包括：研发投入，广告宣传或品牌投入、渠道投入、信息系统升级投入、勘探投入等：这些投入属于一次性投入，但应能使企业长期受益。

集团公司应对当年新增研发投入全部加回为利润的做法进行细化设定。比如，集团公司有必要制定一个研发投入管理办法，明确规定：研发活动的界定、研发投入的起点和终点、研发投入费用的界定与核算、研发效果的评估、研发投入加回利润的鼓励条件等。

品牌建设投入，世界一流企业都十分重视品牌建设方面的投入。品牌建设投入是为企业长期价值创造所做的投入。建议对所属企业当年经集团公司批准的品牌建设投入按照100%予以加回。

（3）社会责任投入。社会责任投入主要包括：经集团公司批准的"安全生产专项投入、节能减排投入、职工培训经费"等。

企业价值＝经济价值＋社会价值，企业承担社会责任，则短期影响了企业价值的提升，因此，企业在社会责任方面的投入（体现为社会价值），则可适当加回作为企业价值即业绩来反映。

（4）战略性亏损。战略性亏损包括战略性业务前期亏损、企业产业升级和淘汰落后产能发生的损失。为鼓励所属企业积极清理不产生EVA的投资项目、进行产业升级和淘汰落后产能，提高资本使用效率，对当期发生的战略性亏损应予以加回，从而将不会影响当期EVA考核指标的结果。

（5）汇兑损益。汇兑损益是由于汇率的浮动所产生的结果。企业在发生外币交易、兑换业务和期末账户调整及外币报表换算时产生的汇兑损益是管理者无法控制的因素，因此，在计算EVA时应将汇兑损益进行调整。

2. 资本占用调整项目

（1）战略资产：战略资产是指纳入集团公司战略投资规划范围的以创造行业未来收益为目的且未给集团带来经济效益的资产。包含三个属性：一是符合国家需要旨在履行社会责任，如环保、节能项目；二是符合行业发展需要，为行业长远发展做出贡献；三是目前无明显收益或收益较低，能为行业带来未来收益；四是总公司认可的战略性储备物资。

战略资产应具有的特征：一是战略性，符合行业战略发展要求；二是重要性，金额较大的重大项目；三是独有性，只有一个或个别企业独有。集团认可的战略资产在计算EVA时可从资本占用中予以全额扣除。

（2）无息负债：企业经营者可以利用的无息资本，鼓励经营者提升对无息资本的占用能力，无息负债包括无息流动负债和无息长期负债。无息流动负债包括：应付账款、预收款项、应交税费、应付利息、应付职工薪酬、应付股利、其他应付款和其他流动负债（不含其他带息流动负债）。

（3）在建工程：与主业相关的在建工程和工程物资，在计算 EVA 时不作为资本占用。与主业无关的在建工程和工程物资，在计算 EVA 时作为资本占用。与主业相关的在建工程项目竣工并转为"固定资产"当年，也不计入当年的资本占用。

（4）惩罚性资本占用：对于企业 3 年以上未回收的应收账款，再按该应收账款的原值的 200% 计入资本占用；对于企业半年以上未结转销售的库存商品再按照 100% 计入资本占用；对于企业非正常原因闲置半年以上的大型设备，再按照此设备原值的 200% 计入资本占用。

（5）长期资产减值准备：对于企业累积计提的长期资产减值准备加回作为资本占用；对于企业当年计提的长期资产减值损失在扣除所得税影响后加回利润。

第四章 公司价值管理：管理框架

第一节 价值管理框架概述

一、思腾思特的"4M"管理框架

20世纪90年代初，美国思腾思特（Stern Steward）管理咨询公司率先将EVA引入业绩考核，并将其发展成为一种崭新的价值管理体系，EVA不再仅仅是一个简单的业绩评价指标，而是一套以EVA为核心导向的价值管理工具体系。

EVA价值管理体系的创始者和主要推动者思腾思特公司将EVA价值管理体系的本质特征概括为"4M"体系（见图4-1）：业绩考核（Measurement）、管理体系（Management）、激励制度（Motivation）和理念体系（Mindset），综合概括了EVA价值管理体系的内涵。EVA主要通过渗透到企业各个经营管理领域、各个业务环节来塑造企业战略架构。

"4M"体系中，业绩考核是基础，能够全面考核企业经营者的业绩；管理体系是手段，结合行业目标制定适合本企业的战略目标并完善公司的计划预算编制；激励制度是核心，建立公正合理的考核体系，有效调动员工的积极性；理念体系是先导，建立良好的企业文化氛围。"4M"体系涵盖了企业整个经营管理过程，四个方面相辅相成相互促进，使股东价值最大化的目标体现在每项经营活动与决策中。

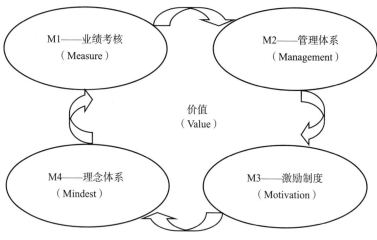

图 4 - 1 "4M"价值管理体系

EVA 价值管理体系从分析公司的 EVA 业绩入手，从业绩考核、管理体系、激励制度和理念体系四个方面具体提出如何建立使公司内部各级管理层的管理理念、管理方法和管理行为都致力于股东价值最大化的管理机制，最终目标是协助提升公司的价值创造能力和核心竞争力。

"4M"框架很好地概括了 EVA 价值管理体系的内涵，图 4 - 2 可以帮助更深刻的理解 EVA 价值管理体系的核心内容。

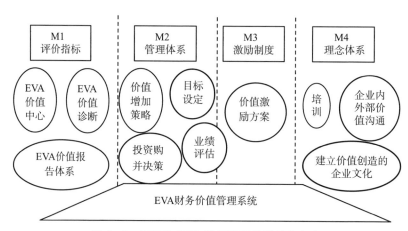

图 4 - 2 "4M" EVA 价值管理体系核心内容

二、埃森哲价值管理框架

埃森哲公司的价值管理最佳实践认为，科学的价值管理体系应包括价值理念、价值流程、价值指标、价值组织、激励机制和价值管理工具六个核心领域（见图 4 - 3 所示）。

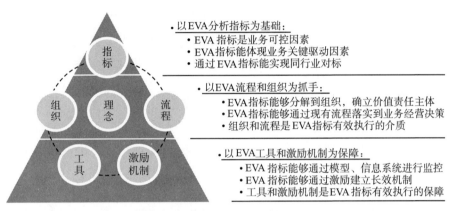

图 4 - 3 埃森哲价值管理最佳实践

企业构建 EVA 价值管理体系，以树立价值管理理念为核心，以 EVA 指标为基础，以 EVA 管理流程和组织为抓手，以 EVA 管理工具和激励机制为保障。

（1）通过树立价值管理理念，建立公司价值导向的决策管理体系。价值管理理念能够正确度量公司业绩目标，凝聚股东、管理层和基础员工，并形成完整的管理框架指导公司的关键决策和经营行为，使公司的文化发生深远的变化。

（2）EVA 指标可以按照组成要素进行层层分解，明确各项关键驱动因素，形成公司的 EVA 价值树，关联到公司各个部门；可以通过公司各项指标的关系反映对 EVA 的影响，展现公司财务状况全貌，便于衡量经营执行情况与预算框架的一致性，可与全面预算结合分析，构成公司的完整财务分析方法，用于经营决策模拟、指标监控和 EVA 贡献度分析。

（3）价值管理体系的组织是指从价值管理角度定义相应的 EVA 价值中

心，以强化价值创造的责任机制和确定相应的激励主体，实现目标有效分解和压力的有效传递，为EVA激励机制的建立奠定基础。

（4）EVA组织即EVA中心，EVA中心可以是部门、业务单元、分公司、分厂、甚至客户等，但EVA中心的设置应符合以下四个条件：

①一致性。该EVA中心的决策权、业绩考核和激励体制三者是否根本上一致？

②相对独立。该EVA中心经营或者管理是否相对独立？

③可衡量。该EVA中心的业绩在现有的财务体系中是否可确切衡量？即尽量减少资本和成本费用的主观分摊，EVA中心的收入和成本费用可以明确确认，衡量业绩时不需要对现有财务体系进行大的调整和变动；

④简单可实施。EVA中心的划分简单明了，易于掌握和便于日常管理。

（5）将EVA价值理念融合到现有管控流程，优化现有流程的标准、工具和方法，是构建EVA价值管理体系的关键所在。将EVA指标和责任主体，落实到战略规划、目标设定、运营、考核等主要业务流程中，通过EVA指标体系与日常经营业务活动产生互动，实现EVA价值管理体系与企业战略绩效管理的有机结合。

（6）EVA本质上是一种财务指标，计算较为复杂，需要应用大量工具与模型来支持EVA价值管理体系的有效运作。通过构建分析模型来量化投资、并购等业务决策，通过信息系统及时监控各项业务的运行经营指标，有效提高公司决策和风险防控能力。

三、麦肯锡价值管理框架

麦肯锡公司的价值管理框架由卡普兰等人（1990）提出的。该模式可以简单理解为一种价值思维机制及其应用于整个经营管理实践，同样强调股东价值的核心地位，提倡将股东价值法应用于价值战略和价值评估。

麦肯锡公司提出（汤姆·科普兰等，2003），以价值为基础的管理可理解为价值创造的思维和将思维化为行动的必要的管理程序和制度两者的有机结合，如下图4-4所示。

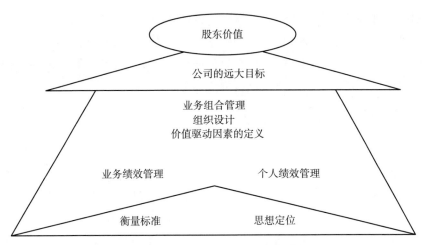

图 4 - 4　麦肯锡公司的价值管理框架

　　麦肯锡价值管理框架认为，价值管理应先确定公司价值创造的思维，基于思维方式确定管理程序以最终实现企业价值增值。这种模式强调日常经营活动中的思维方式，一方面是高层管理人员对于企业目标的重视程度，一方面是高层管理人员对于企业价值增值驱动因素的认知程度。

　　首先，公司的行为建立在价值思维的基础上是使价值得以实现的前提。价值思维有两个方面：价值衡量标准和价值思想定位。价值衡量标准的核心问题是，管理层是否真正了解公司是怎样创造价值的以及股票市场是怎样评估公司价值的。管理层是把长期和短期结果权衡看待还是只重视短期结果？是否把投资机会成本纳入了衡量标准？这些标准是基于经济结果还是基于会计结果？等等。价值思想定位是指管理层关心价值创造的程度，这种思想定位体现在管理者思维和行为的许多重要方面。一个方面是管理者到底尽多大努力来创造价值；另一个方面是管理者是把基于价值的管理看成是永久的行为还是一个短期的项目。

　　其次，公司必须以价值创造的思维为基础，在既定的管理程序和制度的规范下采取必要的行动，以进一步强化股东价值的核心地位：第一，公司必须把长期目标与严格的价值创造指标结合起来；第二，公司必须采用严格的方法管理所有的业务以创造最大的价值，在必要的时候还须进行重大重组；第三，公司必须保证其组织设计和文化能强化价值创造原则；第四，公司必须对每项业务的主要价值驱动因素有透彻的认识；第五，公司必须确定一套有效的方法，对每个业务单位的经营用先进的方法制订目标，并实行严格的绩效评估；第六，公司必须找到有效的途径，采用物质奖励和其他的激励方式，以激发管理者及全体员工创造价值的动机。

四、德勤公司的价值管理框架

德勤公司的价值管理框架认为，价值驱动因素和价值创造之间应该建立价值地图，方便考察公司价值创造的具体过程（具体见下图 4 - 5 所示）。围绕企业的最终目的——实现股东价值，对价值驱动因素进行层层分解，逐步细化，形成企业价值地图。在对企业现状分析时，自上而下地查阅价值地图，找出问题；在对企业进行改善时，自下而上地查阅地图，进行实时监控。

围绕如何提升价值，可将企业创造价值的来源从增加收入、降低成本、资产管理和预期管理等方面，逐步细化为许多具体的细节问题，并称之为"价值驱动因素"（Value Drivers），这些价值驱动因素对公司价值的提升起着至关重要的作用。公司在选取了衡量企业价值创造的指标后很容易根据这个指标所包含的成分进行层层分解，确定所谓的"价值驱动要素"，整个分解价值的过程就构成我们现在看到的"企业价值地图"。从地图上很容易看到围绕"现金流投资回报"这一终极目标，连续进行了不同层次的分解，构成了地图的金字塔式结构。运用企业价值地图可以对企业现状进行分析，确定目前影响企业创造价值最大的驱动力是哪些；然后对这些"价值驱动力"的表现进行分析，来明确改善的方向和空间的大小，最后可以针对每一种特定的价值驱动力，制定具体的改善措施。在现状分析阶段，可以以自上而下的方式查阅地图，找出问题并进行分析；而在改善阶段，则可以以自下而上的方式查阅地图，随时对工作进展进行监控，明确关键之所在。

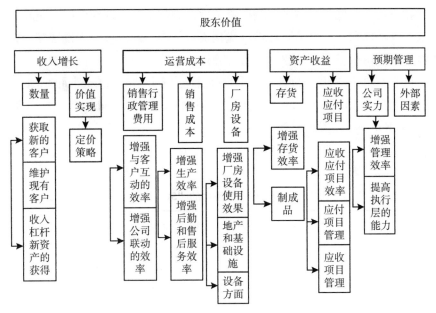

图 4-5　德勤公司的价值

五、华润集团 "5C" 价值管理体系

华润集团在符合发展战略的主营业务中，一直强调的是企业的价值管理，并注重通过资本市场来监督规范企业经营与发展。华润集团较早就认识到部分中央企业通过扩大规模、增加投入来推动企业粗放式增长，这些企业"大而不强"，与世界一流企业相比，在总资产报酬率、净资产收益率、经济增加值等重要指标上还有很大差距。因此，华润集团在近几年的转型发展过程中，一直在打造价值创造型集团总部，建立了新型的"5C"价值管理体系。

"5C" 价值管理体系是对追求企业价值本源的探索，涵盖了一家成长型企业在资本使用、资金运用、资产运行等方面的管理标准及方法，是对价值创造过程的思考研究和实践积累，包含了对企业战略、企业组织等方面的分析，展现了战略、价值和组织能力三者在企业可持续发展中的有机联系。华润集团意识到要提高企业的发展质量，就必须突出价值创造，强化以经济增加值考核为核心的价值管理。"5C"价值管理体系要求的价值创造不仅直接表现在节税、降低资金成本、发挥资金效益和收获财务杠杆效应，更在于提高资产流动性和资产负债表弹性、优化资本结构、确保可持续发展等，并直接着力于公司市场价值的驱动因素，确保股东价值的稳定、快速增长。

华润集团的"5C"价值管理体系包括：资本结构（Capital Structure）、现金创造（Cash Generation）、现金管理（Cash Management）、资金筹集（Capital Raising）、资产配置（Capital Allocation），这 5 个方面环环相扣，涵盖了公司价值各项要素，具体如表 4 - 1 所示。

表 4 - 1   价值管理体系中的"5C"

资本结构	在价值创造过程中，公司应首先考虑资本来源、资本成本和构成比例关系，从而形成公司的资本结构
现金创造	公司通过经营活动将资本转化为有竞争力的产品和服务，实现现金创造，获得持续增长所需的内部资金来源
现金管理	通过付息派息、现金周转与资金集中等对持续的现金流进行管理
资金筹集	通过与资产结构相适配的资金筹集安排，获得外部资金来源
资产配置	通过新一轮资产配置活动动态调整公司资产组合，以实现价值持续增长，从而形成价值创造活动的良性循环

"5C"价值管理体系遵循价值创造逻辑，从价值创造循环来看，企业价值离不开几个关键，即资本来源与成本、现金盈利、现金分派、增长支持、资产增效与适配。公司经营的第一步，需要考虑资金来源或占用资本，多少来源于股东、多少来源于借贷，各自要求的回报或者加权平均资本成本是多少，即要考虑资本结构问题；资本投入后形成各项资产，依托各项资产的经营活动将资本转化为有竞争力的产品或服务，通过经营获利能力及营运资本周转，实现现金创造，获取持续发展所需的内部资金来源；在现金创造的持续过程中，如何有效管理在其中流动的现金，对各项影响现金流动的资产进行轻量化管理，减少资本占用，引出第 3 个环节现金管理；公司价值还来自可持续发展，过往的债务有再融资需要，并且经营活动创造的资金只能支持有限的自我维持增长率，还需要通过经营扩张以获得持续增长，因此必须考虑从外部获取资金，即进行资金筹集；在价值创造的过程中，"资产配置"

是其中的持续性的活动，无论是内生资金还是外部筹集资金，要产生回报或实现增值就需要将其投入到具体业务形态或经营项目，通过动态调整资产组合以实现公司价值的持续增长；在实施资产配置方案时，又回到第一步，即要与一开始资本结构中的长短期占用资本相适配。这整个过程始终伴随着现金的流动。在企业实践中，这 5 个环节之间相互驱动并相互延伸，以整体平衡推动公司的价值创造（见图 4 - 6）。

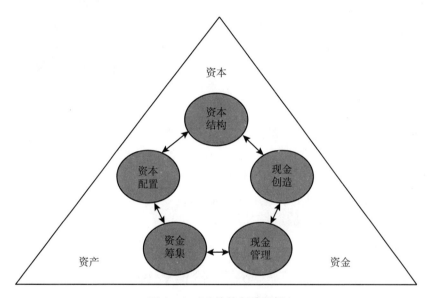

图 4 - 6　5C 价值创造逻辑

"5C" 价值管理体系全面打通了企业的资本层面和经营层面，以价值创造为核心，以 "资金、资本、资产" 为主线，围绕价值创造的关键要素，细化价值管理目标，运用一系列管理工具，使得经营层面具备价值基础，为资本层面的价值实现提供有效的来源和支持。

"5C" 价值管理体系设计了许多可以运用的通用性方法和价值管理工具，使价值理念能够真正在公司经营管理实践中得到全面应用。例如：资本结构的财务弹性管理、加权平均资本成本、资本结构优化工具等；现金创造的现金创造分析、营运资本管理、收入增长目标管理工具等；现金管理的付息与派息管理、资金集中管理、现金周期管理、现金持有量优化、现金预算管理工具等；资金筹集的债权融资要素优化、债权融资管理、股权融资管理、融资关系管理工具等；资产配置的价值分析、价值评估、价值检讨、资产处置工具等。

"5C"价值管理体系还有一整套与之相匹配、在不同层级有不同权责范围的价值管理职能设置和管控架构，通过职能细化支持其有效落地。此外，"5C"价值管理体系还有报表化的方式，即"5C"价值管理报表，整合公司的财务和业务数据，将业绩分解到具体的管理活动中，挖掘公司价值背后的具体驱动因素，适用于公司各层级进行价值分析和价值管理，从而将价值管理落实到公司的日常经营管理活动中。

价值创造是企业生存和发展之本。"5C"价值管理体系将公司价值与管理实践紧密联系，是企业在践行价值管理时可以运用的理念框架和实用工具。华润集团于2012年发布了涵盖制度、指引、工具（图示）、报表（分业务）、案例（实践总结）的"5C"价值管理体系完整内容，并在集团总部及各业务单元付诸实施。至2017年，华润的价值管理实践成效明显，"5C"理念已经深入人心，价值管理要素成为日常管理方法，"回报、增长、风险"等价值因子更是成了通用的商业语言。"5C"价值管理体系得到了华润集团广大经理人的普遍认可。

第二节 "6E"价值管理框架

一、"6E"价值管理框架

结合国内外已有的 EVA 考核和价值管理框架体系，经过多年的 EVA 价值管理研究和实践，我们认为，价值管理实际上是如何将"创造价值的思维"转化为实际的管理行动，价值管理强调要将经济增加值理念和方法导入集团及所属企业管理过程的各个方面，各企业应特别关注如何运用经济增加值的价值观念进行战略设定、业务规划和日常经营决策，从而推动各企业将管理决策集中在关键价值驱动因素方面，最大限度地实现价值最大化目标。赵治纲（2007年）提出了"6E"价值管理框架。"6E"主要包括：

EVA 战略管理、EVA 预算管理、EVA 绩效管理、EVA 薪酬激励、EVA 价值报告、EVA 企业文化（具体见图 4-7 所示）。

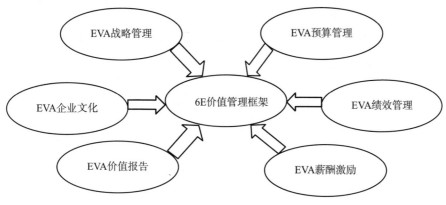

图 4-7 "6E"价值管理框架

"6E 价值管理"是企业基于 EVA 价值最大化目标，建立"战略规划、项目投资、财务预算、考核分析、薪酬激励和企业文化"等 6 个关键管理领域的价值管理体系。

EVA 绩效管理需要企业建立 EVA 为核心导向的业绩考核体系，深入构建 EVA 价值中心，开展针对性的 EVA 考核，在此基础上逐步完善；EVA 薪酬激励则需要在企业积极应用，否则 EVA 考核的效果将大打折扣，EVA 价值管理体系也很难真正落地生效；EVA 战略规划、EVA 预算管理和 EVA 价值管理报告需要在企业全面引入和规范；EVA 企业文化需要企业持续推进 EVA 考核和全面开展价值管理体系建设，从而使价值创造理念和价值分享的企业文化深入人心，成为企业管理的 DNA 和员工的自觉行为。

二、EVA 战略管理

EVA 战略管理是指企业基于企业价值最大化和 EVA 持续提升目标，形成企业长期经营的方向、方针、路线和指导原则，在对现有业务开展基于 EVA 的价值诊断和对新建项目投资进行 EVA 测算基础上，制定规划目标、战略举措、资源配置、保障措施。EVA 战略管理要求企业以 EVA 持续提升和可持续发展能力为核心目标，平衡好规模与效益、速度与质量、长期和短期的关系。EVA 战略管理主要包括：EVA 价值诊断和 EVA 项目投资评价。

1. EVA 价值诊断的关键内容

（1）企业相关部门应定期对集团公司的经济增加值创造情况开展分析诊断，并定期组织所属各单位开展经济增加值诊断分析，形成《EVA 价值诊断报告》；

（2）对所属企业资本占用、资本周转和价值毁损等情况进行全面分析，既要 EVA 关键财务驱动指标进行分析诊断，更要组织业务部门对影响 EVA 的关键非财务指标进行深入分析诊断，价值诊断应做到"科学、全面和深入"；

（3）根据 EVA 价值诊断结果，提出集团公司和所属各单位价值改善策略，并落实相关部门 EVA 改善的工作内容、工作进度和责任；

（4）企业要强化对 EVA 价值诊断结果的应用，对能稳定创造价值的企业，要提出巩固提高措施；对价值逐步提升的企业，要集中必要资源，加大扶持力度；对经营状况堪忧的企业，要采取有效措施，帮助其改进提高或果断退出。

2. EVA 项目投资评价的关键内容

（1）新建投资项目决策应从利润最大化转变为价值最大化，全面分析项目投资的规模、风险和收益，做出符合价值最大化原则的项目投资决策。

（2）企业应建立健全现有项目投资决策管理机制，项目投资决策应做到重点关注：是否符合集团公司主业发展战略；项目投资的价值创造能力，即投资资本回报率高于项目资本成本率；项目投资的市场风险、技术风险和政策风险等各项风险因素。

（3）在项目投资决策过程中，在现行净利润、投资资本回报率、投资回收期、净现值或内部收益率等主要评估指标基础上，增加经济增加值（EVA）、项目 EVA 现值和项目 EVA 率等评估指标。在项目投资评价指标体系中，EVA 指标的评价权重不低于 30%。

（4）企业相关部门应指导所属各单位对上报集团公司的项目投资可行性研究中开展 EVA 分析，并明确未开展 EVA 分析的项目不予立项。

（5）项目投资 EVA 评价公式 =（投资资本回报率 - 项目资本成本率）× 投资资本总额。

其中：

投资资本回报率 = 息前税后净营业利润 / 投资资本总额

项目资本成本率：原则上不低于国资委核定集团公司的资本成本率；也可根据项目融资方式、融资成本、债务和股权资本比例、集团对股权资本收益率要求计算出该项目的资本成本率。

（6）对于项目投资决策，应以五年期的项目 EVA 值为正作为该项目是否投资的判定依据，即五年期内新建项目 EVA < 0 时，该项目原则上不予立项，集团战略性和培育型业务除外；必选项目时，EVA 值或 EVA 率高的项目优先实施。

三、EVA 预算管理

EVA 预算管理是指企业在发展战略的引导下，基于价值创造和 EVA 持续提升目标而对现行预算管理目标、预算理念和预算指标体系进行基于 EVA 的适度调整和改革，在现行预算管理体系中建立基于价值最大化目标的预算约束机制，在预算管理体系设计、预算目标、预算编制、预算分析和预算考评环节全面体现价值导向和价值创造理念。

EVA 预算管理是在现行全面预算管理基础上进行调整和优化，主要内容是预算目标设定、预算起点、预算报表体系、预算分析、预算考评等预算管理环节以价值创造和 EVA 持续提升为核心导向。EVA 预算管理的关键内容如下：

（1）基于 EVA 的预算目标是优化资源配置，实现价值创造和 EVA 持续提升。企业应根据发展战略，平衡好"规模、效益和风险"，并明确企业短期、中期和长期 EVA 预算目标。

企业应综合考虑业务规划、项目投资、经营计划、资金状况、行业发展趋势、产品价格水平、研发投入等利润和资本影响因素，对年度 EVA 目标进行预测，据此确定集团年度 EVA 预算目标，并在集团各业务板块进行分解落实。

（2）预算编制应以 EVA 目标为核心和起点来展开，兼顾利润目标和其他关键驱动指标目标。

（3）预算报表应在现行预算报表体系中增加资本成本预算表和 EVA 预

算表的编制内容，并重点关注资产负债预算表和利润预算表。

（4）预算指标体系重点将由现行的利润和收入指标转向全面关注EVA、资产、负债、收入、利润指标和非财务驱动指标。

（5）在预算执行过程中，企业预算管理部门应对基于EVA的预算指标体系进行及时跟踪和监控，分析EVA预算目标和实际完成的差异情况，并组织相关职能部门深入分析预算差异的业务原因；在预算完成后，全面总结上年度预算执行和价值创造情况，对下年度预算编制和执行提供参考和完善。

（6）在预算年度结束后，企业应及时对内部各责任部门和各级预算责任中心的预算执行结果开展考核和进行综合评价，并以考评结果与各级管理人员的薪酬挂钩。

四、EVA绩效管理

EVA绩效管理是指企业按照发展战略目标，制定以EVA为核心考核导向，并以EVA关键驱动指标为主的绩效考核体系，对企业经营者在一定期间的经营业绩和价值贡献作出客观、公正和准确的综合评判。

企业应按照"规范化、精准化和科学化"的要求，在现行业绩考核体系的基础上建立EVA核心导向的考核指标体系，并逐年加大EVA绩效考核工作的力度，不断拓展EVA绩效考核的广度和深度，实现EVA指标在所有子、分公司甚至内部业务部门的全覆盖，将EVA考核范围逐步延伸到企业的各业务领域，推动EVA考核工作与企业战略规划、计划预算、薪酬激励等经营管理环节的全面融入，从而稳步提升企业价值创造能力和可持续发展能力。

EVA绩效管理的关键内容如下：

（1）企业应建立以EVA为核心导向的经营业绩考核体系，实现EVA考核在所有子公司、分公司的全覆盖。

（2）企业要大胆创新，并根据所处行业、经济规模、功能定位、发展阶段和管理基础等，制订和完善集团内部经济增加值考核方案。

（3）集团公司对二级企业的经济增加值考核权重应逐年加大，具备条件的企业力争达到40%以上，甚至全面取代利润指标。

（4）企业应对已经开展的 EVA 考核工作进行全面总结，梳理存在的不足，把好的经验加以固化和制度化。

（5）企业将 EVA 考核范围逐步延伸到企业的内部各部门或者各业务领域，推动 EVA 理念与企业战略规划、计划预算、薪酬激励等经营管理环节的全面融入。

五、EVA 薪酬激励

EVA 薪酬激励是指企业从转变发展模式和树立价值最大化目标出发，建立以业绩考核为导向、以分享价值增值为重点、以工资预算总额和财务承受能力为约束、以短期和长期业绩相结合，以符合国有企业经营需要、发展阶段和行业薪酬水平的一套薪酬激励制度体系。

EVA 薪酬激励是企业价值管理工作能否持续深入和取得实效的关键环节，需要企业加快建立与现行薪酬管理制度相衔接、与企业实际情况相适应、以经济增加值为核心的薪酬激励机制。EVA 薪酬激励体系的建设既要符合国家现行法律法规要求，又要在企业现行薪酬激励办法上有所创新和突破。EVA 的薪酬激励对象要从企业负责人和副职逐步延伸至中层管理人员，并最终扩展至全体员工，实现价值分享的全员覆盖，引导员工主动创造价值。

EVA 薪酬激励的关键内容如下：

（1）实施 EVA 价值管理的企业要优化现行薪酬结构，合理提高绩效薪金占总薪酬的比例，可根据经济增加值（或经济增加值改善值）的完成情况，上浮或下降一定比例的绩效薪金，在条件成熟时实现绩效薪金与经济增加值结果的直接联动，并合理控制薪酬激励水平。

（2）EVA 的薪酬激励对象要从企业负责人和副职逐步延伸至中层管理人员，并最终扩展至全体员工，实现价值分享的全员覆盖，引导员工主动创造价值。

（3）企业要不断扩大经济增加值考核结果的应用范围，除经济增加值考核结果直接与被考核者薪酬挂钩外，还应将结果扩大至对各级管理人员的福利、培训学习、职务调整等人力资源管理机制中。

（4）企业在年度 EVA 考核与薪酬挂钩的基础上，应逐步建立以经济增加值（或经济增加值改善值）为奖金提取基数的任期激励或中长期激励办法。

（5）企业应建立与经营业绩考核结果直接且高度关联的薪酬激励制度体系或者对企业高级管理人员探索建立 EVA 价值分享的薪酬激励体系，坚持"业绩上，薪酬上；业绩下，薪酬下"的原则，不断强化价值考核导向，完善以价值分享为核心的薪酬激励制度体系。

六、EVA 价值报告

EVA 价值报告是指企业建立针对 EVA 指标、EVA 关键驱动指标的日常跟踪、监控和定期总结分析的一套内部管理报告。EVA 价值报告制度体系的全面建立有助于集团和各单位管理人员及时掌握本单位 EVA 指标的变动情况、完成进度，以便及时作出价值改善决策。

EVA 价值报告制度体系主要包括：月度、季度、半年度、年度 EVA 专题报告；EVA 关键驱动因素分析报告；EVA 对标分析报告。

EVA 价值报告体系的关键内容如下：

（1）企业应建立切合自身经营管理需要的 EVA 管理报告制度体系，并在企业现有信息管理系统（ERP）中进行固化或专门开发 EVA 管理报告系统和功能模块。

（2）企业应于年度决算结束后 15 日内向集团提交上一年度 EVA 总结报告和 EVA 关键驱动因素分析报告。

（3）年度 EVA 总结报告主要包括：去年 EVA 完成情况、EVA 分解指标变动情况、下一年 EVA 改善途径、EVA 考核与管理完善建议等内容。

半年度、季度 EVA 分析报告主要包括：半年度、季度 EVA 指标跟预算差异情况；EVA 跟利润差异情况；EVA 差异分析等内容。

月度 EVA 快报主要包括：月度 EVA 计算表、月度 EVA 跟利润指标差异表、月度 EVA 简要分析等内容。

（4）EVA 关键驱动因素分析报告主要包括：EVA 关键财务指标分析；EVA 关键非财务指标分析（品牌、人力、市场、数据和流程等）；EVA 关键驱动指标对 EVA 指标的影响预测等内容。

（5）EVA 对标分析报告主要包括：EVA、EVA 率、EVA 关键驱动等指标的全行业对标、行业内重点企业对标、自身三年的对比；EVA 对标指标的差异及原因分析等内容。

七、EVA 企业文化

EVA 企业文化是指企业在各级管理人员和员工中形成一种共同的核心价值观，建立一种关注资本成本和主动创造价值的理念体系，使得 EVA 成为企业的共同语言和行为准则，从而驱动员工致力于企业价值最大化目标的实现。

EVA 企业文化主要包括：价值分享文化、员工主动创造价值的行为文化、价值管理固化的制度文化和核心价值观的精神文化。

EVA 与企业战略规划、预算管理、业绩考核和薪酬激励的全面融入和协调运行需要企业全面建立与之相适应的 EVA 价值管理企业文化体系。

EVA 企业文化是企业价值管理工作的关键环节之一，其关键内容如下：

（1）企业应从企业的精神文化、制度文化、行为文化和激励文化四个领域构建符合企业自身文化特征的 EVA 价值管理文化体系。

（2）企业应进一步完善全员业绩考核体系，通过全员业绩考核的深入开展，将企业 EVA 考核目标和价值理念层层传递，将企业价值最大化目标转化成员工个人工作目标，从而实现企业全体员工以 EVA 为行为原则，全面激发员工工作热情，加快推进基于 EVA 的企业文化体系的建设。

（3）企业应从企业转型和战略发展高度来高度重视基于 EVA 的企业文化体系建设工作，推动 EVA 理念的全面普及和深入人心。

（4）EVA 企业文化体系建设是一项"基础工程"、"系统工程"和"长期工程"，需要企业负责人亲自抓和长期抓，并充分调动企业员工全面参与"6E"价值管理体系建设。

第三节　国资委的价值管理体系

价值管理是中央企业经营管理模式的全面转型，即实现现有经营管理模式向价值管理框架的根本转变，实现价值管理的制度化、工具化和信息化，实现价值理念与现有业务流程的全面融合。价值管理不是对中央企业现行管理制度体系的否定和全面变革，而是一种理念转变、管理提升和调整优化。

国务院国资委推动中央企业建立价值管理体系，这是 EVA 全面导入中央企业日常经营管理的需要，管理升级和效率提升的需要，是以"管资本"为主深化国资改革的需要，更是打造世界一流中央企业的需要。为指导中央企业进一步深化经济增加值考核，优化资源配置，提升以经济增加值为核心的价值管理水平，促进中央企业转型升级，增强核心竞争能力，国务院国资委 2014 年 1 月发布了《关于以经济增加值为核心加强中央企业价值管理的指导意见》，该文件要求中央企业力争用两个任期的时间建立基本完善的价值管理体系，中央企业价值管理体系如图 4 - 8 所示。

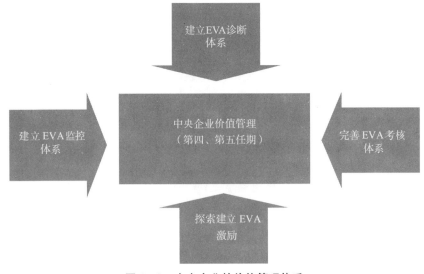

图 4 - 8 中央企业的价值管理体系

一、中央企业价值管理的主要目标

为做强做优中央企业、培育具有国际竞争力的世界一流企业，中央企业价值管理的主要目标是：以科学发展观为指导，坚持转变发展方式与提升价值创造能力相结合，壮大规模与提高发展质量相统一，短期效益与长期发展相协调，力争用两个任期左右的时间，中央企业价值管理体系基本完善，实现诊断科学、考核健全、激励约束有效、监控到位；价值管理更加科学，实现经济增加值从考核指标向管理工具转变、从结果考核向过程控制转变；价值创造能力明显提升，以更优化的资本结构、更有效率的资本运营、更强的主业获利能力，全面提升企业核心竞争能力。

二、中央企业价值管理体系的核心内容

（一）建立经济增加值诊断体系

诊断体系是实施价值管理的基础，是明确主攻方向、制订有效措施的重要前提。中央企业要以财务报表为基础，以资本成本为基准，深入企业生产经营的不同层级和不同环节，将经济增加值的构成要素从财务指标向管理和操作层面逐级分解，绘制出要素全、可计量、易识别的价值树，揭示价值形成的途径。要注重运用科学的分析方法，从纷繁复杂的价值树指标中，识别出反应灵敏、影响重大的关键价值驱动因素。要从关键价值驱动因素出发，选取国内外优秀企业作为标杆，找出差距、分析原因，明晰价值管理的薄弱环节。要针对诊断出来的问题，完善战略、预算、执行等方案，形成价值提升策略。

（二）完善以经济增加值为核心的考核体系

考核体系是实施价值管理的保障，是坚持正确导向，有效落实国有资本保值增值责任的主要抓手。中央企业要坚持提升发展质量和效率的考核导向，将经济增加值作为主要考核指标，并逐步提高其权重。要结合企业内部不同板块、不同发展阶段的特点，科学设定资本成本率、从严把握经济增加值计算调整项，推进差异化考核，有效平衡当期回报与可持续发展。要强化短板考核，从关键价值驱动因素中选取短板指标纳入考核体系，确定具有挑战性的目标，持续改善。要推动组织绩效和个人绩效的有效结合，将 EVA 考核指标逐级分解，层层落实考核责任。

（三）探索建立经济增加值激励约束机制

创新激励约束机制是价值管理的基本动力，是完善责权利相统一、业绩考核与奖惩紧密挂钩的重要方向。中央企业要把经济增加值及其改善值作为

各级出资企业负责人绩效薪酬核定的重要指标，根据经济效益状况、经济增加值贡献大小和业绩考核结果，按照薪酬考核办法确定企业负责人绩效薪酬。中央企业要在坚持考核薪酬分配基本制度的前提下，以管理团队、核心业务骨干为主要对象，积极探索与经济增加值紧密挂钩的任期激励和中长期激励机制，更好地留住关键人才，更加注重企业的可持续发展。

（四）建立健全经济增加值监控体系

监控体系是价值管理常态化运行的重要环节，是过程控制的关键。中央企业要建立和完善经济增加值监测报告制度，定期分析预警关键价值驱动因素和考核指标变化情况。要参照行业和本企业历史数据，及时发现经济增加值变化的主要原因，对战略、运营、财务、内部控制等方面的不适应性进行调整纠正。要完善经济增加值监控手段，充分应用现代信息技术，逐步提高监测的深度、广度和频度，增强工作的主动性和有效性。

三、中央企业提升价值创造能力的工作要求

（一）优化国有资本配置

中央企业要根据国有资本的特点，合理配置资源，提高配置效率。要着眼于增强国有资本在重要领域、关键环节和战略性产业的控制力和影响力，强化产业整合，掌握核心技术、聚焦系统集成，科学界定主业范围、区域布局和产品边界，不盲目延伸产业链和价值链。对于主业范围内的业务，要结合发展战略、协同效应、价值创造、能力匹配等因素，综合考虑经济增加值创造水平，动态优化价值链管理，突出重点、做强做优；不具备竞争优势的主业，要及时调整，有序退出。超出主业范围、价值创造能力低的业务，要坚决剥离重组；培育新的战略性业务要坚持审慎原则，严格论证，把握节奏，有序进入。要坚持合理分工，与产业链上下游企业形成合理的竞争格局，构建高效和谐的产业生态环境；坚决避免不具备产业链竞争优势的业务自成体系和"大而全、小而全"。要着眼于提高国有资本的回报和保持合理的流动性，遵循资本运作规律，选择各类有发展潜力、成长性好的市场主体进行股权投资，有效规避风险。要积极发展混合所有制经济，通过产业链整

合、项目融资、债务重组、网运分开等手段，实现国有资本、集体资本、非公有资本等交叉持股、相互融合，放大国有资本功能，提高国有资本布局结构调整的能力。政策性业务较重的企业，要在保障国家安全、提供公共服务等方面做出更大贡献。

（二）调整存量资产结构

中央企业要加大内部资源整合力度，使资产规模与价值创造能力相匹配，资产结构与经营效率相协调。要根据企业发展战略和主业定位，定期对不同类别存量资产进行价值分析，制定分类处理方案。对符合国有资本发展方向和企业战略定位、价值创造能力高的存量资产，应优先配置资源，提高利用效率。对战略匹配度低的存量资产，应适当控制规模并逐步优化。对资本回报长期低于资本成本且无发展前景的存量资产，应有序退出。对长期不分红、无控制权的股权投资，应制定专项处理方案。对可有效辅助、延伸主业发展，盈利能力较强、增长前景较好的少数股权投资，要创造条件增强控制力。

（三）强化投资并购管理

中央企业要积极探索投资与经济增加值挂钩的机制。投资并购决策要以符合发展战略和主业发展方向为前提，把经济增加值作为决策的重要依据，对项目识别、选择、评估、实施以及后评价等主要环节进行系统管理。要运用价值分析方法，从具有发展前途、关系国家安全、国民经济命脉的新技术、新产业中，优选经济增加值回报处于合理区间、战略匹配度高、有利于发挥协同效应的项目。要完善投资后评价制度，将经济增加值作为项目评估的重要内容，持续提升投资决策水平。要健全投资决策责任追究机制，建立董事会或企业主要负责人对重大投资决策负责制，严格考核奖惩。要根据国际化经营战略，稳妥实施境外投资并购，有序开展竞争，在全球范围内优化资源配置，提高产业国际竞争力。

（四）创新盈利模式

中央企业要在巩固传统盈利方式的基础上，积极探索新的盈利模式，实现从注重规模向注重质量效益转变，从产业链过度延伸向价值链中高端转变，从国内经营向国际化经营转变，增强价值创造能力。要以价值链为基础，通过职能配置优化和关键业务流程再造，整合内部经营要素和相关资源，最大限度地降低成本费用。以提升价值为重要导向，加大科技投入，加快新技术、新工艺的创新，破解制约企业价值提升的瓶颈。积极开展商业模式创新，适应网络信息技术的发展变化，大力发展电子商务，沿价值链大力发展生产性服务业，引领行业变革，增强增值服务能力。不在价值链的低端领域打价格战，对盈利能力低、不具备竞争优势的生产经营环节，积极探索通过外包、协作等方式予以剥离，增强核心资产盈利能力。要加强品牌建设，重视客户感知，通过提供差异化、物超所值的产品或服务，提高品牌认知度和客户忠诚度，提升品牌溢价能力。

（五）加快资产周转

中央企业要围绕资产运营效率的提高，加快资产周转、减少生产经营活动对资本的占用。要紧密结合生产经营计划，将有限的资源优先配置到核心主业、优质资产以及有助于增强长期价值创造能力的项目上，合理控制资产占用规模，完善资产结构。要定期评估厂房、设备等固定资产的利用率与周转率，积极探索通过租赁、承包、转让等方式盘活低效资产，提高固定资产运营效率。要强化应收款管理，落实催收责任，增强收现能力。要加强供应链管理，优化采购、生产和配送流程，加快存货周转。要加强资金预算管理，保障业务发展和现金流平稳顺畅。深化内部资金集中管理，加速资金融通，避免资金闲置。要利用商业信用和相对低成本的供应链融资，降低营运资金规模。要根据行业特征和产业发展周期等因素，合理确定最佳现金持有量，有效安排盈余现金，提高现金的周转效率。

（六）优化资本结构

中央企业要综合考虑行业特征、业务特点、资产流动性等因素，合理确定资本结构及财务杠杆边界，力争达到资本成本率最低、财务风险可控。要在预期现金盈余水平可控的情况下，合理利用财务杠杆创造价值。要做好债务融资期限搭配，保持合理的财务弹性，有效应对紧急情况和及时把握投资机会，确保财务结构稳健、有效。要做好融资规划，综合考虑融资方式、期限、成本、币种等因素，拓宽融资渠道，降低融资成本。积极探索国有资本和非国有资本有机融合的方式和途径，发展混合所有制经济，优化股权结构，实现资本结构的动态优化，增强国有资本的带动力。

（七）强化风险管理

中央企业要综合平衡好收入增长、资本回报与风险控制的关系，实现可持续发展。要从战略、财务、市场、运营、法律等方面对影响价值创造的关键风险因素进行识别、分析和评估，并根据风险与收益相平衡的原则确定风险的优先管理顺序和措施，降低风险损失，提高风险收益。要建立高风险业务、重大投资并购等重要事项的专项风险评估制度，严格落实责任，强化制度落实和程序执行情况的责任追究。要建立包括专项风险动态跟踪评估、风险管控措施落实情况的跟踪审计等在内的闭环工作流程。要严格财务杠杆边界管理，增强现金盈余保障，审慎运用金融衍生工具。要加强重大风险监测预警管理，将风险管理关口前移，建立风险识别、转移、对冲机制，做好应对预案，降低系统性风险对企业的影响。

第四节　价值管理体系建设的初步成效

中央企业开展价值管理体系建设，是中央企业转型升级、增强核心竞争力和可持续发展能力的现实需要；是中央企业实现发展转型和管理转型，价值理念制度化和工具化的重要抓手；是中央企业全员普及价值理念，强化价值考核导向，通过 EVA 考核"促投资、提管理、激活力"的关键举措，更是推动中央企业深化改革、大力创新，加快实现高质量发展，以及进一步激发企业活力动力，加快建设世界一流企业核心战略目标的关键选择。

一、EVA 考核取得明显成效

（一）EVA 考核已经实现了全面覆盖

国资委自 2010 年开展经济增加值考核以来，EVA 实现了在所有中央企业的全面覆盖，EVA 考核实现了在中央企业的层层传递。EVA 考核实施以来，中央企业不断拓展 EVA 考核的广度和深度。一方面，中央企业 EVA 考核范围不断扩大，绝大部分中央企业已经将 EVA 考核覆盖到了所有三级企业，有的甚至扩大到了四级企业。另一方面，中央企业 EVA 考核工作的力度也在进一步加大，大部分央企对二级企业的 EVA 考核权重达到了 20～30 分，强化了 EVA 的考核导向要求。此外，部分中央企业 EVA 的考核标准也在不断提高，结合国资委 EVA 考核的资本成本率要求，设置了更高和更具挑战性的资本成本率。

（二）EVA 考核目标确定机制持续完善

EVA 因涉及利润表和资产负债表，并经过调整才能计算得出，EVA 考核目标值的设置一直是 EVA 考核全面实施的难点，部分中央企业在贯彻国资委 EVA 考核要求的基础上，探索建立了一些 EVA 考核目标新的确定机制。比如，南方航空集团公司对下属企业推行 EVA 的"自选式"目标考核，取得了不错成效。南方航空集团公司进一步完善"自选式"目标确定机制，一是根据国资委关于深化 EVA 考核的要求，以"EVA 增长率"指标作为考核目标分级指标；二是对不同基数规模的企业设定不同的分级目标数值，对基数规模较大的企业适当降低目标要求，对基数规模较小的企业适当提高目标要求。新的目标确定机制进一步激发企业自设目标、争创一流业绩的热情，企业 EVA 考核目标设定更加积极先进。

东风汽车集团公司则建立了以"基准值"为基础的考核目标自选机制，通过完善基准值设定规则，形成了相对于基准值，自选目标值在不同区间，则考评结果在不同档位的计分体系，进一步提高了目标设定的合理性，同时鼓励各事业单元努力完成最高的绩效目标。

国家电力投资集团公司则为了减少 EVA 考核目标设置方面的博弈，根据被考核企业近二年实际 EVA 率完成情况，按 90%、10% 权重加权确定基准值，对于低于基准值的上报考核目标，加大计分难度。

二、价值创造理念已深入人心

国资委自 2010 年在中央企业全面推行 EVA 考核以来，各中央企业为有效开展经济增加值考核和管理工作，绝大多数中央企业开展了 EVA 理念和操作方面的系列培训，部分中央企业负责人高度重视抓好经济增加值的学习培训，集团公司主要领导带头学习，专题研究 EVA。价值管理理念和资本成本意识明显增强。

通过持续的 EVA 考核引导和系统培训学习，EVA 指标在中央企业各级管理人员中得到了广泛认可，并引起了高度重视，中央企业各级管理人员逐步从过去的追求规模增长、片面关注利润结果转变到了全面关注 EVA、资本成本、资产周转和资本回报，EVA 在大部分中央企业实现了从初期的被动考核到主动分析、关注和重视的关键性转变。

此外，国资委通过持续的大力宣传、逐年强化 EVA 考核的要求，中央企业通过拓宽 EVA 考核的广度和深度，价值最大化理念在中央企业及所属各企业得到了很大程度的贯彻和推广，股东投入资本也要计算资本成本的全成本理念逐步树立。

部分中央企业广泛开展了 EVA 相关理论研究，并努力将企业价值最大化思想从业绩考核领域推广到企业管理各个方面、渗透到企业管理各个层级，从而实现企业自下而上、深刻领会价值创造理念的局面。

三、价值管理体系已经初步构建

（一）启动价值管理体系建设

国资委 2014 年 1 月 20 日下发了《以经济增加值为核心加强中央企业价值管理的指导意见》，这标志着中央企业价值管理进入全面实施阶段，即中央企业力争用两个任期（6 年）的时间建立基本完善的价值管理体系，将价值理念全面融入现有经营管理体系，将 EVA 制度化、工具化和信息化。

价值管理体系建设主要包括四个阶段：启蒙阶段、初步应用阶段、价值融合阶段和实现 EVA 激励阶段（见图 4 - 9）。中央企业价值管理正从第二阶段向第三阶段全面推进。

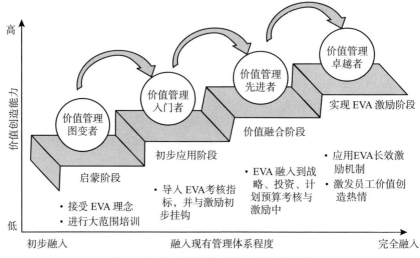

图 4-9 价值管理体系建设的四个阶段

（二）深化 EVA 价值诊断体系

EVA 价值诊断体系是实施价值管理的基础。中央企业在推进实施 EVA 考核的同时，通过建立 EVA 价值分析树的方式系统开展了 EVA 关键驱动因素分析。近年来，中央企业通过对 EVA 及其关键驱动指标，与预算、历史、同行业或标杆企业的对比全面揭示企业价值的影响路径和诊断价值创造和毁损点，进而深化了 EVA 价值诊断，制定了针对性的价值提升措施，并定期予以跟踪改进。

中国五矿集团通过进一步细化和优化 EVA 考核工作。集团公司要求各经营单位按照集团公司设计的《EVA 诊断分析模板》，定期总结和分析本单位实施经济增加值考核以来的经验和不足，完成上报《经济增加值诊断分析报告》，找到核心价值驱动因素并提出了改善策略。集团还积极开展了 EVA 关键驱动因素研究，在原有杜邦分析法静态测算基础上，利用所属企业历史数据进行动态测算，分 6 个层级找到对 EVA 影响最大的关键驱动指标。此外，中国五矿集团还开始研究 EVA 的信息化实施，在管理决策系统中开辟了 EVA 分析专题，将 EVA 分解为结果类、驱动因素类和报表科目类三个层次的过程指标，并利用敏感性分析得到每项指标对 EVA 变动的量化影响。中国五矿集团通过开展 EVA 诊断分析，重新审视和改进现有 EVA 指标体系，使价值导向更加突出，价值管理取得较为明显的成效。

（三）逐步强化 EVA 薪酬激励机制

创新激励约束机制是价值管理的基本动力。价值管理的核心环节就是建立和强化 EVA 薪酬激励机制，尤其需要探索建立基于 EVA 或 EVA 改善值的分红激励机制，这对价值创造理念的深化和 EVA 与管理深度融合具有关键作用。

中国华电集团对年度 EVA 排列前三的二级管理单位，给予总经理特殊贡献奖励，鼓励企业进行价值创造。中国电建集团则对年度考核结果为 A 级的员工，除年终奖金上浮 20% 外，岗位工资序列晋升一级。中冶集团实行考核结果与资源配置挂钩，对评级靠前的企业，在投资审批、资金调配等方面予以倾斜。

中国航天科技集团强化考核指标的刚性约束，对 EVA 为负或下降幅度超过 10%、利润负增长且销售利润率低于集团公司平均水平 10%、自主研发投入负增长的成员单位，年度考核原则上不得进入 A 级。华录集团公司则在考核中，规定了年度 EVA 为负的公司，原则上不能进入 C 级。年度 EVA 为正，但 EVA 低于上年实际值或前三年平均值的，原则上不能进入 A 级，但达到行业先进水平除外。

航天恒星公司实施了分红权激励，规定分红激励总额与企业当年的经济增加值和经济增加值改善值挂钩，且与增加值改善值挂钩的激励额度占总额度的 50% 以上。

中国石化集团公司则将与工资增长的联动指标由单一的效益指标调整为利润总额、经济增加值（EVA）两项，把联动权重核定为各占 50%。此外，还规定所属各企业选择利润总额、EVA 目标档次越高，所对应的工资预算增幅越大。

（四）初步建立 EVA 监测预警体系

EVA 监测预警体系是价值管理常态化运行的重要环节，是价值管理进行过程控制的关键。企业可根据 EVA 及其关键驱动指标的预算目标、历史水平、行业和标杆水平，定期对 EVA 及其关键驱动指标的完成进度、偏离目标情况进行监测、分析和评估，及时发现价值创造过程中可能存在的问题和差距。

当前绝大部分中央企业已经通过预算分析会、经营计划分析会等形式定期开展了对利润总额、成本费用占收入比、两金占比、资产负债率、资本成本率等业绩考核指标来进行绩效监测分析。

只有部分中央企业建立起了对 EVA 及 EVA 关键驱动指标的月度跟踪和监控体系，EVA 监测预警体系尚未引起企业负责人的高度重视。少数中央企业在 EVA 监测预警方面通过信息化的手段建立了 EVA 监测、预警、分析平台，比如，国家电网公司建立了专门的运营绩效监测中心职能部门和信息系统。通过公司运营监测（控）中心、网站和业绩考核信息系统三个平台，多维度展示和分析各单位业绩考核指标执行情况，鼓励先进、鞭策后进，确保公司年度工作目标任务的全面完成。东方电气集团公司正式搭建了集团 EVA 季度分析通报信息管理平台，形成常态，按季在集团内企业交流、通报，对 EVA 的价值驱动因素的分析，层层往下分解，逐级分析经济增加值的具象的、关键的影响因素、原因及金额等，不断强化企业的价值创造理念和资本成本意识，持续提高价值创造能力。

四、G 集团公司的价值管理体系建设方案

为循序渐进地推动价值管理体系建设，G 集团公司采用试点先行办法，根据公司业务特点及对 EVA 的内生需求，选取下属两家二级单位进行了价值管理试点建设。G 集团公司价值管理体系建设第一阶段的主要任务是梳理价值管理评价指标、形成价值管理体系建设方案和试点单位价值管理体系建设，G 集团公司通过第一阶段的价值管理体系建设初步建立了价值创造、价值管理评价、价值管理控制和价值管理文化体系。2017 年 G 集团公司的价值管理体系建设进入第二阶段。

（一）价值管理体系建设的思路与目标

G 集团公司价值管理体系建设的总体思路是要深入贯彻新的发展理念，坚持国有资本投资公司为方向，把握"做强、做优、做大"关系，通过实施基于经济增加值（EVA）的价值管理创新，增强价值创造理念，提高价值创造能力，促进集团公司转型升级，增强核心竞争能力，优化资源配置，

提高资本回报率，降低资本成本率，更好地实现发展方式转变。

G 集团公司价值管理体系建设的总体目标是：价值管理理念逐步深入，资本约束成为自觉遵循的理念和行动标准，全员价值创造意识显著增强；价值管理工具在企业战略规划、投资决策、计划预算、业绩评价等活动中广泛深入使用，强化 EVA 指标的一致性和约束性；价值管理体系基本完善，完全融入现有经营管理体系，实现诊断准确、考核健全、激励约束有效、评价监控到位；价值创造能力明显提升，以更优资本结构、更有效率的资产运营、更强主业获利能力，促进"弯道超车"目标实现。

（二）价值管理体系建设的重点内容

G 集团公司为有效推进价值管理体系建设，在明确总体思路和目标的基础上，制定了相关部门的价值管理责任和行动计划。

1. 价值理念植根于企业文化，成为企业自觉习惯

普及理念，形成全员共识。加强宣传和贯彻力度，通过杂志、印发宣传手册、企业网站和移动终端宣传等方式传导 EVA 理念、工具、方法，将"资本有成本""为股东创造价值"等价值理念融入企业文化，切实增强全员价值创造意识。深刻领会价值管理的本质内涵，挖掘身边实践，宣传正面典型，对系统内价值管理有特色、有亮点、有提升的典型实践总结归纳形成案例，深入剖析挖掘案例本质，总结价值创造规律。

2. 制定 EVA 计算调整办法，动态调整资本成本率。

根据 EVA 计算原理，制定集团公司 EVA 计算规则，分类制定不同的EVA 计算公式，科学合理地确定资产负债类和损益类调整项目，计算公式既要与国资委考核办法相衔接，更要真实反映所属单位实际价值创造水平。按年动态调整资本成本率。强化加权平均资本成本率管理，债权资本成本率使用各单位当期实际数据计算确认，股权资本成本率综合考虑经济环境、行业特点，由集团公司统一确定，并按年度进行调整发布。

3. 运用 EVA 价值树方法开展价值诊断，促进价值驱动因素管理

价值诊断是实施价值管理的基础，是制定有效措施的前提。以财务报表为基础，指导各单位将 EVA 构成要素从财务指标向管理和操作层面逐级分解，绘制出要素全、可计量、易识别、符合自身特点的 EVA 价值树。遵循价值形成逻辑，揭示价值形成途径，深入剖析 EVA 价值树，制定价值驱动

方案，特别善于识别出反应灵敏、影响重大的关键价值驱动因素。发现管理短板和价值创造薄弱环节，明确主攻方向，利用价值杠杆作用，提高有限资源的价值创造能力。

4. 构建基于价值管理的战略规划、计划预算、投资决策管理。

（1）建立基于价值管理的战略规划。在认真诊断各业务单元、产业板块等价值链各环节的基础上，建立价值最大化的战略规划体系。以长期价值创造能力为导向优化资源配置和结构布局，引导有限资源向最能创造价值领域倾斜和集中。按照基于价值管理的战略规划指导计划预算编制和投资并购决策，打造实现价值最大化的产业链和价值链。综合考虑 EVA 创造水平，核心业务要突出重点、做强做优；不具备竞争优势主业，要及时调整，努力改善业绩；超出主业范围、价值创造能力低的业务和资产，要坚决剥离处置。

（2）建立基于价值管理的计划预算。完善计划预算编制和分析，与效益增长结合，将价值增长目标分解到各业务单元，分解到年度经营计划和资本计划。紧密结合生产经营计划，提高资产运营效率，加快资产周转，使资产规模与价值创造能力相匹配，资产结构与经营效率相结合，减少生产经营活动对资本过多占用。加大内部资源整合力度，定期对不同类别存量资产进行价值评估，对符合战略方向、价值创造能力高的存量资产优先配置资源，对资本回报低于最低回报要求且发展无前景的存量资产有序退出，切实提高存量资产利用效率。

（3）建立基于价值管理的投资决策。在投资决策过程中，强调资本纪律，以 EVA 作为投资决策的重要评估依据，对项目识别、选择、评估、立项、实施以及后评价等主要环节进行系统管理。通过以 EVA 为核心的投资价值评估及投资项目运营绩效评价，审慎考虑资金需求量，关注资本使用效率，约束规模盲目扩张，确保新增项目投资回报率达到预期值，并及时清理低效无效投资。

5. 完善 EVA 考核办法，建立 EVA 激励约束机制

以 EVA 为核心的考核体系是实施价值管理保障，是有效落实国有资产保值增值的主要抓手。业绩考核中要将 EVA 作为主要考核指标，并逐步提高其权重。按照战略定位、发展阶段、行业板块等情况，集团公司对二级单位实施 EVA 分类差异化考核，重点考核 EVA 改善值，并从关键价值驱动因

素中选取短板指标纳入考核体系，有效平衡当期回报和可持续发展。二级单位可根据所属单位生产经营的不同特点，按照上述考核思路，制定 EVA 计算公式和考核目标，确定关键 KPI 考核指标，层层传递压力，使不同类型的业务单元强化理念，树立资本成本意识，明确价值创造重点。

在完善 EVA 业绩考核体系的同时，建立 EVA 激励约束机制。创新激励约束机制是价值管理基本动力。建立以 EVA 改善值为基础，以企业各级领导班子为主要对象，创新经济增加值激励的新模式新方法，使 EVA 改善值考核结果与经营者薪酬紧密挂钩，引导企业关注经济增长质量，提升企业价值。积极探索以经济增加值为基础的中长期激励，重视企业可持续发展。研究探索 EVA 改善值与企业工资总量分配挂钩机制，调动全员价值创造积极性。

6. 定期发布 EVA 评价结果，推动价值管理对标

（1）定期分析评价 EVA。定期跟踪报告 EVA 管理工作进展，对各单位价值创造情况及时进行分析改进。设计 EVA 计算表格并固化到财务快报信息系统，按季度对各单位 EVA 完成及改善情况进行排序通报，对 EVA 为负和同比大幅下降的单位，重点开展价值诊断活动。对各产业板块 EVA 情况进行研究，以瀑布图等形式分析现有策略对 EVA 预算执行的影响，动态调整 EVA 管理措施。

（2）推动价值管理对标。对年度 EVA 完成情况进行综合分析评价，推动集团内部单位之间、与外部先进企业开展对标。系统总结价值管理工作成效，选取重点单位编制典型案例集，推广先进经验，揭示存在问题及产生原因，提出改善意见与建议，持续有效地推进价值管理工作。

7. 建立差异化的投资项目 EVA 评估标准，辅助投资决策

建立对各产业板块投资项目的 EVA 评估标准，建立项目投资 EVA 现值模型，项目预测期内每年经济增加值采用加权平均资本成本率计算，其中债权资本成本率采用实际利率，股权资本成本率由集团公司按年公布确定，合理评估各产业板块投资项目的 EVA 结果并进行折现后排序，作为辅助项目决策及开展投资后评价的重要依据，确保投资项目资本回报率大于资本成本率，提高项目投资决策水平，科学优化增量资产配置。

第五章　公司价值管理：建立 EVA 业绩考核体系

第一节　国资委 EVA 业绩考核历程

一、国资委 EVA 业绩考核实施情况

EVA 业绩考核作为企业价值管理体系的重要组成部分，是发挥 EVA 业绩考核导向指挥棒、健全薪酬分配体系、实现企业价值目标的关键。因此，价值管理体系的首要功能应是建立 EVA 业绩考核体系。

国资委自 2010 年开始在中央企业全面开展 EVA 业绩考核。经过第三任期的 EVA 业绩考核，实现了 EVA 引入阶段的预期目标，取得了较好成效。在肯定 EVA 业绩考核取得初步成效的同时，也应当看到，EVA 当前依然大多停留在考核层面，EVA 尚未实现融入中央企业的经营管理，更未形成真正意义上的价值管理体系，尤其价值创造和价值分享的企业文化尚未有效建立。

因此，中央企业开展价值管理不仅需要对已经实施的 EVA 业绩考核办法进行修订和完善，更需要将价值和资本成本核心理念通过 EVA 业绩考核来全面导入中央企业的经营管理之中，来指导中央企业全面建立价值管理体系，实现"战略、计划、预算、考核和激励"围绕价值主线一体化运行，最终建立符合中央企业经营实际的价值管理和价值创造长效机制。

（一）开展 EVA 业绩考核的重要意义

EVA 等于税后净营业利润减去资本成本。它是一种全面评价企业经营者有效使用资本和为股东创造价值能力，体现企业最终经营目标的经营业绩考核工具，也是企业价值管理体系的基础和核心。过去的二十多年，国外公司通过应用经济增加值这一管理工具，发现它在指导企业目标设定、战略评估、财务计划及核算、资源分配、薪酬设计、兼并收购、价值提升等方面，具有其他管理工具无法比拟的优势。在中央企业业绩考核中引入 EVA，对于加强国有资产监管，完善经营业绩考核体系，引导中央企业增强价值创造能力、提高发展质量和实现可持续发展具有重要意义。

（1）有利于增强企业价值创造能力。经济增加值考虑了资金机会成本和股东回报，其"有利润的企业不一定有价值，有价值的企业一定有利润"的评判标准，反映的信息量比利润总额和净资产收益率指标更加真实和全面。以此考核企业的经营业绩较为客观，企业可以自我纵向比较，也能够与其他企业进行横向比较，找出自身的不足，确定改进和努力的方向，有利于企业在战略目标和工作重点的制定中贯彻以长期价值创造为中心的原则，为所有者持续创造财富。

（2）有利于提高企业发展质量。资本成本的导向作用将使企业的投资决策更为谨慎和科学，有利于企业避免盲目投资，防范风险、提高资本使用效率。同时，经济增加值的引入，可以对资本利用效率做最好的测度，能够比较科学、客观、准确地在需要国有经济发挥主导作用的领域遴选出一批成长性好、升值空间大、股东回报率高的企业，通过资产的流动、重组，有进有退、有所为有所不为，把有限资源配置到这些企业的主营业务上，尽量剥离或限制发展非主营业务，提高国有经济发展质量。

（3）有利于促进企业可持续发展。经济增加值纳入考核，不会鼓励企业以牺牲长期利益来夸大短期效果，而是要求经营者着眼于企业的长远发展，关注于企业长期业绩的提升。经济增加值计算中的会计调整，其中一个重要作用，就是引导企业进行长远利益的投资决策，加大有利于科学发展的投入，避免短期行为。经济增加值改善情况还可以与经营者的中长期激励实行挂钩，鼓励经营者的长期价值创造，实现企业持续发展。

（二）开展 EVA 业绩考核的总体要求

EVA 业绩考核是国务院国资委从"利润考核导向"到"价值考核导向"转变的一个重要部署。EVA 业绩考核的一个要点就是资本成本，重点是 EVA 的持续改善。国务院国资委要求中央企业开展 EVA 业绩考核工作，关键是要做好以下三个方面的工作：

（1）准确把握"三个导向"。第一，突出企业的资本属性，引导企业增强价值创造能力，提升资本回报水平。第二，突出提高发展质量，引导企业做强主业、控制风险、优化结构。第三，突出可持续发展，引导企业更加重视自主创新、更加重视战略投资、更加重视长远回报。

（2）突出抓好"四项重点"。第一，提升现有资本使用效率，优化管理流程，改善产品结构，减少存货和应收账款。第二，抓紧处置不良资产，不属于企业核心主业、长期回报过低的业务，坚决压缩，及时退出。第三，提高投资质量，把是否创造价值作为配置资源的重要标准，确保所有项目投资回报高于资本成本，投资收益大于投资风险。第四，优化资本结构，有效使用财务杠杆，降低资本成本。要将价值管理融入企业发展全过程，抓住价值驱动的关键因素，层层分解落实责任。

（3）用好用足"四条政策"。第一，鼓励加大研发投入，对研究开发费用视同利润来计算考核得分。第二，鼓励为获取战略资源进行的风险投入，对企业投入较大的勘探费用，按一定比例视同研究开发费用。第三，鼓励可持续发展投入，对符合主业的在建工程，从资本成本中予以扣除。第四，限制非主业投资，对非经常性收益按减半计算。这些政策，对于提升中央企业发展质量，实现可持续发展，将会产生重要的促进作用。中央企业要用好用足这些政策，制定配套办法，完善考核制度，确保政策发挥效用。

理论上 EVA 业绩考核可以适用于任何企业，但对于初创型企业和小微企业因其计算调整的复杂性和资本占用较小，应用 EVA 也确实存在一定的不适用，EVA 更适合成熟期的大型集团公司和重资产企业。当企业进入转型和创新发展的关键时期，探索建立 EVA 业绩考核体系具有非常重要的现实意义。

国务院国资委引入 EVA 业绩考核的目的主要包括以下六个方面：

（1）在于引导企业规范投资行为、谨慎投资；

（2）稳妥地控制好投资规模；

（3）新投资项目一律要有资本成本门槛，并以此作为考核投资效果的主要依据；

（4）中央企业要坚持围绕主业搞投资，做强主业搞并购；

（5）引导企业科学决策；

（6）引导企业不断提升价值创造能力。

（三）开展 EVA 业绩考核的阶段划分

在中央企业全面推行 EVA 是一项长期而艰巨的任务，需要全面的视野和长远的考虑。初步考虑，可将整个 EVA 业绩考核实施周期划分为三个阶段：

第一阶段为引入阶段（第三任期）：明确价值导向，将 EVA 实质性纳入考核体系，实现新旧考核方法的平稳过渡，引导中央企业转变发展方式，调整和优化经营结构。

第二阶段为强化阶段：进一步强化价值导向，建立以 EVA 为核心的业绩考核办法与激励约束机制，引导中央企业建立价值导向的决策管理体系，提升价值创造和可持续发展能力。

第三阶段为完善阶段：完善价值导向，与国外同类企业对标，计算出中央企业行业资本成本率，并将其引入 EVA 计算中，逐步建立具有中国特色的 EVA 业绩考核体系，引导中央企业推动以价值创造为核心的企业文化和组织变革，提高国际竞争力。

（四）开展 EVA 业绩考核的总体原则

EVA 运用于中央企业的业绩考核，要在全面借鉴国外 EVA 实践经验的基础上，结合我国国情和企业特点，加以消化、吸收和改进。

（1）突出主业原则。实施 EVA 业绩考核，要坚持引导企业做强做大主业。企业非主业收益和主业收益，在 EVA 计算时要有所区别。

（2）风险控制原则。实施 EVA 业绩考核，要引导企业分析 EVA 关键驱动因素，通过降低资产负债率、减少存货占用和应收账款，控制经营风险，提升经济效益。

（3）可持续发展原则。实施 EVA 业绩考核，要引导企业关注长期、可持续的价值提升，增加研发、结构调整等有利于企业长期发展的支出，增强企业的核心竞争能力。

（4）分类指导原则。要根据企业类型和所处行业特点，在 EVA 计算时的重大调整事项和资本成本率确定等方面，进行分类处理，分类指导。

（5）循序渐进原则。要根据外部环境和配套条件的完善，结合企业特点，分阶段、分步骤地实施和完善考核办法，保持考核工作的延续性，做到平稳过渡。

（五）EVA 业绩考核的主要历程

经过对国资委六个任期考核办法的梳理（如表 5 - 1 所示），发现国资委对中央企业的业绩考核大体上经历了以下三个阶段：

第一阶段注重利润考核（第一和第二任期），考核主指标是"利润总额"和"净资产收益率"。

第二阶段注重 EVA 业绩考核（第三至第五任期），国资委对中央企业的业绩考核转为"利润总额 + EVA"，EVA 正式替代净资产收益率指标，从第三任期开始实施新的经营业绩考核办法，标志着中央企业全面启动经济增加值（EVA）考核，后续 EVA 业绩考核经历了第四任期的简单完善和第五任期的大幅完善，从而不断推动中央企业去提高价值创造能力和高质量发展水平。

第三阶段注重"高质量发展"考核（从第六任期开始），进入到第六任期以后，国资委对业绩考核办法进行了进一步完善，这个时期新的业绩考核办法聚焦围绕新发展理念，进一步突出效益效率、创新驱动、实业主义、服务保障等考核导向，着力引导中央企业提升发展质量，加快成为具有全球竞争力的世界一流企业。从 2020 年的"两利三率"发展到 2021 年的"两利四率"。

"两利四率"的考核体系成为衡量央企高质量发展的重要指标，2021 年新增了"全员劳动生产率"指标的考核，"两利四率"的"两利"即净利润、利润总额；"四率"指营业收入利润率、资产负债率、研发投入强度和全员劳动生产率。从而引导中央企业关注改善经营效率和发展质量，更加聚焦主业发展和加快科技创新，更好实现高质量发展。

表 5 – 1　　　　　　　　　　　国资委 EVA 业绩考核历程

考核内容	第二任期 2007～2009 年	第三任期 2010～2012 年	第四任期 2013～2015 年	第五任期 2016～2018 年	第六任期		
					2019 年	2020 年（两利三率）	2021 年（两利四率）
考核指标	利润总额	利润总额	利润总额	利润总额	净利润	两利：净利润＋利润总额	两利：净利润＋利润总额
	净资产收益率	EVA	EVA	EVA	EVA	三率：营业收入利润率、资产负债率、研发投入强度	四率：营业收入利润率、资产负债率、研发投入强度、全员劳动生产率
考核权重	利润总额：30 分	利润总额：30 分	利润总额：20 分	利润总额：40 分	净利润：40 分		
	ROE：40 分	EVA：40 分	EVA：50 分	EVA：40 分	EVA：30 分		
			军工企业：利润总额和 EVA 考核权重均是 30 分	军工企业：利润总额和 EVA 考核权重均是 30 分			
资本成本率		通常为：5.5%，电力/电网/军工等资产通用性较差的企业：4.1%	通常为：5.5%，对军工等资产通用性较差的企业：4.1%	权益资本成本率通常为 6.5% 军工企业权益资本成本率：5%			

二、国资委 EVA 业绩考核的成效与不足

国资委通过对中央企业开展 EVA 业绩考核，取得了较为明显的成效，比如：中央企业通过 EVA 业绩考核和培训学习，已经树立了"新的 EVA 业绩观"和强化了资产占用的"资本成本"理念，企业经营管理者更加专注

于主营的盈利能力和核心竞争力的提升，在利润考核目标能够实现的情况下愿意进一步加大研发投入，特别是经营管理从过去聚焦提高利润转变为同时关注资产质量和运营效率。

1. EVA 业绩考核的主要成效

（1）EVA 导向逐步强化。中央企业通过持续的 EVA 业绩考核，基本实现了 EVA 和资本成本理念的普及，也基本建立了企业价值最大化目标，不断强化了 EVA 与战略规划、项目投资和预算考核目标的有机结合，EVA 业绩考核导向在中央企业各级管理人员中得到了认可并引起了高度重视。

国资委通过持续强化 EVA 业绩考核，大部分中央企业逐步转变了发展理念，大部分央企实现了由考核前"利润和规模思维"到考核后"价值和效率思维"的转变。中央企业不再片面追求发展规模，而是更加注重研发能力、管理能力等内涵式增长能力的提高；通过实施 EVA 业绩考核，中央企业及所属各级企业负责人开始不仅关注利润和成本费用指标，也开始全面关注"资本来源、资本结构、资产质量、资本效率"等指标。

此外，大部分中央企业每年召开的年度经济工作会议、季度经营分析会议上都会围绕 EVA 指标、核心业绩指标进行分析和讨论，也越来越聚焦讨论价值目标、价值指标、价值驱动、价值提升等内容。可以说，EVA 业绩考核取得的最为关键成效是 EVA 理念在中央企业得到了全面普及。

（2）投资决策趋向理性。项目投资回报水平低于资本成本率的项目在 EVA 业绩考核下会带来价值损害，因此 EVA 业绩考核有助于抑制中央企业低回报的投资扩张冲动。部分中央企业已经开展了基于 EVA 的项目投资，并将 EVA 预测结果作为投资并购决策的重要依据，具体如表 5 - 2 所示。

表 5 - 2   部分中央企业 EVA 项目投资应用情况

公司名称	EVA 在央企项目投资中的应用
东风汽车集团公司	➢强化项目投资的资本成本意识，建立与资本市场收益水平相适应、按市场化要求配置资源的资本成本评价和考核机制。 ➢以是否创造价值、风险是否可控作为投资决策的重要依据，遏制经营单位追求规模扩张忽视经营风险的投资冲动，提高项目投资的效益和价值创造水平

续表

公司名称	EVA 在央企项目投资中的应用
中粮集团公司	➤所有项目都要进行资本成本的评估，评估以后项目投资收益率低于资本成本率的项目一律不许上
国家能源集团公司	➤上报集团的项目要求开展 EVA 评价才能立项，把以是否提升企业价值创造能力作为项目决策的主要依据。 ➤优选对集团公司 EVA 贡献高或 EVA 率高的项目
中国五矿集团公司	➤为引导投资主体有效配置资源，提高资本成本意识，中国五矿制定了《投资项目战略契合度及 EVA 评价管理办法》，将 EVA 引入投资项目评审中。 ➤通过现场督导和考核引导，强化对投资项目的过程监管，确保项目达到预期收益

（3）EVA 业绩考核不断深化。在 EVA 业绩考核应用方面，EVA 业绩考核实现了全面覆盖，EVA 业绩考核的力度得到了不断强化，EVA 业绩考核导向及其理念在中央企业实现了层层传递；EVA 业绩考核目标确定机制不断完善，部分央企综合考虑国资委要求、历史水平、行业水平、标杆水平来确定所属企业 EVA 考核目标；部分央企在 EVA 差异化考核和对标考核方面进行了初步尝试；EVA 指标分析、跟踪和监控体系初步建立和不断完善。

此外，部分中央企业则不断探索 EVA 与经营管理的融合，例如，华润集团建立了"5C"价值管理体系；中航工业建立了"价值链成本"管理体系；宝钢全面强化基于 EVA 的资产管理。此外，部分央企建立了 EVA 动态分析跟踪机制。

2. EVA 业绩考核尚存的一些不足

（1）EVA 是一个调整性指标，依然无法避免人为操纵。EVA 不是经过审计的业绩指标，调整过程存在人为因素，EVA 结果缺乏说服力。从 EVA 计算公式可以看到，EVA 的计算是从企业资产负债表和利润表出发，对若干报表项目进行调整，试图纠正多个会计扭曲的过程。而且 EVA 的计算受到部分科目会计核算方法的影响，企业可以通过调整决策过程，改变利润和费用的确认方式，来人为控制最终的 EVA 指标。

（2）EVA 影响因素复杂，高管难以理解和接受。尽管 EVA 指标可以更加准确地反映企业价值创造能力，但是 EVA 指标变化的影响因素过于复杂，可能企业经营管理得不错，但由于追加投资，投资短期难见效，却因计算资本成本而影响了 EVA 下降，在建工程转为固定资产，对当年 EVA 结果影响也较大。此外，绝大部分公司 EVA 指标相比利润：反差巨大，EVA 提升难、EVA 结果与资本投入不吻合（公司高管任期短），难以被高管理解和真心接受。

（3）EVA 指标波动性较大，容易脱离考核目标。在国资委现行的考核办法中，利润总额和 EVA 均有一定权重。两个指标下达目标值是以同样的增长率作为划分最终企业考核等级的标准。但由于 EVA 指标会受到融资到位、在建转资、资金结算、内部往来、多元化投资等诸多因素影响，而且 EVA 计算涉及资本占用，而资本占用又直接受到留存收益的影响，EVA 相比利润更容易波动，因此随着经营积累的增加，EVA 指标难以实现与利润总额指标同步的增幅，导致 EVA 指标脱离年初考核目标。

第二节 "EVA + BSC" 的业绩考核体系

一、BSC（平衡计分卡）概述

（一）何为 BSC?

BSC（平衡计分卡，Balanced Scorecard）是 1992 年由哈佛商学院教授卡普兰和诺顿提出的一种业绩评价策略。它经过确定和呈现多种财务标准和非财务标准，协助很多企业记载和交流企业战略，并协助员工掌握和拥护企业的发展目的。BSC 被公认为是几十年以来影响力最大的管理理念之一。

BSC 有效揭示了企业为什么必须大量投资于员工知识更新、核心技术培育、信息系统优化以及企业管理流程完善的内在原因，企业需要不断改善向客户和股东提供价值的能力。

BSC 形成了以财务、客户、内部业务流程以及学习与成长能力四个维度评价业绩的指标体系。BSC 的最大特点是财务与非财务的平衡、短期与长期的平衡、前置与滞后的平衡、内部与外部的平衡。财务维度是最终要达成的目标，客户维度是关键，企业内部业务流程维度是基础，学习与成长维度是核心。

实质上，BSC 也是将企业的战略转化为一套可操作的业绩评价及价值管理的控制指标体系。该理论其实是从不同的角度观察企业：财务角度审视结果，客户角度看待发展导向，内部流程审视效率，创新与学习能力研究创造。进而可从不同的角度选取有限的关键指标，将企业的长期战略引进来，结合各自的权重，创造企业最大的价值。这四个维度与企业战略之间的关系见图 5 – 1。

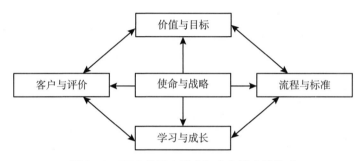

图 5 – 1　BSC 的四个维度与企业战略的关系

企业关键战略分别从财务层面、客户层面、内部流程层面、学习与成长层面展开。财务、客户、内部业务流程层面的指标则确定了企业为获得突破性业绩必须在哪些方面表现突出，而学习与成长层面的指标正是在企业战略指导下对前面三个指标获得卓越成果的驱动因素，是支持前面三个指标实现的途径与条件。

1. 财务层面

财务层面是 BSC 体系中的核心及最终目标，其他各个维度的指标最终都要与财务指标相链接，同时它也是股东最关注的层面，企业通常会根据战略目标的调整和环境的变化选择相应的财务指标。战略地图保留财务层面是因为财务层面的成果是企业的最终目标，是长短期对立力量的平衡。除去企业价值增长的终极目标，战略主题包括两个层次：第一层次是短期战略提升生产率和长期战略营业收入增长的平衡；第二层次是针对提升生产率分解的打造成本优势和提高现有资产利用率战略与针对营业收入增长分解的增加客户机会和提高顾客价值战略的平衡。

财务层面主要通过 EVA、净利润、资本报酬率、经营活动现金净流量等指标来衡量企业管理者为股东创造的价值。

2. 客户层面

客户层面是财务层面目标承接者，是基于差异化的价值主张。客户价值主要指的是组织通过产品或者服务能向客户提供的价值，可以分解为产品或服务的属性、企业与客户的关系以及企业的品牌形象三个方面。一般来说，价值主张定位分为四种类型：总成本最低、产品创新和领导、提供全面客户解决方案和系统锁定，分别从产品或服务质量、技术领先、售后服务和稳定标准方面调整客户价值定位。

客户层面主要通过客户满意度、客户保持率、新增客户增长率、市场占有率等评价指标关注客户反应，管理者把自己为客户服务的承诺转化为具体的指标，这些指标能真正反映企业与客户的关系。

3. 内部流程层面

为实现客户价值主张，需要找到实现价值的关键的组织活动，这种关键的组织活动被称为内部流程活动，主要阐述企业进行经营运作的方式。在BSC构建的完整的内部流程价值链中，以创新流程作为开端，中间是经营流程，最终是售后服务，克服了以往流程管理中存在的内外脱节弊端，将股东利润与客户满意度链接到一起，成为 BSC 中不可或缺的一个部分。战略地图将内部流程分为四类：运营管理流程、客户管理流程、创新流程和社会流程。

内部流程层面主要通过产品成本、产品合格率、产品退货率等评价指标了解企业擅长什么，从内部价值链入手分析制定企业内部的程序、决策和行动策略，最大程度地满足客户需求，实现企业最终的战略目标。

4. 学习与成长层面

学习与成长层面反映出企业持续改进和创造价值方面的表现，是实现企业战略的基础，代表无形资产的战略准备度，即在明确了业务提升路径和服务定位的基础上，分析人力资本、信息资本和组织资本三方面的无形资产在与内部流程层面方面的配合程度。由员工能力、信息系统能力及激励、授权和协作构成的学习和成长维度是决定企业能否持续增长的重要保障。

学习与成长层面主要评价指标包括员工培训机会、满意率、信息传递速度、信息系统效率等。企业只有持续不断地开发新产品，为客户提供更多价值，才能开发新市场，增加企业收入。要提高企业的创新能力就必须不断提高员工素质，发挥员工积极性，为企业的长远发展打下基础。

BSC 是能够满足多方需要的新的价值测度体系。在一定程度上，它克服了公司经营者短期行为，并弥补了 EVA 业绩考核模式的不足，防止企业管理控制过度偏颇，BSC 强调平衡。它把非财务层面价值测度分为顾客、内部业务、学习与成长能力，从而有效地弥补财务层面的不足。

财务维度是 BSC 的衡量结果指标，是 BSC 的逻辑起点，也是通过财务指标将企业战略目标分层下去，通过财务层面判断价值管理效果；客户维度是产生良好财务业绩的最直接源泉，了解顾客需求、提高顾客满意度才能更好地对战略计划进行管理和创造竞争优势；最后，良好的财务业绩需要高效的业务流程得以实现。因此，以价值为导向来提高流程的效率也是不可或缺的。

（二）BSC 的优势和劣势

1. BSC 的优势

BSC 对企业绩效的评价是全面的，随着企业战略目标的转变可以灵活调整。传统的绩效评价都是在完成任务之后的事后评价，而 BSC 评价则是以企业战略目标为评价准则，根据企业战略目标，对任务进行实时评价，它是一种动态的企业绩效评价工具。BSC 围绕企业战略目标展开，依据企业战略目标制定各个评价指标，因此该评价系统的各项指标是企业战略目标的转换，通过评价指标，将企业战略目标应用到实践中。

BSC 评价体系对企业经营管理与企业战略目标的实施情况进行实时监测，在企业经营管理过程中出现问题，该绩效考核系统会及时发现，企业管理者可以进行调整。

BSC 评价体系加强企业员工对组织目标的理解和企业战略的认知，促进了各级组织之间的沟通交流，增强了员工的参与意识，能够将部门绩效与企业的整体绩效联系起来，有效地将企业的战略转化为组织各层的绩效指标和行动，促进各部门的努力方向与企业战略发展目标相契合，也保证了组织的年度计划和组织的长远发展方向得到有效的结合。

BSC 评价体系以企业阶段性利益为考核对象，同时兼顾企业长远利益，实现业绩评价短期目标与长期目标的统一，非财务指标有效地改善了财务指标无法体现企业未来发展的缺陷，补充了对顾客、内部流程、学习成长指标的设计，引导企业管理者制定有利于企业长远发展的决策，从战略发展的角度衡量企业未来业绩的增长，实现了企业长期战略与短期行为的有效结合。

BSC 评价体系将财务与非财务的绩效考核指标相结合，进行合理、准确的评估。BSC 立足于财务维度引入非财务指标，即顾客、内部经营流程、学习和成长三个维度，有效弥补财务指标无法揭示经营业绩动因的缺陷，并极大地改善了以往业绩评价体系只注重于财务指标的局限性，更加全面系统地对企业的经营业绩状况进行评价，实现了财务指标与非财务指标的有机结合。

BSC 评价体系综合考虑外部环境因素，通过对绩效结果进行分析，发现影响绩效结果的因素。通过 BSC 评价，可以让企业管理者在众多影响企业发展的因素中找到关键因素，该关键因素也是对企业发展起着决定性的因素，并且迫使企业管理者对这些关键因素重视起来，在管理过程中可以忽略非关键因素，以关键因素促进企业发展为手段，提升企业的效益，提升企业管理水平。

2. BSC 的劣势

BSC 评价指标体系是一种综合性的绩效评价系统，充分考虑企业的阶段性利益与长远利益，同时还具有动态性与全面性等优点，但该评价体系仍然存在许多不足的地方，还没有发展完善。在采用该评价体系时，企业管理者应该对其进行全面的认识，避免因为应用不当而适得其反。该绩效评价体系共涉及四个维度，包括财务、顾客、内部业务流程、学习与成长。针对这四个维度特性，制定不同的绩效考核指标，虽然不同维度的指标都有考核的侧重点，但各维度指标最终能合成一个统一的绩效考核指标体系。

BSC 绩效评价指标往往存在多个评价指标，而每一评价指标会有相应的评价目标，因此在评价过程中要去完成多个评价目标。而如果这些评价目标不存在相关性，则会使企业管理者在众多评价目标中不知道以哪个评价目标为依据。此外，BSC 的因果关系链很难做到理论上的真实可靠。BSC 的创立者也提出"要想积累足够的数据以证明 BSC 各指标之间存在显著的相关关系和因果关系，可能需要很长时间，可能要几个月或几年，在短期内经理对战略影响的评价，不得不依靠主观的定性判断"。

因此，假使 BSC 中的因果关系链为使用者所明确，相应的各绩效指标间呈正相关关系也得以确定，企业最终成绩的确定也存在问题。原因是最终得分只有一个，如果这个得分是 BSC 中所有被测评指标的函数，就必须明确它们之间的函数关系公式，特别是各个指标的权重，而所有则这些不可避免地要受到主观因素的影响。还应注意到，BSC 要求企业从四个维度制定发展战略，并为每个方面制定详细而明确的目标和指标。这就需要企业的全体成员都积极参与，才可以保障企业的各个部门及每个员工都有自己的 BSC。从这个方面考虑，BSC 的实施需要企业支付大额的成本，付出极大的代价。

（1）非财务指标量化困难。BSC 虽然实现了财务指标和非财务指标的结合，克服了以往偏重于财务指标的局限性，但是由于非财务指标本身就具备一定的主观性和复杂性，如对顾客满意度或是对员工学习与成长等指标的测评上，都难以对其进行量化进而得出准确的结果，因此非财务指标的引入给指标的使用者增添了很大的难度。此外，平衡计分卡四个维度包含的指标较多，指标间的因果关系很难准确度量，因而在计算最终结果时需要赋予各项指标相应的权重，但是目前关于指标权重的设定还没有统一的标准，这就导致最终的评价结果带有很强的主观随意性，无法真实客观地反映企业的业绩。

（2）财务指标不够完善。BSC 财务维度采用的指标大多是传统会计指标，容易导致企业管理者为达到业绩考核目标而实施短期行为，人为地对报表进行粉饰，而且对财务指标的设计也没能根据不同企业及不同部门的需要做出有针对性的调整，不利于全面科学地评价企业的经营业绩，因此 BSC 财务维度的指标不够完善，没能考虑到企业长期发展的需要。

（3）实施的成本较大。BSC 要从财务、顾客、内部经营流程、学习与成长四个方面对企业的经营业绩状况进行评价并考虑企业战略目标的实施情况，每个维度都需要设定相应的指标及目标，设计和完善各项指标在数据的收集和整理上都要耗费大量的时间和资源，因此规范化的平衡计分卡的执行都需要很高的成本。

二、"EVA + BSC"考核模式

(一)"战略地图"让企业战略清晰化

1. 战略地图概述

战略地图由罗伯特·卡普兰（Robert S. Kaplan）和戴维·诺顿（David P. Norton）提出。他们认为："企业由于无法全面地描述战略，管理者之间及管理者与员工之间无法沟通，对战略无法达成共识。"与平衡计分卡相比，战略地图的主要作用是通过绘制战略地图，利用相互连接的目标描述战略并使之直观地体现出来，一方面战略地图将每个层面都具体分解为某些特定的要素；另一方面，战略地图是动态的、可以形成闭环管理的，每个层面的因素相互影响、相互反馈。

战略地图是以平衡计分卡的四个层面目标（财务层面、客户层面、内部层面、学习与增长层面）为核心，通过分析这四个层面目标的相互关系而绘制的企业战略因果关系图。

战略地图的核心内容包括：企业通过运用人力资本、信息资本和组织资本等无形资产（学习与成长），才能创新和建立战略优势和效率（内部流程），进而使公司把特定价值带给市场（客户），从而实现股东价值（财务）。

2. 战略地图的绘制

战略地图是在平衡计分卡的基础上发展来的，与平衡计分卡相比，它增加了两个层次的东西，一是颗粒层，每一个层面下都可以分解为很多要素；二是增加了动态的层面，也就是说战略地图是动态的，可以结合战略规划过程来绘制。战略地图的绘制步骤分为六步：

第一步，确定战略管理的总体目标。例如，企业价值增长1亿元。

第二步，调整客户价值主张定位——客户层面。要实现价值增长目标，就要对现有市场客户进行分析，调整客户价值主张定位，即是通过提高现有客户的购买力还是通过寻找新的目标客户。

第三步，确定价值提升时间表。要根据战略目标，明确时间表。

第四步，确定直接驱动价值的战略——内部流程层面。通过寻找关键流程，确定企业在短期、中期和长期分别应该做什么。

第五步，确定提升间接驱动价值的战略——学习和成长层面。分析企业现有无形资产的战略准备度，人力资本、信息资本、组织资本是否具备支撑关键流程的能力，从而找出进步方向。

第六步，形成行动方案，并根据闭环管理对于财务层面的反馈及时调整战略。根据前面确定的每个层面目标，制订行动方案，同时根据其他三个方面的行动反馈到战略地图的财务层面上去，分析与目标的差异，及时调整战略。

A 公司在确定了战略目标后，围绕平衡计分卡，从四个维度对公司的战略目标进行解读，明确了公司业绩考核的关键目标是在提高净利润的基础上实现 EVA 最大化，并据此绘制出 A 公司的战略地图（如图 5–2 所示）。

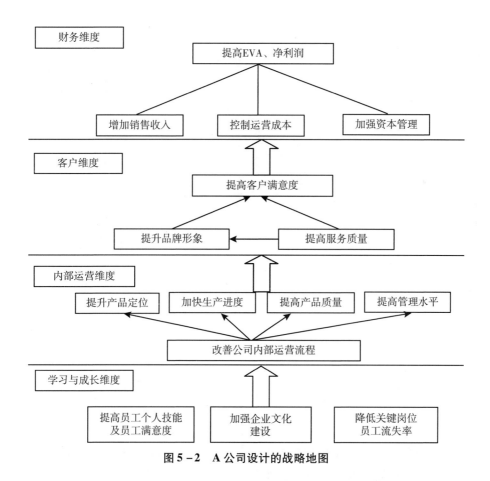

图 5–2 A 公司设计的战略地图

（二）EVA 导入 BSC 的考核模式

"EVA + BSC"考核模式是一个自上而下、动态、开放、综合并且有前瞻性的模式，该考核模式将 EVA 放于 BSC 的顶端，是 BSC 的结果，面向多个利益相关者，以增加企业价值为最终目标，用战略引导制定实施行动，来实现创造价值。具体流程如图 5 - 3 所示。

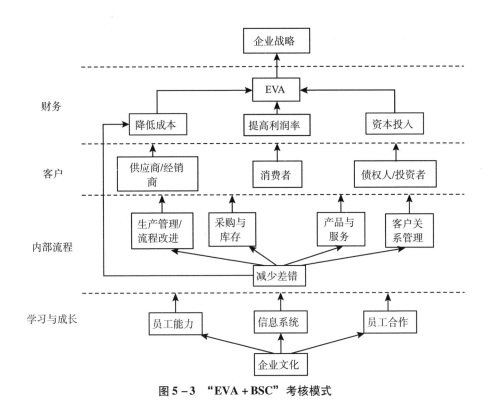

图 5 - 3 "EVA + BSC"考核模式

"EVA + BSC"业绩考核体系不是简单将 EVA 融入 BSC 中的财务维度，而是要让 EVA 成为最核心的考核指标，成为其他三个维度指标设定的出发点和终点，EVA 反映了企业最终的实际创造的价值，是企业其他目标最终的财务成果。由于 BSC 中的财务指标是根据传统的会计信息计算而来，没有考虑资本成本，EVA 的调整弥补了这一不足，使企业管理者以股东利益为出发点，更加注重长期的经济增长。

可用 EVA 代替 BSC 中财务维度投资报酬率这一核心指标，具体思路为：首先，确定企业的战略目标，绘制战略图。其次，分析现有关键业绩评价指标及其对企业考核的重要程度，设计相应的关键业绩评价指标，设计的这些指标应满足的条件是每个指标都能够实现最佳评价意图；每个指标都能找到信息源；能准确评估每个指标体系之间的影响力。然后将这些指标划分为"财务""客户""内部流程""学习与成长"四个维度。再次，运用层次分析法确定每个指标所占权重，同时进行评价指标有效性检验，检验其是否对实现战略目标具有重要性。最后对新构建的体系进行应用。通过专家评分法，对企业的经营进行评价。根据得出的评价结果，提出相应的解决措施。

三、"EVA + BSC" 业绩考核指标体系

1. "EVA + BSC" 业绩考核体系设计原则

（1）系统性原则。企业的业绩考核体系是一个系统的整体，在对企业业绩进行评价时需要很多的指标，既有反映财务方面的指标，也有反映非财务方面的指标，这些指标之间存在着各种联系，因此为了避免指标设计时的片面性，在构建业绩评价体系时不仅要考察指标间的相互影响，还要注意不同指标之间的层次性，也就是说对业绩评价体系的构建要符合系统性原则。

（2）全面性原则。在构建业绩考核体系时，公司应以业绩考核导向为核心并选取多种指标，将定量指标与定性指标、长期目标和短期目标、过程指标和结果指标相结合，避免运用单一指标带来的局限性，全面考虑了财务与非财务因素，以此对企业的经营业绩状况做出全面客观的评价。

（3）发展性原则。企业的价值创造过程会受到外部市场环境、宏观政策变化及企业所处发展阶段等多方面因素制约，因此用来评价企业的业绩指标也是动态的，要依据企业的发展变化而不断进行调整，所以要对企业的价值变化做出准确全面的评价，就要构建不断发展的业绩评价体系。

（4）层次性原则。为实现对企业经营业绩的全面考评，不仅要考虑财务因素，还要关注非财务方面的状况，因此把业绩考核指标分为财务指标和非财务指标两个层次，不同企业由于驱动价值的动因不同，在其进行评价时

的侧重点及具体指标的选取也会不同，在业绩考核体系的构建上就要以财务指标作为最终价值导向，同时将非财务指标的各个层面指标如企业的顾客、内部经营和学习成长也链接到财务指标上。

2. "EVA + BSC" 绩效考核体系设计

（1）财务指标的选择。反映公司财务指标对于企业业绩考核体系的构建是至关重要的，作为业绩考核体系中最重要的指标，包含 EVA、净利润、净资产收益率、资产负债率、资本回报率和带息负债占比等关键财务指标（具体见表 5-3），为企业的价值管理和运营状况提供重要的信息，因此构建业绩考核体系要以核心指标 EVA 为起点，对其进行层级分解以找到价值创造的主干驱动因素及次级驱动因素，通过寻找驱动因素明确影响企业价值创造的因素，发掘出驱动 EVA 增长的基本指标，从而完整地反映企业价值创造的过程，实现企业的战略发展目标。

表 5-3   财务维度考核指标

战略目标	考核指标	指标说明
提高 EVA 提高净利润	EVA 改善值	ΔEVA = 当年 EVA − 去年 EVA
	净利润	反映企业税后利润获取能力
	净资产收益率	反映资本回报水平
	资产负债率	反映偿债能力
	资本成本率	反映资产占用和成本控制能力

（2）非财务指标的选择。客户层面：企业要在市场竞争中保持竞争优势离不开客户的支持和坚实的品牌信誉度，因此如何获取客户的信赖、保持市场份额对于企业发展至关重要，这也是业绩评价体系客户维度指标考察的重点，客户维度的核心评价指标包括：客户满意度、市场占有份额、品牌知名度、新客户获得率、客户获利率。其中客户满意度是核心指标（具体见表 5-4），因为不论是市场份额的扩大还是客户获利率的高低都是客户满意程度的体现。

表 5 – 4 客户维度考核指标

战略目标	考核指标	指标说明
扩大市场占有率，获取更多客户，提高客户满意度	市场占有率	反映公司在当地的市场占有率
	品牌知名度	反映公司在当地的知名度
	客户增长率	反映公司持续发展的能力
	客户忠诚度及满意度	反映客户的忠诚度和满意度

内部经营流程层面：内部经营流程是指企业从开始生产到为客户提供产品和服务等一系列活动，它包含了影响企业价值链整体价值创造过程中的各个指标，可以从创新流程、经营流程及售后服务三个过程来分析评价，主要有产品合格率、产品生产效率、售后服务及时率等（具体见表 5 – 5）。

表 5 – 5 内部运营维度考核指标

战略目标	考核指标	指标说明
完善公司内部运营流程，提高公司核心竞争力	销售服务质量	反映公司售后服务质量
	生产进度偏差	反映公司生产进度控制能力
	项目经营计划关键节点完成率	反映公司计划管理能力
	目标成本变动率	反映公司成本控制能力

员工学习与成长层面：随着经济竞争形势的愈演愈烈，学习和成长能力作为企业核心竞争力的重要一项，对企业的长期战略发展的影响也越来越大，因此将人力资本的衡量纳入业绩评价体系当中也变得尤为迫切，学习和成长层面的业绩评价指标主要包括：员工满意度、关键岗位离职率、员工培训投入增长率和企业文化认同度等（具体见表 5 – 6）。

表 5 – 6 学习与成长维度考核指标

战略目标	考核指标	指标说明
提高员工综合素质及满意度，推动企业文化建设	企业文化认同度	反映公司企业文化建设情况
	员工满意度	反映员工对公司的满意度
	关键岗位离职率	反映公司关键岗位员工稳定性
	员工培训投入增长率	反映公司对员工培训的重视程度

某公司建立了"EVA + BSC"的业绩考核体系，基于 EVA 的考核导向，根据 EVA 的关键驱动指标，重新梳理设计了"EVA + BSC"的考核指标体系，具体如表5-7所示。

表5-7   "EVA + BSC"业绩考核指标体系

战略目标	EVA + BSC 考核指标		
公司价值 最大化	财务指标	财务层面	EVA
			净资产收益率
			流动资产周转率
			资产负债率
	非财务指标	客户层面	市场份额
			客户满意度
			客户保持率
		内部经营流程	售后服务质量
			生产进度偏差
			内部流程循环效率
		员工学习与成长	员工保持率
			员工满意率
			员工培训投入增长率

3. 考核指标权重的确定

在选择完企业的业绩考核指标后，还需要赋予指标相应的权重，各项指标的权重大小代表其对业绩考核体系重要性的不同，指标权重越大说明其在整个业绩考核体系的重要性越大，运用科学的考核方法对企业的价值结果进行考核，能够综合全面地衡量企业的业绩状况。以价值管理为导向的"EVA + BSC"的业绩考核指标体系是一个动态的指标体系，要依据企业所处环境的变化、发展阶段及战略类型的不同对评价指标做出相应的调整，同时也要对各维度的各项指标权重进行调整。首先依据各层次指标的不同重要性设置相应的权重，再运用专业化的方法计算出企业价值的综合指标值。目前对于指标权重的设计方法有很多种，较为常用的主要有排序法、专家调查法、层次分析法等。

第三节 "EVA + KPI" 的业绩考核体系

一、何为 KPI?

（一）KPI 定义及内涵

KPI（Key Performance Indicator，简称 "KPI"），是以战略目标管理思想为理论基础，通过对企业战略规划、关键成果领域进行绩效分析，识别和提炼出最能有效驱动企业价值创造的指标。

KPI 用于决定与衡量企业经营管理的实际效果。通过对企业成功的关键因素的提取，再层层分解和量化，建立由企业级、部门级和岗位级组成的 KPI 体系，以获得个体对工作贡献度的评价依据的一种常用考核方法，其理论基础是帕累托原则，即八成的工作内容都是由两成的核心工作来决定的，所以，在对公司发展规划进行细分的决策工作中，必须着重两成的核心活动领域来分析和衡量，再从中分解出关键绩效指标。KPI 指标法的核心是把企业的绩效指标与战略目标实现有机结合，且在绩效评估过程中，仅仅评估同公司发展规划联系最紧的绩效参数。关键绩效指标所衡量的内容取决于企业的战略规划，是公司战略计划对不同部门和各个岗位的工作绩效要求的具体体现。其指标构成包括财务绩效目标和非财务绩效目标，不仅看重公司在短时间内的经济效益，还看重企业工作人员在公司长时间内的发展。

KPI 即关键绩效指标的要点在 "关键" 二字，目的是引导企业将重点放到 "关键" 的绩效指标管理上，不要追求所谓的 "高、大、全"。确定 KPI 指标的主要方法是分析企业的关键成功要素，通过确定本企业和市场同业标杆企业在关键成功要素方面的差距来确定本企业的关键绩效指标。

（二）KPI 考核的特点

KPI 考核是主流业绩考核的工具之一，在国内企业应用较为广泛。KPI 考核具有如下几个方面的显著特点：

（1）KPI 是对公司战略目标的分解。KPI 是在公司的战略目标的基础上，进一步完善和分解战略。如果当前战略进行了调整，则关键绩效指标就要调整，需要确保及时和有效，关键绩效指标要能够反映和适应公司新的战略。

（2）KPI 是对可控部分的衡量。公司生产经营整体效果是内外因素综合作用的结果，内部因素就是在职员工可以被控制和影响的那部分，也是关键绩效指标（KPI）所衡量的内容。KPI 是对影响公司重要生产经营指标的衡量，而不是对所有日常工作过程的评价。

（3）KPI 是公司上下认同的目标。关键绩效指标（KPI）在制定前期、中期、后期都需要得到公司管理者和绝大部分员工的认同，这是绩效指标有效实施的前提和保障。

二、"EVA + KPI" 考核模式

企业开展价值管理，可以将 EVA 导入现行业绩考核体系，构建基于 EVA 核心导向的 "EVA + KPI" 业绩考核体系，在 EVA 作为主指标的基础上，分解形成 EVA 关键驱动指标，并精简形成科学合理的 "EVA + KPI" 指标体系。

1. "EVA + KPI" 考核指标的确定原则

因为 KPI 是围绕战略目标来制定的，所以考核方法需要上下统一，要尽最大可能使用量化考核方式。KPI 的关键在于如何确定绩效指标，其中重要原则是 SMART 原则（如图 5 - 4 所示）。

（1）S：具体（Specific），指绩效考核指标的制定要落实到具体的工作岗位和具体的工作事项上，不能含糊其词。

（2）M：可度量（Measurable），指绩效考核指标的制定如果可以用数据量化的尽量用数字量化，且这些工作量化的数据是可以被收集到的，具有一定的代表性。如果不能够用数字量化，尽量用文字将工作行为的具体特征描述清楚，尽量不要产生歧义和执行上的可变通。

（3）A：可实现（Attainable），所设计绩效指标要是能够被执行的。不能凭空想象，也不能没有理论或实践支撑，其设定的前提必须是员工通过努力可以实现的工作成效，也就是 "跳一跳可以够得到"，如果差距太大或标准过低，绩效指标就会形同虚设，不能够发挥考核效应。

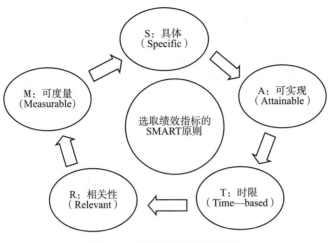

图 5 – 4　KPI 指标的确定原则

（4）R：相关性（Relevant），指绩效目标在被分解为具体的绩效指标时，一定要结合具体部门的实际情况和工作特点、人员结构组成而制定，不能够让总绩效与部门绩效、岗位绩效之间脱节。

（5）T：时限性（Time-based），绩效指标有固定的时间周期，有具体的时效性特征，需要在考核指标中予以明确。

2. "EVA + KPI"考核体系构建的总体原则

鉴于现行 KPI 绩效评价存在的问题，企业应该建立一套"EVA + KPI"业绩考核指标体系，全面强化价值考核导向，树立资本成本意识，降低会计失真对利润考核指标的影响，科学合理地反映企业管理层的经营业绩。在构建"EVA + KPI"的业绩考核指标体系过程中，应遵循以下原则：

（1）可操作性原则。由于 EVA 需要对项目进行调整且计算时较为复杂，同时绩效考核是公司日常经营工作中的重要组成部分，具有可操作性是很重要的。过于复杂的绩效考核体系不仅开展起来不方便，考核过程的准确性也会受到影响，因此，方便可操作的"EVA + KPI"业绩考核体系有利于考核工作的开展，更是有利于引导公司管理层根据考核结果进行更为有效的决策。

（2）目标性原则。建立以 EVA 为核心导向的"EVA + KPI"业绩考核体系的目的是衡量公司管理层为股东创造价值的能力以及改善现有考核体系的缺陷，因此对于原有 KPI 的业绩考核体系要以 EVA 为目标做出改进，全面体现 EVA 的核心导向，真正发挥新的 "EVA + KPI" 业绩考核体系的指挥棒作用。

（3）成本效益原则。构建 "EVA + KPI" 业绩考核体系既要考虑实施效果，也要考虑实施成本。一般来讲，KPI 考核指标设计的越多，业绩考核结果对管理层贡献的反映越准确。但是过多的 KPI 指标设计会增加业绩考核的工作量，甚至还需要采集一些目前没有的相关数据。在这种情况下，业绩考核成本的大幅提升可能只带来业绩考核结果准确性的小幅提升，因此从成本效益角度看，得不偿失。因此，"EVA + KPI" 业绩考核体系尽量要追求以 EVA 为核心考核导向，并在梳理影响 EVA 指标关键驱动因素的基础上，建立 "少而精" 的 "EVA + KPI" 业绩考核体系。

（4）分类考核原则。在对所属企业分类的基础上，准确界定企业的功能定位、业务性质和考核导向，选取关键业绩指标（KPI）和管理短板指标进行考核，确保考核结果全面准确反映公司的真实经营业绩。

（5）真实性原则。业绩考核的数据基础应该确保财务指标和非财务指标的数据来源于财务报表或者业务部门的真实可验证数据，对 EVA 的会计调整项目尤其要确保数据的真实性，因此业绩考核数据的真实性也是 "EVA + KPI" 业绩考核要考虑的一个重要方面。建立在真实数据上的 EVA 考核才能增强公司与部门间的有效沟通与建立正向的考核激励体系。

3. "EVA + KPI" 考核体系的实施思路

对于考核体系来说，如果最重要的指标是如何确定科学合理的 KPI，KPI 指标的科学性和合理性直接关系到企业的考核效果。KPI 可以使公司管理者经营业绩的考核建立在数据化明晰化的基础之上，对于提升组织的绩效，提高企业管理者创造价值的积极性具有非常重要的积极意义。

"EVA + KPI" 业绩考核体系实施的总体思路是：以 EVA 考核的指导思想为主，对公司现行业绩考核体系中的 KPI 考核指标进行系统梳理和调整，在此基础上形成 EVA、EVA 关键驱动指标为基础的考核指标体系、明确考核流程以及考核周期、考核结果的运用等业绩考核管理闭环，同时将 EVA 全面导入公司的经营理念以及公司文化等方面，以确保 "EVA + KPI" 业绩考核体系能够有效实施，取得切实成效（如图 5-5 所示）。具体工作如下：

EVA 指标制定流程。明确公司愿景及战略目标，制定 EVA 总体发展目标。将 EVA 目标进行按组织/业务维度分解，落实到具体责任主体。

EVA 指标分解流程。识别 EVA 指标关键驱动因素。根据 EVA 驱动因素对 EVA 指标进行分解。结合 EVA 执行情况，对 EVA 指标进行适时调整。

EVA 指标汇总流程。各层级 EVA 中心指标与业务指标进行核对。按照层级进行 EVA 指标汇总。

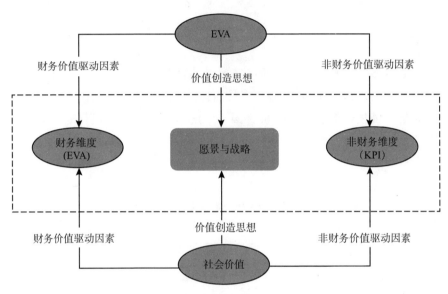

图 5 – 5　"EVA + KPI" 考核模式

三、"EVA + KPI" 业绩考核指标体系

（一）A 集团公司"EVA + KPI"高质量绩效考核体系

为突出高质量发展，全面贯彻新发展理念，促进子分公司转型升级，提高运营效率，强化经营管理，引导子分公司持续提高产品质量、资产质量、管理质量和收益质量。此外，为进一步突出价值创造，全面引导集团资本投向更加合理，资本结构更加优化，资本效率更加快速，资本纪律更加严格，提升企业价值创造能力。A 集团公司于 2019 年全面构建实施了一套基于"EVA + KPI"的高质量绩效考核体系，该"EVA + KPI"业绩考核体系以"高质量绩效"为核心导向，具体的业绩考核框架如表 5 – 8 所示。

表5-8 A 集团公司"高质量绩效"考核框架

指标类型		考核导向	分值区间
高质量绩效	效益质量	突出价值创造、保值增值	30~50分
	经营质量	突出核心竞争力、行业板块领先	30~40分
	科技创新	突出科技创新、成果转化	30分
	发展质量	突出新增投资、客户满意度、环保	20分

A 集团公司在明确上述高质量绩效考核框架的基础上，设计了以 EVA 为核心导向的"EVA + KPI"业绩考核指标体系，该指标体系由"效益质量、经营质量、科技创新、发展质量"四个维度的指标组成（具体见表5-9）。效益质量则重点考核所属单位的经济增加值、净利润、销售净现率、扭亏增盈等指标。

表5-9 A 集团公司"EVA + KPI"高质量绩效考核指标体系

考核内容		考核指标
高质量绩效	效益质量	经济增加值
		净利润
		销售净现率
	经营质量	市场占有率
		总资产周转率
		两金占比
	科技创新	研发技改投入增长率
		专利年申请量
	发展质量	固定资产投资增速
		客户满意度

A 集团公司考核办公室再根据集团所属各子分公司的行业特点、发展周期及管理短板设置考核指标和考核分值，按年度进行动态调整个别 KPI 指标。

A 集团公司新的高质量绩效考核办法引入了"科技创新"的 KPI 指标

考核要求，全面突出科技创新能力的考核引领。在"科技创新"的考核要求方面，集团根据产业板块科技创新能力的实际情况，差异化规定了科技创新的考核要求：

（1）分产业板块考核科技创新 KPI，对科技研发型子分公司进行重点考核，对生产经营型子分公司也进行全面考核。

（2）在具体科技创新 KPI 考核权重方面进行分类设置，研究院等科技研发型子分公司考核 70 分，科技生产型子分公司考核 40 分，生产经营类子分公司考核 20 分，其他综合支持型子分公司则不考核科技创新 KPI。

（3）在"科技创新"的 KPI 指标方面，主要设置了研发投入强度、专利数、核心人才流失率、重点课题和核心期刊论文数等指标。

（二）K 公司"EVA + KPI"业绩考核体系

K 公司属于某集团公司的二级单位，该公司在结合集团业绩考核要求的基础上，建立了"EVA + KPI"业绩指标体系（具体见表 5 - 10）。"EVA + KPI"业绩指标体系的考核指标主要分为两种类型，即经营业绩类考核指标和基础管理类考核指标。同时，根据公司管理的需要，经营业绩考核内容还包括加分考核项目、扣分考核项目和特定考核项目。

表 5 - 10　　　　　　K 公司"EVA + KPI"考核指标及权重体系

序号	项目	权重	考核指标	权重
1	经营业绩考核指标	65%	净利润	20%
			EVA（经济增加值）	20%
			"两金"占用规模	10%
			成本费用占营业收入比率	10%
			带息负债规模	5%
2	基础管理考核指标	35%	固定资产投资额	10%
			科技创新管理	15%
			信息化建设	10%

（1）经营业绩类考核指标。经营业绩考核指标以经营、财务类指标为主，主要包括利润总额（含上市公司归母净利润）、经济增加值、"两金"规模、成本费用占营业收入比率、带息负债规模等。

（2）基础管理类考核指标。基础管理工作考核指标以基础性管理工作和阶段性重要工作为主，主要包括固定资产投资、科技创新管理、信息化建设、人力资源管理、投资清理和合规管理等内容。

经营业绩考核总得分上限为 120 分，下限为 80 分。业绩考核得分计算公式如下：

$$业绩考核得分 = 经营业绩考核指标得分 \times 权重 + 基础管理考核指标得分$$
$$\times 权重 + 加分项得分 - 扣分项得分$$
$$= 经营业绩考核指标得分 \times 65\% + 基础管理考核指标得分$$
$$\times 35\% + 加分项得分 - 扣分项得分$$

第四节　完善 EVA 业绩考核体系

一、完善 EVA 的计算标准

价值管理体系的有效开展，EVA 真正成为有效的管理工具，需要建立科学合理的 EVA 计算标准，从而有效指导企业的战略规划、项目投资、资金运作、资本结构优化、产供销等企业经营管理决策。基于价值管理体系建设和价值提升的需要，EVA 的计算标准需要结合企业发展战略和业务实际进行完善，甚至需要建立部门"虚拟 EVA"或核心产品的 EVA 计算标准。

EVA 考核要取得切实成效，需要深入推进 EVA 在企业内部的实施，建立企业相关职能部门的 EVA 计算标准。这将需要建立一定的成本费用和共用资产的分摊办法，需要将企业内部部门视同利润中心，是直接创造价值的责任部门，而不是传统的费用中心。

（1）营销部门 EVA = 考核后税前利润 + 中长期受益费用调整项 - 非经常性收益调整项 ×50%

（2）生产部门 EVA = 责任税前利润 + 中长期受益费用调整项 - 非经常

性收益调整项 ×50% − 生产部门资本成本率

（3）研发中心 EVA = 研发中心的经营利润 − 研发中心资本成本

研发中心的经营利润 = 营业收入 × 研发费用提取率 − 研发中心投入成本分摊额

研发中心占用的经营资产 = 研发中心占用的其他流动资产 + 固定资产 + 无形资产额

此外，由于企业之间存在资本规模、发展阶段、盈利能力、业务模式、管控体系、管理基础、责任定位等诸多方面存在较大差异，采用统一的 EVA 计算标准，在考核实践中确实会带来一些问题。比如，利息的加回与债务资本成本率固化不匹配导致高负债企业因为利息支出加回反而提升了 EVA；在建工程的竣工决算提前和延迟导致 EVA 指标波动剧烈；研究开发费用加回导致个别技术研发型央企 EVA 指标高于利润指标；资本占用简单平均计算（年初 + 年末/2）导致短期资金拆借的资本占用计算结果偏低；仅鼓励研发投入，对研发极少甚至无研发行为的央企而言，EVA 得不到有效的鼓励。

二、完善资本成本率的计算方法

通常而言，企业的资本成本率应由带息债务资本、股权资本、债务资本成本率、股权资本成本率综合计算得出，资本成本率是 EVA 重要的关键驱动因素，资本结构的管理是价值管理的一个核心内容之一，而统一且固化的资本成本率设置则无法充分发挥资本成本率的管理决策指导功能，尤其是无法有效指导企业的项目投资决策。

（1）采用净资产收益率对标方法。债务资本成本率和股权资本成本率分别设置，再按照债务资本占比和股权资本占比或资产负债率计算出加权平均资本成本率。

加权平均资本成本率 = 债务资本成本率 × 债务资本占比 + 股权资本成本率 × 股权资本占比

①债务资本成本率 =（短期负债比例 ×1 年期央行贷款基准利率 + 长期负债比例 ×3 年期贷款基准利率）×（1 − 所得税税率）

②股权资本成本率：

股权资本成本率 = [某央企净资产收益率 $\times k_1$ + 净资产收益率良好值 ×

k_2〕×股东期望系数

注：K_1通常取70%～90%，K_2通常取10%～30%，股东期望系数：通常取50%～80%。亏损企业：则股权资本成本率按照央行5年期存款基准利率设置，即出资人要求亏损企业资本收益应能达到银行中长期存款利率水平。

（2）采用变通的资本资产定价模型。债务资本成本率＝利息支出总额（含资本化利息）/平均带息负债，股权资本成本率则按照资本资产定价模型来测算。

股权资本成本率＝无风险收益率＋K×（行业平均净资产收益率－无风险收益率）

注：无风险收益率：央行1年期存款利率或10年期国债收益率，系数K通常取值为1.1～1.2倍。

此方法既考虑了无风险利率，也考虑了行业的平均收益水平和股东对企业高于平均回报水平的要求，计算出来的股权资本收益率数据具有说服力，且比较符合央企的实际盈利水平和出资人的要求。

资本成本率的高低直接影响 EVA 的高低，统一的资本成本率将导致部分央企的 EVA 值和价值创造能力可能被扭曲和被高估。因此，资本成本率设置是否合理就严重影响 EVA 考核指标的准确性。统一且"一刀切"的资本成本率设置，没有兼顾和综合考虑央企在资本规模、资本所处行业的盈利水平、资本结构和资本风险等因素，这样不利于真实揭示企业价值创造的结果，不利于客观评价企业在资本结构、融资成本、资本成本率改善方面做出的努力。因此，集团公司有必要分行业设置差异化的资本成本率，企业有必要设置项目投资或核心业务的资本成本率。

三、完善 EVA 业绩考核的指标体系

一个合理有效的以 EVA 为核心导向的价值考核指标体系，要能准确、客观地反映企业的经营绩效状况，同时对提高运营效率、降本增效、确保战略目标分解落地，都应该起到积极导向作用。

EVA 业绩考核体系是以 EVA 指标为核心，统筹考虑其他关键业绩指标的业绩考核体系。在建立价值导向的基础上，对利润总额、营运资本、资本

投资、带息负债等影响 EVA 的几项要素，按照各个单位的实际经营情况，针对性质不同的成本中心、利润中心和 EVA 中心确定不同的 EVA 考核指标体系，真正实现精准考核。

比如，对于大规模、专业化生产的厂房车间等成本中心，按照当年预算目标，针对降本增效这一目标，着重考核影响 EVA 提升的关键成本和费用指标；对于事业部等利润中心，在强化考核 EVA 的同时，配合考核利润总额、成本费用率等指标；而对于全资和控股的子公司这类投资中心，则可建立更全面的 EVA 业绩考核指标体系。这样通过建立科学可行的 EVA 业绩考核指标体系，使企业各中心结合业务特点，精准考核，提升价值创造能力，充分发挥 EVA 业绩考核在降成本和提质增效中的关键作用。

四、提升全员参与的 EVA 意识

企业价值创造与企业每一位员工和企业的日常活动紧密联动，企业的任何一项活动都需要资源的投入。因此 EVA 业绩考核指标需要企业每一个环节的有机结合，需要公司全员的参与，并实现全过程的管控。通过开展"以 EVA 为导向的全员、全价值链管理"，各所属单位和各相关部门提出有效的价值提升方案、价值分析报告，在全公司范围内贯彻资本成本和价值管理理念，从"产品设计、物料采购、生产工艺和销售服务"等各环节进行成本管控，真正让全员参与到 EVA 考核及其改善的全过程。

第六章 公司价值管理：建立 EVA 全面预算管理体系

第一节 全面预算管理概述

一、全面预算管理概述

（一）全面预算管理的定义及内涵

20 世纪早期，美国《预算和会计》的颁布开启了全面预算管理的新篇章，随后，预算管理开始作为一种重要的企业管理手段被美国企业广泛运用。玛卡·科瓦莱斯基（Mkar A. Covaleski，2003）在研究中明确指出全面预算管理以战略目标为导向，是对传统预算管理模式的改进和完善。菲奥德利斯（Fiordelisi，2006）在权变理论的基础上分析研究企业预算管理的实施：首先设立预算目标，然后将预算目标与预算实际的执行结果进行对比分析，最后在分析的过程中评价企业的预算管理。特里萨（Theresa，2011）通过对员工进行参与实验，发现预算目标的不公平性会导致员工工作业绩下滑。比尔巴姆（Bierbaum，2014）分析了全年预算对企业的商业影响，认为这是健康经济评估的一种形式，并提出了一些建议。

汤谷良（2003）在其研究中表明预算作为企业经营管理的指标，与企业的各项经营管理业务紧密结合，其作为企业业绩考评和奖惩的主要标准之一，可以将企业的经营管理活动纳入有效控制的范围内，督促并约束各级员工，有助于长期战略目标的实现。廖敏霞（2013）认为我国企业全面预算管理趋势应按照三个方面开展：一是战略预算管理；二是人性预算管理；三是信息化预算管理，从而使企业积极应对市场环境变化，提高其核心竞争力。周培根（2017）充分肯定了动态全面预算管理的优势，认为以利润为导向的传统预算存在诸多弊端，不利于现代企业的发展，提出要在动态竞争下实施全面预算管理，并试图构建相关模型。

全面预算管理是公司战略与日常经营的衔接，以战略为导向，通过预算管理体系，体现公司战略目标和经营思路，形成公司的整体"作战"方案，并通过预算执行过程和结果进行"控制、核算、分析、考评、奖惩"等一系列管理活动的过程，提升战略的领导力与执行力。也有观点认为，全面预算管理是一种全面的企业管理系统，它以实现企业战略规划和经营目标为目的，采用预算方法对预算期内所有经营活动、投资活动和财务活动进行统筹安排，并对预算执行过程和结果进行控制、核算、分析、考评、奖惩，从而对企业资源进行有效配置。总体来看，全面预算管理就是为了确保企业能够高质、高效完成预期经营目标，基于企业发展战略，将需要完成的各项工作进行层层分解，并及时下达给企业内部的各组织管理单位，同时需对其任务完成情况进行考核和控制，进而保证企业总体目标的实现。

全面预算管理是围绕预算展开的，它包括预算编制、预算执行、预算控制、预算分析、预算考评等一系列管理技术较强的工作。它对企业的长期发展和壮大起着非常重要的推动作用。全面预算管理是一项"全员参与、全方位管理、全过程控制"的综合性、系统性管理活动，它涉及企业经济活动的方方面面。"全面参与"是指企业内部各部门、各单位、各岗位，上至董事长，下至各部门负责人、各岗位员工都必须参与预算管理；"全方位管理"是指企业的一切经济活动，包括人、财、物各个方面，供、产、销各个环节，都必须全部纳入预算管理；"全过程控制"是指企业经济活动从事前、事中到事后整个过程都要纳入预算管理控制系统。综上所述，全面预算管理可以看成是企业内部各部门、各单位通过对各种财务及非财务资源的统筹安排，有效地组织和协调企业的生产经营活动、优化配置企业资源，完成既定经营目标的一项管理活动。

（二）全面预算管理的主要功能

（1）规划功能。全面预算的编制要能够综合反映企业经济活动的整体情况，对企业未来的预测是通过预算来落实的，预测的过程就是企业进行规划的过程。预算将企业的战略规划和经营目标按照内部各职能部门的职责层层分解落实，这样预算目标成为各职能部门的具体工作目标，就保证了企业经营目标与各部门分管的具体工作目标的一致性。各部门在了解和明确自己的职责后，洞悉未来潜在的机会与风险，共同向企业预算总目标努力。企业的每名员工都会编制切实可行的具体工作计划，并积极地实施这些计划，从而使企业总体目标通过具体目标的实施得到实现，将风险降至最低，能促进资源的有效运用，最大程度地满足企业的管理需求。

（2）控制与监督功能。全面预算管理涵盖了企业所涉及的经营、投资和财务等各个方面的活动，具有"全员、全方位、全过程"的特征，因此，全面预算管理是一个以预算为标准的管理控制系统，它的控制职能贯穿了企业的全过程。首先，预算编制是一种事前控制。全面预算的制定，可以有效规划企业的经营、投资和筹资活动，明确预算期内的目标与计划，避免企业遭受不必要的经营风险和财务风险。其次，预算执行是一种事中控制。在预算执行过程中，上级部门可以及时掌握下级部门预算执行的进度情况，判断应该何时对下级部门的经营过程进行干预，从而保证企业经营目标的实现。再次，预算分析与考评是一种事后控制。通过分析考评结果，可以揭示实际工作与预算标准之间的偏差，今日的偏差是明日改正的依据，并分析造成差异的原因、落实责任，为此后的工作指明方向，以便于未来的决策。在全面预算管理控制职能发挥的同时，对企业经营活动、投资活动和财务活动的监督职能也得以同步发展。

（3）沟通协调功能。经过员工参与预算编制，可以促使企业管理层与执行层相互沟通达成共识。企业高层管理者了解到员工的需求与意见，减少预算执行的障碍。有效的沟通使管理层和员工互相了解、体谅，从而更好地完成企业的战略经营目标。企业要达到既定目标，各部门必须同心协力，以企业总体利益为核心。只有通过预算，才能加强各部门间的联系，并系统地将企业有限的资源发挥出最大的经济效益。预算同时可迫使各阶层主管不断对外界环境加以审视及分析，调整经营活动使其与预期环境相配合，从而拟订最佳决策，以适应瞬息万变的环境。

（4）考核激励功能。预算指标是企业数量化、具体化的经营目标，分解后就是企业各个部门中每一名员工的工作目标。因此，预算指标不仅是控制企业经营活动的依据，而且还是考核、评价企业内部各职能部门及其每一名员工工作业绩的最佳标准。通过预算考评奖惩制度，可以明确每个部门、每名员工完成了责任目标有什么奖励，完不成责任目标有什么惩罚。同时，通过编制全面预算，可以实现企业生产经营活动的健康运行和对企业供产销各个环节、人财物各个方面的有效规范，激发员工的工作热情和工作素养，促使企业全体员工为完成公司总体目标而努力。

（三）全面预算管理的框架内容

全面预算管理在范围上包含企业所有生产经营活动，具有整合凝聚和激励约束作用。主要分为经营预算、投资预算和财务预算（见图6–1）。

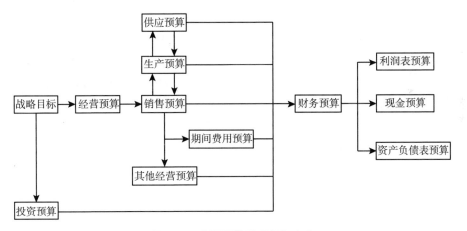

图6–1 全面预算管理框架内容

（1）经营预算。经营预算是规划和控制企业预算期内日常生产经营活动的预算，由销售预算、成本预算和期间费用预算等共同组成。经营预算是全面预算的主体。经营预算中最主要的核心部分是销售预算。

（2）投资预算。投资预算又称资本预算或者专项决策预算，是规划和控制企业预算期内与资本活动有关的预算。由固定资产、权益性资本和债权等投资预算以及项目筹融资等预算共同组成。

（3）财务预算。财务预算是规划控制企业预算期内现金流以及经营管理业绩方面的预算。内容分为现金预算、利润表预算以及资产负债表预算，是预算年度内企业财务状况的集中反映，也是经营预算的重要组成部分。其中，现金预算反映预算期内因生产经营和投资活动产生的现金流，利润表预算反映预算期内企业的经营业绩，资产负债表预算反映预算期末企业的财务状况。

企业预算编制部门通过"自上而下，自下而上，上下结合"的方式，以预算目标为根本依据编制预算。预算编制的过程是预算目标的具体量化过程，是全面预算管理的重要一步，预算的编制情况关系到预算目标的落实，直接影响到预算管理方式的成败。

（四）全面预算的编制方法

常用的预算编制方法主要有零基预算法、增量预算法、固定预算法、弹性预算法、滚动预算法等。预算编制方法选择的正确与否，与预算编制效率和预算编制的准确性都有关联。企业应根据自身的特点和情况，选取适合的全面预算编制方法，而且要以具体内容为依据，选取方法体现灵活性。为了得出最优的预算方案，同一部分预算可以选取不同的预算编制方法，同一种方法可用于几部分的预算。

二、全面预算管理的特征

全面预算管理通常具有以下关键特征：

（1）战略性。全面预算管理从本质上说，是一种对未来的管理，通过对未来一段期间内经营业务的规划，以支持战略的落地。预算的制定必须以企业战略为根本，结合企业所处在生命周期的阶段特点，采用与之相应的预算管理模式。全面预算管理涵盖着企业战略的核心思想，是企业整体战略的一个重要环节，是一个持续迭代不断完善的管理体系，它不仅仅是一个或多个时点的预算。全面预算管理可以将企业的发展战略和经营目标具体化，使之成为一个个细小的行动计划和作业计划，经过全面预算管理的监管过程，从而实现企业价值最大化。

（2）全面性。全面预算管理具有"全面、全额、全员、全过程"的特征，能够对企业的各项资源进行全面协调与整合，它的全面性涵盖了企业所有的经济活动，包括经营活动、投资活动与筹资活动，可以对人、财、物、供、产、销等一系列环节进行控制，无论从深度还是广度来看，全面预算都是一项全面、综合的系统工程。

（3）灵敏性。企业生存大的市场经济环境之中，要想求得长远的发展，必须及时迅速对市场的变化做出快速的反应。全面预算管理不再是刻板的财务指标，而是对生产经营具体环节、具体节点的控制，在战略目标联动作用的传导下，在现代化信息技术的支持下，全面预算管理更容易对具体的变化做出具体反映。

（4）权威性。由于全面预算管理在企业管理中占据核心要塞地位，因此其具有权威性。全面预算管理的权威性要求全面预算工作必须严格遵照制度执行。全面预算有着极其严苛的编制制度与审批流程。首先，预算的编制工作要按规定的流程开展。其次，全面预算的审查、审批也是层层递进，层层把关。最后，编制全面预算的成员也是从上到下、全员参与。全面预算管理的权威性越强，越能发挥出预算工具引导企业规范经营、提高企业在同行业竞争力的功能。若全面预算不够权威，企业也就无法按标准施行全面预算工作，也就失去了开展全面预算工作的意义，反而浪费了人力成本。

（5）科学性。全面预算管理是建立在科学的管理方式之上的，也是采用现代管理理论与理念在遵循企业现实基础上进行的全面的、科学的预算管理的，其不但基础资料更加完备，计算方式更加先进与科学而且执行的效率也更加高超，极大地促进公司的未来发展。

三、全面预算管理的流程

预算的编制、执行和考评是预算管理流程的主要基本环节。其中：预算编制包括预算目标确定、预算编制、预算审批等内容环节。预算执行包括预算分解与落实、预算控制、预算调整、预算核算、预算审计、预算报告等内容环节。预算考评包括预算分析、预算考核与奖惩等内容环节。各个内容环节相互作用，共同实现对企业生产经营活动的科学管理。

全面预算管理的主要流程有：

（1）拟订预算目标。预算目标是经营管理者在下一会计年度内通过生产经营期望实现的业绩要求。预算管理委员会在预算部门编制预算之前，根据企业战略规划和经营目标拟订好企业预算总目标和各执行部门具体目标。由预算管理办公室给预算执行机构下达具体预算责任目标，同时提出具体的预算编制大纲。

（2）预算编制。各预算执行部门以预算管理办公室下发的编制大纲及预算目标为基础，结合预算期内企业市场环境、资源状况等实际条件因素，按照"上下结合"的方式进行部门预算的编制，同时及时上报需要单独审查的专项预算项目。

（3）审查预算并提出建议。预算管理办公室对各部门上报的方案进行整合分析。管理委员会对核对无误的汇总预算方案进行审查，对其中存在的重大问题进行研究探讨并给出修改意见。之后再由预算管理办公室将具体建议反馈至相关预算编制部门。各编制部门参考反馈意见进行沟通调整。

（4）预算汇总审批。在相关预算编制部门根据反馈回来的意见修正了其部门预算之后，预算管理办公室在汇总部门预算的同时完成企业年度预算草案的制定。预算管理委员会审核同意之后上报给董事会，由董事会批准后形成最终的年度全面预算方案。

（5）预算下达与执行。预算管理办公室向预算执行单位下达董事会批准执行的预算方案。预算执行单位领导签署预算目标责任书。在整个预算年度内，预算执行部门的各项经济活动以全面预算为主要依据，确保预算的合理有效执行。

四、全面预算管理的组织体系

各企业由于具体情况不同，预算管理机构也不尽相同，通常来说，预算管理机构包括预算管理委员会、预算管理办公室，以及各级预算责任中心等，具体的组织结构示意如图6-2所示。

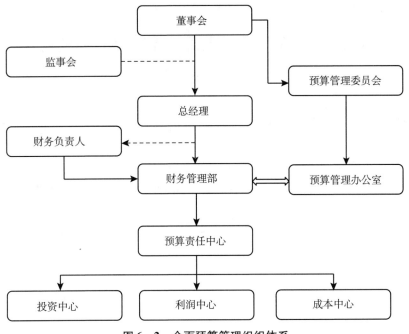

图 6-2　全面预算管理组织体系

1. 预算管理委员会

预算管理委员会系董事会下设的专业委员会，在整个预算组织体系中居于核心地位，是预算管理的决策机构。预算管理委员会的成员一般主要包括企业的 CEO、财务负责人、主管薪酬管理的负责人等企业高层管理人员。

2. 预算管理办公室

预算管理办公室系预算管理委员会的具体办公机构，主要处理预算管理的日常事务，有的企业设立专门的预算管理办公室，也有的企业将预算管理办公室常设在财务管理部等部门。

3. 预算责任中心

预算责任中心是预算的执行机构，是企业预算管理中的责任主体，它依附于企业的组织架构，是企业经营活动的业务单元，按照其管理特性，一般可以划分为投资中心、利润中心和成本中心。

第二节　EVA 导入全面预算管理的必要性

一、EVA 导入全面预算管理的研究观点

EVA 可以帮助企业在实施全面预算管理过程中找到新的发力点，对全面预算管理的缺点进行了有效的补充，从而提升了企业创造价值的能力。廖芙秀（2007）认为引入 EVA 的全面预算管理体系具有价值引导作用，而且可以更好地发挥其预算分析能力。梁杰（2011）认为 EVA 价值概念可以有效补充全面预算管理，全面预算管理中存在一定程度的信息失真、预算内容不完善和人为干预较多等问题，而运用 EVA 价值管理可以避免这些问题，从而提高全面预算管理系统的可靠程度。张丹岚、王静（2011）详细解析了 EVA 和全面预算管理的内涵，结合预算管理当前的现状，指出当前预算管理中不符合 EVA 业绩考核的各方面，并提出了 EVA 导向下的全面预算管理的改进措施。李照亮（2012）尝试构建以 EVA 为基础的预算管理体系，并且对其设计的原则和体系的构成进行了比较合理的论证，将 EVA 的思想引入全面预算管理的体系之中，对其进行极大的改良。隋晶（2013）分析了某公司预算管理的现状，在此基础上构建了一套基于价值创造的预算管理体系，将 EVA 理念融入预算管理中，从而促进预算工作的健康发展。池国华（2015）根据企业的实际情况，给出将 EVA 和平衡计分卡等概念融入全面预算管理中的具体措施，提升我国企业在应用管理会计理论的实际能力，同时给出了一种新的企业管理应用思路。周晶（2016）将经济增加值（EVA）导入电力企业全面预算核心指标体系，对企业全面预算编制、执行与考核过程进行探索。罗乾宜（2017）中国兵器工业集团在实行 EVA 业绩考核后，便开始研究如何将 EVA 与企业管理相融合，利用 EVA 指标的关键指标进行降杠杆、控风险等。成功地在全面预算管理的基础上，构建了集价值管理和风险管控为一体的价值管理体系。

二、现行全面预算管理的明显不足

（一）预算与企业战略目标脱节，不利于价值导向的牵引

在传统预算管理模式中，以利润为导向是最主要的预算管理模式，得到了最为广泛的应用。大多数企业在确定预算目标时，利润指标基本处于核心地位。如此，预算编制具有短视性，无法重视企业的进步和改进过程，不利于改善企业长期业绩。例如，不重视研发费用、战略性投资等对未来利润有贡献价值的筹划与支出；也存在着为提高利润通过变卖资产获取非经常性收益的情况，降低了经营质量。

再从下属企业预算目标的确定过程来看，确定年度预算目标的依据是两个，一是责任单元的摸底情况，二是集团公司提出的利润增长要求。企业年度预算与企业战略并没有对接，也就是说，企业战略在预算管理中被束之高阁了，"全面预算作为企业战略落地的工具"的理念变成了口号，预算目标与战略目标脱节。在这样的预算管理机制下，责任单元确定的年度预算目标，也与企业战略目标脱节，导致业务计划在源头就无法有效支撑企业战略。

因此，企业现有的全面预算体系缺乏价值战略的牵引，导致决策往往注重短期目标而忽视长远目标，预算编制往往陷入"数字游戏"的误区；企业及责任单位的管理者只关注短期指标的完成和短期利益的实现，忽略了企业的整体目标和长期目标的完成，也就导致了预算与战略成了"两层皮"。

（二）预算分析拘泥于差异分析，不利于深度关注价值挖掘

经过多年的实践，企业普遍建立了定期预算分析机制，并大多以预算分析会议或预算分析报告的形式予以体现。预算分析主要是将执行结果与预算目标进行对比，通过差异来评判预算执行的效果，如果执行结果符合预算，一般认为是控制有效，如果执行结果未达到预算要求，一般认为存在控制风险，则需要采取应对措施，而对预算执行情况的分析缺乏价值导向的主动性，对价值增长空间和毁损情况探讨较少，对差异和问题的控制也缺乏有效的能动性。

从预算调整功能及其效果来看，企业通过预算调整也难以解决差异分析本身的局限性。由于预算差异分析并未将企业价值作为对标，所以差异分析的结果也不能很好地解释预算调整是否合理的问题。企业在制定预算调整的规则时，更多的是将控制点放到了预算调整程序的合规性和对预算数据的影响程度上，却忽视了预算调整对企业价值创造的影响。

（三）预算过程存在反复博弈，不利于推进价值创造协同

预算管理中的各方利益角度不同、信息不对称，企业在预算编制过程中，容易产生博弈。适度的博弈是企业预算管理中的必然环节，而过度的博弈，则会对预算管理效率和效果产生不利的影响，甚至导致预算失真和预算控制功能的丧失。传统预算有两个重要的因素可能导致预算过度博弈：

一是预算指标的设定与增值理念相脱节。企业设定的预算指标往往是单向控制的指标，如控制成本的指标、控制费用的指标、控制资金支付的指标等，在设定这些单项指标时没有充分权衡如何与经济行为所产出的价值进行对接，导致预算责任主体尽可能通过单向地博弈来获取资源，或争取宽松的约束条件。

二是责任主体的预算目标与企业的目标不一致。企业要将预算目标分解成各责任主体的预算目标，在分解的时候，一般将企业战略、组织机构与流程等作为责任主体预算管理的外部环境与特定常量，而将责任主体的预算活动作为其在外部环境与特定常量既定条件下开展经济行为的一种手段。责任主体预算目标与企业目标不一致，狭隘的预算目标使得责任主体在利益取舍上也很难与企业目标保持一致，如果二者差距过大，则很容易造成管理层与责任主体之间过度博弈，从而限制了全面预算管理在企业组织绩效中增值功能的发挥。

（四）预算考评激励不到位，不利于价值创造行为的持续

预算考评是预算管理的关键环节，预算考评是否科学合理，往往决定着预算管理工作在企业管理活动中作用的发挥。目前企业预算考评容易出现考评与激励不到位的现象，主要体现在两个方面：一是预算考评的科学性与系统性不强。考评指标不尽合理，偏重于会计数据，考评内容与企业价值增值目标之间存在着较大的偏差。二是激励措施不到位。预算目标制定以后，预

算考评的奖惩标准却难确定，预算目标难以转化为考评依据，预算考评结果也难以实现奖惩兑现，企业经常出现"有指标，无考核；有考核，无奖惩"的现象。

三、EVA 导入全面预算管理的战略意义

全面预算管理作为一种综合性很强的管理工具，应当将 EVA 的价值管理理念导入其中。由于企业在传统预算管理中，仍以传统的利润等指标为导向，并没有将 EVA 价值理念融入全面预算管理的思想之中，因此，EVA 理念在企业预算管理过程中并没有得到很好的体现，这样通过预算管理来提升企业价值的潜力难以得到充分的发挥。

EVA 指标具有较强的综合性，既可以体现企业战略目标，又可以指导具体的管理实践，将 EVA 价值增值的理念融入全面预算管理，即可以重塑全面预算的指导思想，也可以对预算的编制、执行、分析、考评等各个环节进行全方位的改进，可以有效改善现行全面预算管理中的不足，真正实现预算与战略结合，全面提升企业价值创造能力。

EVA 导入全面预算管理体系，以 EVA 预算目标取代传统的利润预算目标可以使企业经营目标与战略规划趋于一致；以 EVA 指标为主进行预算考核可以使企业管理者进行预算期内经营决策时以价值创造能力的提高为主要考虑因素，在预算管理过程中关注各种经营活动对 EVA 的影响，有效提高企业价值创造能力。

EVA 导入全面预算并对预算管理进行改进，这对企业全面预算的发展具有重要的意义：

（一）有助于实现预算与战略的对接

EVA 关注的对象是企业的价值，而不仅仅是利润等财务指标，EVA 的价值增值理念本身就与企业战略目标高度一致，因此，在现有全面预算管理的指导思想中融入 EVA 理念，可以改善全面预算管理中预算目标模糊和预算指标局限于财务数据等问题，切实围绕企业战略开展预算管理，并且在预算管理的过程中及时对分解目标进行动态纠偏。

（二） 有助于优化资源配置效率效果

企业全面预算管理的核心功能在于根据企业战略规划、战略效果评估和价值诊断结果来全面优化配置公司相关资源。而利润导向的预算管理模式以利润表作为预算编制的核心，从而企业在资源分配上也往往将资金倾向规模扩大上，同时不断地减少公司成本费用的支出。这种管理方式虽然短时间内看到企业的利润总额在增加，但不一定表示企业为股东创造了价值。而将EVA导入企业全面预算管理，可以同时兼顾利润表和资产负债表的预算目标要求并进行协调，真实反映出企业的实际价值创造情况，从而将企业资源向创造价值多的项目上倾斜，也更加符合企业长期发展目标。

（三） 有助于完善预算组织机构与流程

EVA的价值关系渗透到企业组织机构的各个角落，通过全方位价值链管理可以促进企业各个业务单元利益与企业整体利益保持高度的一致性，也可以以增值目标为导向，促进企业组织机构与流程的重塑，从而优化预算管理的组织环境与流程设计。

（四） 有助形成理性科学的投资观念

在EVA管理模式中，资本占用成为企业非常重要的成本，在预算中使用EVA作为绩效指标，可以实现资本投入与绩效产出之间的对立与统一，可以有效地杜绝管理层在扩张规模方面的冲动。在预算编制过程中，可以促进管理层更加关注投资的效果，科学指导投资预算的制定。

EVA导入全面预算后，企业在制定投资预算时，将权益性投入作为资本成本，消除了传统预算中将权益成本相对于债务成本的"免费"优势，促使企业综合考虑投资的收益与风险，统筹规划长期业绩与短期业绩的平衡关系，合理筹划投资项目与规模，鼓励真正能提升企业核心竞争力的投资决策，积极维护国有企业和国家资本的长远利益。

（五） 有助于鼓励企业加大研发投入

以利润指标为导向的传统预算将研发投入作为成本，容易导致利润考核与投入成本之间的冲突，而将EVA理念融入预算管理，则在预算编制阶段就可以规划如何有效化解这种冲突，充分调动经营者谋划技术创新的意愿，更加鼓励经营者开展自主研发而不是依赖外部投入（因为依赖外部的投入反而会增加经营成本），有利于国有企业将技术规划与企业战略形成协同，并在激励的市场环境中长期保持技术上的竞争力。

（六）有助于建立基于价值挖掘的预算分析机制

在 EVA 理念的指导下，企业的预算分析将由差异分析向价值分析转移，从静态的结果向动态的目标转移。预算不再是简单的数据对比或查找差异的原因，而是站在企业价值管理的角度上，从预算业务要素固有的内部动因（业务目标、业务方法等）、所处的外部环境（组织、流程、资源环境等）甚至既定的预算指标上跳跃出来，根据企业的管理要求和变化的市场，从整体的角度重新审视业务的增值效果与增值潜力，使预算分析成为企业价值的挖掘工具。

第三节　EVA 全面预算管理体系的构建

企业价值管理体系建设需要将 EVA 的价值理念与全面预算有效结合，提升公司"价值创造"能力。将 EVA 导入全面预算，不仅可以完善原有的全面预算管理体系，还可以将 EVA 理念渗透进去，在过程中不断优化现有的管理工具和管理体系。

EVA 全面预算管理体系的实施，要求公司管理者重新认识现行预算管理，将价值创造的理念全面融入预算管理体系的实际应用中。EVA 全面预算管理超越了传统的纯财务预算范畴，将预测、规划、计划、预算、报告和绩效考核通过目标体系紧密相连、协调一致。EVA 全面预算管理要求把预算管理作为企业价值规划密不可分的一部分，从而真正发挥其作用。

一、EVA 全面预算管理体系的总体目标

建立 EVA 全面预算管理体系，首先要明确科学的体系设计目标。EVA 导入全面预算管理体系的总体目标是：以 EVA 为导向，实现 EVA 与全面预

算管理的全面融合。即：以制定 EVA 预算目标为起点，以 EVA 预算指标体系和 EVA 预算报告体系为主要载体，以 EVA 分析和价值挖掘为主要分析、控制手段，以价值创造和价值评估作为绩效考评依据，以 EVA 理念对传统预算管理体系从各个环节进行改进，弥补传统预算的不足，使预算管理在保障战略落地、优化资源配置、推进价值创造、完善绩效评价等各方面迭代推进。

企业的外部、内部环境是瞬息万变的，在设计 EVA 全面预算管理体系时，应当使其能够依据其自身所处的环境，针对不断涌现出来的新问题和不断变化的新的要求，动态评估预算管理施行的效果，通过自身的机理及时采取措施，对预算管理的方式方法进行调整，使之能够及时以最佳状态适应环境变化，使预算管理活动本身的水平得到迭代提高，避免管理上的僵化，实现管理风险自控。

二、EVA 全面预算管理体系的改进方向

企业在设计 EVA 导向全面预算管理体系时，面对传统预算管理，应当有所取舍。现行预算中很多科学的方法、管理要求，如预算管理的基本流程、预算编制的基本方法，以及相对完善的体系等，大部分应当予以保留。需要改变的是预算编制和管理的核心导向，即将现行预算"以利润为导向"改变为"以 EVA 为导向"。具体将对现行全面预算体系在以下几个方面产生重要影响：

1. 在预算目标驱动方面，注重"效率效益"

现行利润导向的全面预算一个很重要的副作用便是容易引起企业经营层产生投资冲动，一方面，投资可以拉动收入，从而产生新的利润；另一方面，当期投资所产生的成本需要在以后年度计算到利润表中，对当期影响很小；更有甚者，有人认为只有"做大"才能"做强"，"做大"是"做强"的先决条件，所以对收入规模、总资产规模的增长趋之若鹜，而对规模扩张是否能够带动利润增长却考虑甚少。企业重规模，轻效率，体现在 EVA 指标方面，就是导致企业规模在连年增长，但 EVA 不但不增长，反而在持续下降。

企业建立 EVA 导向全面预算管理，则需要走出"注重规模"的误区，

在制定预算时，重点关注企业价值的增加，或者企业创造价值能力的提升，一切以企业价值目标的实现作为取舍预算方案的主要标准，而对于规模性指标，则作为预算管理中次要关注的内容。

2. 在预算指标体系方面，建立"EVA 预算指标体系"

在编制预算时，现行预算强调以利润为核心，关注利润的各个构成项目（如营业收入、营业成本、期间费用等），对各个项目进行分类控制。成本费用类的项目是预算控制的重点，企业将成本费用等指标逐一细化，分解到各个部门、各位员工，通过制定严格的标准与流程对这些指标进行严格的控制。

由于国资委对中央企业开展 EVA 业绩考核，但并没有统一要求中央企业建立 EVA 导向的预算管理体系，因此，中央企业只能将 EVA 指标层层分解至所属企业，也没有围绕 EVA 在全集团开展预算编制和管理工作，大多数企业实际上的普遍做法是：在编制年度预算时，首先是明确利润目标来编制利润预算，再根据资产负债预算表各个项目的预计情况，计算出一个 EVA 的预计值上报集团，并与集团下达的 EVA 考核目标进行对照，在满足集团考核要求的基础上，以此作为企业的 EVA 预算指标。从某种意义上来说，企业并没有对 EVA 目标按照预算管理的要求分解为利润、资本成本及资本占用等指标，企业测算出的 EVA 目标是在利润和其他指标测算完成的基础上倒算出来的，因此，这样测算出来的 EVA 并没有太多指导意义。在预算管理的过程中，EVA 没有充分体现出该指标在管理过程中的价值，更很少有人针对 EVA 指标进行深入的预算剖析与监控。

由此可见，EVA 虽然是企业的关键考核指标，实际上却面临着"只有考核，没有预算"的现状。企业正确开展 EVA 预算编制，首先应当是依据企业战略，确定年度 EVA 目标；其次，基于年度 EVA 目标分解到利润、资本占用等指标；然后再逐级分解，如将利润指标分解为收入、成本、费用等，将资本占用指标分解到投资、增量资产、资产处置等相关指标；最后，在以 EVA 为核心进行逐级分解进而形成的指标体系的基础上，企业再编制年度预算，以此作为年度预算控制、考核的依据。

3. 在预算报表体系方面，突出"资产负债预算表"

企业目前在制定预算目标时以利润为导向，将许多财务指标纳入预算目标，但是，这些预算目标都是企业经营的短期目标，只针对企业一个经营年度的经营成果,对企业未来的发展没有长远的导向作用。以利润为导向,是企业预算目标短视化的重要根源之一。建立 EVA 导向全面预算管理体系,就是要重构企业的预算目标,将预算管理的关注点,从企业的短期的经营创收、短期的规模增长转变为面向企业的未来,实现企业未来价值的最大化,使企业管理层与企业所有者的长期目标形成一致,这样才能引导企业通过制定预算目标达成企业战略的落地。

企业目前所建立的预算管理体系是基于利润表的预算管理体系。企业以利润表上的报表项目为主线,从营业收入、成本、费用、营业外收支等会计要素逐项确定控制指标,然后分解、下达、监控、考核;在编制预算报表时,企业也是以利润预算表为核心,编制的顺序一般也是先确定利润表的各个项目,再根据有关的经济业务编制其他预算报表。

按照 EVA 理念,企业在会计利润的基础上扣减资本成本后才是企业实现的价值,因此,建立 EVA 全面预算管理体系,企业既要考虑利润增长,也要考虑企业的资本成本,充分关注资产、资本的结构,那么就要全面突出对资产负债预算表的重视和要求,其次才是关注利润预算表。

4. 在预算执行分析方面,聚焦"价值讨论和价值挖掘"

大多企业坚持定期召开季度、月度预算分析会,由财务部门主要进行汇报,内容包括各项预算指标的完成进度,预算实际执行情况与指标的差异,预算差异是由哪些部门产生的,预算差异的责任是谁,如何采取纠正措施,等等。企业在预算差异分析活动中存在的不足是很明显的,比如,如果预算本身不准确,分析这个差异其实意义是不大的,假设预算标准定得过高,部门无法完成预算也是合理的,反之,预算标准定得太低,部门超额完成预算也不能反映其实际的绩效。在定期召开的差异分析会中,有时各部门也进行讨论,但没有深入分析预算执行情况背后的原因,尤其是没有探究影响价值的因素在哪里,对于 EVA 指标,管理层只知道 EVA 上升了或者下降了,并没有细究上升或者下降的原因。

企业需要建立基于 EVA 的预算分析会议机制,要对传统预算分析的方法、内容进行改进,不应当简单地仅就预算差异而讨论差异,预算分析会的聚焦不应当再是预算指标完成进度的问题,而是要召集各个部门,聚焦 EVA 背后的驱动因素以及价值挖掘的手段,共同讨论 EVA 完成和没有完成的主要因素是什么,影响企业发展的制约因素在哪里,讨论企业下一步改进

的空间在哪里，价值未来提升的空间在哪里，预算分析会应当成为价值挖掘
分析会。

三、EVA 全面预算管理体系的应用实例

（一）A 公司 EVA 全面预算管理体系的构建

1. EVA 导向的全面预算管理的总体架构

A 公司 EVA 全面预算管理的总体架构如图 6 - 3 所示。

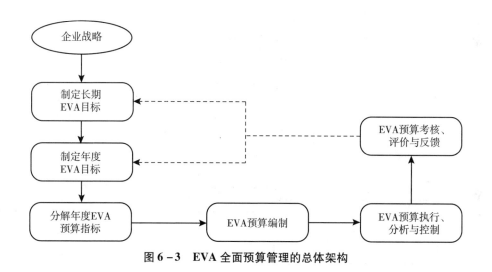

图 6 - 3　EVA 全面预算管理的总体架构

在 EVA 导向下，EVA 目标对企业战略的承接是整个预算管理架构的关
键点。

首先，企业应当将 EVA 作为战略分析、制定、实施的工具，作为衡量
企业经营业绩与价值创造的度量指标。在价值分析的基础上，从战略目标中
提炼出企业价值增长的长期 EVA 目标，并按阶段划分为各年年度 EVA 目
标，务必使 EVA 目标与企业战略相匹配。

其次，企业应当依据影响年度 EVA 目标的各项因素，分解为各项控制
指标（具体的分解内容将在下文详细阐述），形成年度 EVA 指标体系。

再次，企业依据分解的 EVA 指标体系编制年度预算，开展预算控制、分析、考核、反馈等活动。

最后，根据年度预算执行结果，结合企业实际情况和外部环境变化，对长期 EVA 目标进行滚动调整、优化，指导下一年度 EVA 目标的制定。

总体架构的关键点，在于如何解决年度预算与国有企业战略的对接。

2. EVA 年度预算管理的架构

A 公司 EVA 年度预算管理的架构如图 6-4 所示。

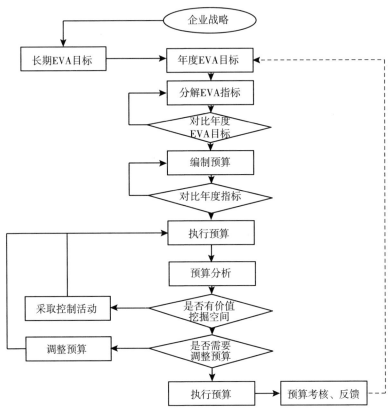

图 6-4 EVA 年度预算管理的架构

年度预算管理架构的关键点在于 EVA 目标如何通过预算指标体系、预算报表体系和预算的管理程序得以实现。

年度预算管理架构主要内容包括：

（1）分解指标：依据年度 EVA 目标，制定 EVA 预算指标并分解，形成 EVA 预算指标体系。

（2）审核指标：将 EVA 指标体系与年度 EVA 目标进行对比，通过数据测试等方法，确保 EVA 预算指标体系对年度 EVA 目标的支撑。

（3）编制预算：依据 EVA 预算指标体系编制预算。

（4）审核预算：将各项预算与 EVA 预算指标体系中的各项考核指标进行对比，通过数据测试等方法，确保预算方案对 EVA 预算指标的支持。

（5）执行预算：通过预算授权、制度、流程等方式，控制预算执行。

（6）预算分析：通过召开预算分析会议等方式，进行价值挖掘。其中，对存在价值挖掘空间的业务，采取适当的控制活动，提升企业价值增长潜力；必要时应当对 EVA 指标、EVA 预算进行调整。

（7）预算考核、反馈：对照 EVA 预算指标，对部门、员工进行考核、反馈，与部门、员工绩效挂钩。

（8）根据年度 EVA 预算管理的实际情况，动态调整下一年度 EVA 目标，迭代提升下一年度预算管理工作。

3. EVA 全面预算的编制

EVA 全面预算的编制，不再采取传统预算中以利润编制为起点的方式，而是改由以 EVA 目标作为预算的编制起点。基于 EVA 全面预算的编制内容如图 6-5 所示。

（1）EVA 预算报表。EVA 预算在整体上保留了传统预算中绝大部分的预算内容，例如收入预算、成本预算、费用预算、采购预算、投资预算、筹资预算等，在细节方面，成本预算包括直接人工预算、制造费用预算、直接材料预算等。然而，由于预算导向发生了改变，所以，预算起点由传统预算的"以利润目标为起点"改进为以"EVA"为起点；在内容方面，丰富了资本占用、资本成本方面的预算，由于 EVA 在计算时有一些会计项目需要剔除，所以在预算内容框架中，需要对那些项目进行预测，相应地要增加部分预算内容；在预算报表中，增加了 EVA 预算表，等等。

其中，EVA 预算报表（简表）格式如表 6-1 所示。

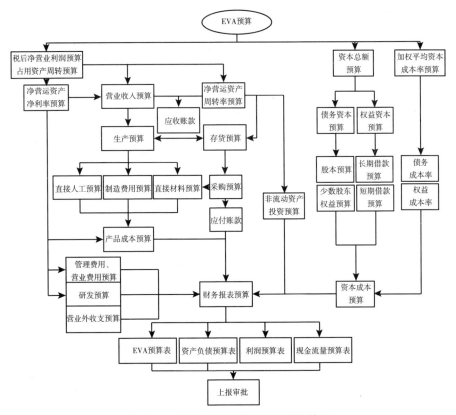

图 6-5 EVA 全面预算编制的内容体系

表 6-1 EVA 预算表格式

项目	预算数	上期数
经济增加值		
一、税后净营业利润		
1. 净利润		
2. 利息支出		
3. 研究开发费调整额		
4. 非经常性收益调整项		
5. 其他调整事项		
（1）……		

续表

项目	预算数	上期数
（2）…		
（3）…		
所得税税率（25%）		
二、资本占用		
1. 平均带息负债合计		
其中：（1）…		
（2）…		
（3）…		
2. 平均所有者权益合计		
其中：（1）…		
（2）…		
（3）…		
3. 减：平均在建工程		
三、加权平均资本成本率		
1. 债务资本成本率		
2. 股权资本成本率		

（2）EVA预算的编制依据与编制顺序。EVA预算在编制时强调子预算对上级预算价值指标的承接，以及子预算本身价值量的挖掘，综合性更强，基于EVA的预算编制，要在预算编制中关注业务的优化与调整，围绕价值创造环节的改进，制定业务目标，并根据目标提出资源配置要求，其中很重要的一点，就是要将价值创造目标与资源需求逐项匹配起来。例如，企业在编制生产预算时，应当更强调产品的目标毛利水平，考虑产品在本级预算甚至纳入上级预算后对企业价值创造能力的影响，并以此考虑产品的更新或淘汰。

国有企业在编制财务预算报表时，传统方法是先编制利润预算表，进行利润平衡与审核，再编制资产负债预算表和现金流量预算表，最后编制

EVA 预算表，改进后的顺序为：先根据各项业务预算编制 EVA 预算表，进行 EVA 的平衡与审核，满足企业价值管理要求后，再根据各项业务编制利润预算表、资产负债预算表和现金流量预算表等。

4. EVA 导向的预算控制

预算管理具有控制和决策两项重要职能，然而，预算的权威性如果与企业的经营目标产生了矛盾，企业如果处理不好这种矛盾，则很容易给预算管理本身带来被动。

（1）EVA 预算控制的依据：价值创造。在以往的预算控制中，企业为了确保利润指标的完成，主要通过两种方式实现：一是控制收入完成；二是控制成本费用的耗费。实施 EVA 导向预算以后，企业需要调整预算控制的方式，围绕 EVA 的价值链这一主线，以 EVA 的驱动因素为关注点，以价值实现为目标实施预算控制。如果有一部分指标在预算控制的过程中出现冲突，例如某项业务的是否开展与原定的费用控制指标出现冲突，这时就要以业务是否增值作为权衡，以此来判断如何重新确定预算控制的依据，并很可能要对费用控制指标进行适时调整。

（2）EVA 预算分析与措施：价值挖掘。企业要建立基于 EVA 的预算分析，要改变传统预算中由财务部门主导分析的方法，改由业务部门作为预算分析的主体；在预算分析时，要针对业务部门开展经济活动中所涉及价值驱动因素的全部组织单元（包括外部客户、上级机构、横向单位、下级单元等）、全部业务流程（包括上级流程、本级流程、下级流程等）、全部资源类别（包括人、财、物等）进行分析，使预算分析不再停留在财务数据上，而是深入渗透到业务层面，分析的重点不再仅仅是指标的变化，而要对各项指标数字背后所隐含的经济实质进行深挖，分析各项驱动因素对企业价值变动的影响。

价值挖掘应当首先从内部挖潜入手，例如，要通过降低应收款项和存货来提高资产的利用效率，要通过建立母子公司资金头寸管理，通过内部委托贷款等方式，降低外部融资成本；要将有限的财务资源优先配置于长期增值、增值能力高的业务；对于长期处于亏损状态的业务，要坚决进行处置，清理低效或者无效的资金占用，将释放出来的资源重新用以支持增值效率高的业务；要适时清理非主业资产的占用规模，将收回的资金用于扩充主业的增值能力，增强核心竞争能力。

（3）EVA 预算调整与控制：动态化管理。企业大多于每年年初制定全年预算，主要预算指标一旦下达一般不再改动；企业在传统预算的理念下强调预算的刚性管理，而刚性管理很容易带来管理僵化的后果。在预算执行过程中，难以根据企业实际情况进行调整，使得预算控制的合理性经常受到质疑；由于指标没有反映环境的变化因素，在预算分析时，所做出的预算差异分析缺乏深入和说服力，对业务的提升也缺乏指导性。

实施 EVA 导向预算管理以后，企业应对预算实施动态化管理，即应当在预算的执行过程中，针对环境的变化，对预算做出适时调整，使得预算及时适应企业的实际运行条件，以最佳的状态发挥其资源配置的功能。

同时，由于实施动态的 EVA 预算，企业的预算分析也比以往变得更加重要。因为预算目标和指标不再是一成不变的，EVA 预算分析将是预算和环境之间达到动态平衡的协调工具，EVA 预算分析的结果将直接影响到预算的调整和对责任者的考核结果，对预算导向的适时校正起到关键作用。

（二）B 公司 EVA 全面预算管理体系的应用

B 公司围绕价值创造构建了 EVA 全面预算管理体系，使得全面预算管理成为公司价值创造的合作伙伴（具体如图 6 - 6 所示）。

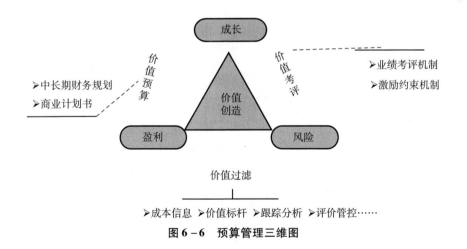

图 6 - 6　预算管理三维图

B 公司的 EVA 全面预算管理，在以下几个方面有一些创新和好的做法。

1. EVA 全面预算管理的总体架构

公司在实施 EVA 全面预算管理时，EVA 价值目标对企业战略的承接是整个预算管理架构的关键点。

首先，公司应当将 EVA 作为战略分析、制定、实施的工具，作为衡量公司经营业绩与价值创造的度量指标。在价值分析的基础上，从战略目标中提炼出公司价值增长的长期 EVA 目标，并按阶段划分为各年年度 EVA 目标，务必使 EVA 目标与公司战略相匹配。

其次，公司应当依据影响年度 EVA 目标的各项因素，分解为各项控制指标（具体的分解内容将在下文详细阐述），形成年度 EVA 指标体系。

再次，公司依据分解的 EVA 指标体系编制年度预算，开展预算控制、分析、考核、反馈等活动。

最后，根据年度预算执行结果，结合公司实际情况和外部环境变化，对长期 EVA 目标进行滚动调整、优化，指导下一年度 EVA 目标的制定。

B 公司成立了预算管理委员会，指导全面预算管理的推进。财务部负责全面预算管理的日常工作，承担全面预算管理办公室的责任。由不同的专业牵头部门完成全面预算的不同内容：包括客户、资费、渠道等在内业务预算由市场部牵头；规划技术部牵头完成资本开支预算；财务部负责经营预算和分公司的绩效考核；发展战略部负责牵头组织对各部门的考核工作。EVA 全面预算管理组织架构如图 6-7 所示。

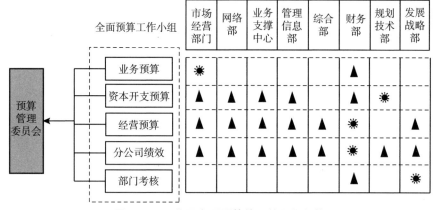

图 6-7　B 公司全面预算管理的组织架构

在公司战略层面，B公司以公司战略为导向指引全面预算编制。全面预算不仅仅是着眼于当期，更重要的是做好中长期的发展规划和与之匹配的财务资源规划，从而形成中长期战略的层层分解与落地。B公司通常根据宏观经济环境、行业发展趋势与市场竞争格局来确定公司的增长战略。

2. EVA全面预算管理的编制环节

（1）梳理编制预算模型。预算编制模型是决定预算编制质量的关键因素，模型设计必须充分考虑各影响要素，并根据其中的关键因子构建模型。预算模型主要包括收入预算模型、成本预算模型、业务预算模型和基地预算模型。

（2）充分发挥预算沟通协调作用。预算编制的过程是沟通协同、统一思想、强化认识的过程，充分发挥预算的沟通与协调作用，才能将公司发展的战略重点合理分解与有效落地。预算沟通不仅仅是管理层的沟通，更要全民参与、分阶层沟通，提升公司上下认识的一致性。

3. EVA全面预算管理的执行环节

（1）推进预算执行全过程的管理与调控。对预算执行过程的管理是整个预算管理有效落地的重要抓手。B公司在预算执行环节的管理主要包括执行管控、预算调整、分析评价三大方面。

在预算管控方面，通过商业计划书强化目标管理，通过预算达成通报强化执行管理，通过定期项目预算梳理强化项目化管理。

在预算调整方面，通常根据预算的外部环境变化及时调整整体预算，根据预算项目执行情况与未来趋势及时调整项目预算。

在预算分析方面，通过标杆体系强化预算执行情况对比。通过预算项目分析与数据挖掘，总结经营规律。

（2）建立月度预算会议制度。B公司建立了月度预算会议制度（如图6-8所示），该制度确保全年预算在月度的分解，同时也是财务部门和业务部门沟通协同的有效机制，能够确保预算"接地气"和及时调整。

（3）以大数据分析支撑预算循环。开展预算分析既是对预算的监控，也是下一轮预算的起点。B公司通过多部门的共同参与，对预算管理中的问题进行深入剖析，总结经营规律，为下一轮预算编制提供支撑，提升预算的精细化管理水平。预算的大数据分析如图6-9所示。

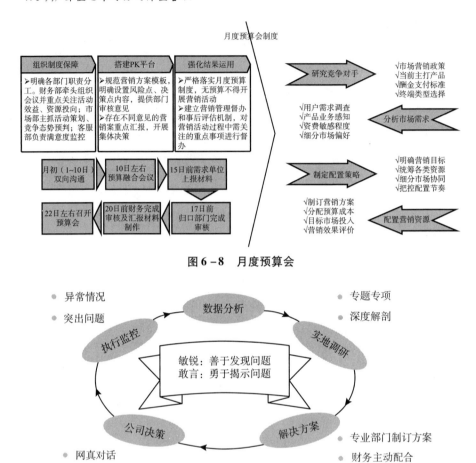

图 6 – 8　月度预算会

图 6 – 9　预算分析循环

（4）完善标杆体系推进管理提升。标杆体系是全面预算编制和管理的
基础，B 公司紧扣公司发展运营实际，以支撑转型发展推动管理提升为目标
设计标杆体系。在转型期，各公司面对的市场经营环境发生了较大变化，标
杆体系也需要根据公司发展阶段不断修订完善。

价值标杆体系是从效益和价值出发，将各类投入、产出价值量进行适
配，测算各价值主体的投入产出比；将资源投入与市场发展、网络质量挂
钩，为资源价值衡量与配置效率提升提供科学合理的决策依据。

价值标杆体系不局限于指标的计算、公布和标杆的选定，而是通过组内

均值、组内最优和最低值的设定，聚焦"对标逐优"，识别成本管理中可挖潜空间，不断推动资源配置持续优化和投入产出效率不断提升（见图 6 – 10）。

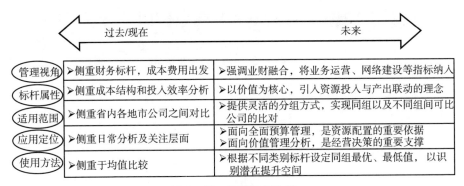

图 6 – 10　价值标杆比较

4. EVA 全面预算管理的考核环节

B 公司构建了面向竞争的综合价值评估体系。随着 B 公司发展进入转型期，子分公司之间的发展阶段差异更加明显，统一的考核评价体系已不能适应转型期公司管理的需要。预算考核指标的设计需要充分考虑各地市场竞争强度、发展阶段、资源能力等多方面的差异。B 公司内部推行"谁占用，谁管理"，就要对资源使用承担责任的考核理念。"纵向到底，横向到边"，B 公司所属的子公司职能部门要对职能管理的资源负责，构建专业化的资源归口管理机制。

第七章 公司价值管理：建立关键驱动分析体系

第一节 关键驱动因素与 EVA 价值树

一、何为关键驱动因素

企业价值驱动因素是影响和推动价值创造的决策变量，是对经营活动和财务运行效果有重大影响的运行因子，其影响范围涵盖了整个经营管理的全过程。价值管理的任务就是要将企业的价值创造与管理程序相结合，寻求和挖掘价值驱动因素并使之工具化、制度化，通过驱动因素的重要程度决定企业的资源配置。

阿尔弗雷斯·拉帕波特（Alfres Rappaport，1986）描述和阐明了企业价值驱动等因素和不断创造股东价值之间的基本联系和关系。他提出和解释了企业价值驱动因素主要包括以下几个点：营运资本投资、固定资产投资、资本成本、企业价值增长期、销售增长率、营业毛利率、所得税税率，前三项则能够反映一个公司在投资和融资方面的决策能力，后三项则能够反映一个公司和企业的整体经营盈利能力与决策管理能力。卡普兰和诺顿（Kaplan and Norton，1990）则认为企业价值驱动因素从财务层面和经营层面进行分析。因为财务指标是一种"滞后指标"，而经营指标作为企业未来发展能力和趋势的风向标，是真实驱动企业价值创造的内在因素，对经营指标的观测与识别，能够帮助企业抛弃短视的行为，着眼于价值增长的领域，增强企业价值创造能力。卡普兰（Copeland，1998）认为，企业价值驱动因素包括两大因素：投资资本回报率和企业预期增长率。芭芭拉·洛吉和詹姆斯·华莱士（Barbara Lougee and James Wallace，2008）通过实证研究发现资产回报率与社会责任存在相关性，提出了利益相关者间的关系、预期的企业利润、企业的社会责任及声誉等驱动因素。

国内学者方面，刘淑莲（2004）提出从经营观和财务观两方面识别企业价值创造的驱动因素，能够更好地将价值评估与价值创造结合起来。陈琼（2007）等分析了在多因素影响价值管理的情况下，将价值管理的影响因素分为两类：一类是财务因素，即经济价值管理模式，主要侧重体现在价值评估方面；另一类是非财务影响因素，即非经济价值管理模式，主要体现在企业战略、文化、治理等方面。王玉英（2011）认为，在中小企业价值驱动因素研究中，非财务因素主要是智力资本，包括人力资本、组织资本、顾客资本以及技术资本。史青春、田中和（2012）把价值驱动因素分为两种：一种是财务性驱动要素，代表驱动因素为 EVA；另一种是非财务性驱动要素，主要是 EVA 的先导指标。丁永淦（2015）财务价值和经营价值两个角度对企业价值驱动因素进行分析，指出可持续盈利水平、现金流量、资本结构等这些财务驱动因素是企业价值创造的源泉。

通过上述学者对企业价值驱动因素的相关研究，可以发现，企业价值驱动因素是企业开展价值管理的前提和关键内容，企业价值驱动因素需要结合财务和非财务来进行识别。如果需要培育出一个包含详细指标体系的价值驱动因素大树，并且最后需要用其得到并且以明确企业和公司的价值驱动因素，其主要建立在杜邦分析方法的基础上对 EVA 指标进行层层分解，形成 EVA 价值树。

二、何为 EVA 关键驱动因素

EVA 驱动因素（EVA drivers），是指经营过程中影响 EVA 结果并且易于同企业内部单位、部门或个人责任挂起钩来的各种指标。

从公司价值管理的本质上来看，只有创造价值才能使一个公司的价值得以提升，而推动一个公司价值创造的决策变量之一就是价值驱动因素。对于价值管理来说，找出影响 EVA 业绩表现的显著、关键与敏感性因素，对于确定或修正业绩考核指标的目标值、提出实证分析基础上的业绩改善建议，具有重要的现实意义。EVA 驱动因素在不同企业、同一企业的不同部门是不一样的，需要根据不同企业、不同业务部门所处的行业、主要业务和资本规模等，找到与之相应的关键价值驱动因素。

企业实施价值管理，企业管理层需要知道 EVA 的关键影响因素有哪些？这些关键因素是如何影响 EVA 的？即确认企业 EVA 驱动因素。企业根据这些 EVA 关键驱动因素，对下一考核期的考核指标目标值进行修正，并据此对下一考核期提出 EVA 实施的具体改进建议（即重点改进哪些关键指标、改进的程度等）。

通过对 EVA 驱动因素的分析，不仅有助于管理者认识价值创造过程、识别关键 EVA 驱动因素、合理安排各种资源，而且可促使管理者将把时间、精力投入管理真正可以影响企业价值创造的因素中，推动企业价值最大化目标的实现。

三、EVA 价值树

价值树又称为价值驱动树，是在公司整体战略下表现出各价值驱动指标相互之间作用关系的一种价值驱动分析工具。通过价值树的分解图呈现不但能直观、明了地表现各个层级之间的联系，而且枝干可以把企业整体化，即从树根到树叶，从前端到后端，横贯企业战略管理的各个环节，将战略管理落实到各个部门、各个岗位。树根的价值指标是整个价值创造的核心，在某种程度上，将价值创造分解覆盖到公司的全过程中，也同样考虑了业务流程。优势在于价值树的层层分解，可以通过顶层的价值指标找到下一层级的驱动因素，上层级驱动下层级，下层级是上层级的结果，在最下层级的因素也往往是管理过程中需重点关注的对象。

但 EVA 价值树不是对财务指标的简单分解，而是需要挖掘这些关键财务指标背后深层次的价值驱动因素。

（一）EVA 价值树——计算公式分解

EVA 价值树可以通过 EVA 的计算公式来分解和构建，并逐层分解至关键的资产负债表和利润表项目（见图 7－1）。

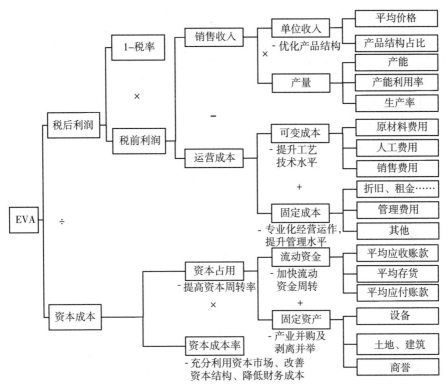

图7-1 EVA价值树——计算公式分解至报表项目

（二）EVA价值树——比率分解

以EVA最关键的两个比率指标分解来构建EVA价值树（见图7-2），关键步骤如下：

步骤一：根据EVA的关键比率指标投资资本回报率（ROIC）和资本成本率（WACC）来进行层层分解：

EVA=（投资资本回报率–资本成本率）×投入资本

步骤二：对分解指标进行敏感性分析和相关性分析，以确定关键驱动指标。

步骤三：对所有关键驱动指标开展行业对标或竞争性对标分析，从而确定哪些是影响EVA的短板指标。

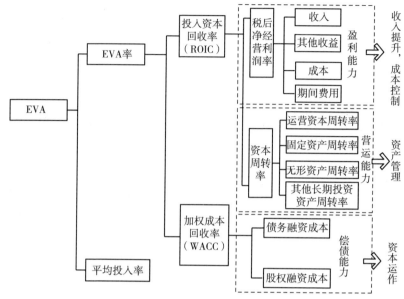

图 7-2   EVA 价值树——基于关键比率指标分解

从该 EVA 价值树可以看出，企业若要创造价值则可以增加利润，增加利润率的主要路径是对收入进行提升、成本进行控制。同时，也可以提高资本使用率，加快资金流转速度和缩短资本运营周期来增加公司价值。此外，也可以进行资本运作，例如，增加发挥杠杆作用，在允许的情况下，尽可能内部融资或者只要项目的预期收益率大于资本成本率，则可投资进行价值创造。最后，也可以通过发挥资本结构作用，优化和调整资产结构，以降低生产成本和加权资本成本，对于那些预期收益率低或入不敷出的项目，应及时撤回资金减少资本成本，或者对比发现实际投资回报率的项目，调整项目投资的规模，实现价值创造最大化。

（三）EVA 价值树——侧重资本成本的分解

将 EVA 指标转化成 EVA 率指标，然后分解为已投资本回报率和加权平均资本成本率，并按照价值传递过程，分别将影响已投资本回报率和加权平均资本成本率的关键指标进行层层分解，在注重已投资本回报率分解的同时，更加注重对加权平均资本成本率的影响因素进行分解分析，从而形成以 EVA 率为核心指标的价值树形图（见图 7-3），以此开展 EVA 关键驱动分析和 EVA 对标分析管理，寻找差距，找出 EVA 管理的薄弱环节和提升关键点，结合关键提升点，提出明确的改进目标，以达到提升 EVA 的目的。

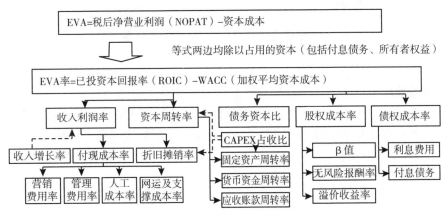

图 7 - 3　A 电信集团的 EVA 驱动分解图

第二节　建立 EVA 关键驱动指标体系

一、EVA 关键驱动指标的确定与内涵

EVA 关键驱动指标是以企业价值的关键驱动因素为基础，从财务和业务（非财务）角度来分析最终影响公司 EVA 指标结果的关键绩效指标。

EVA 价值管理体系建设需要采集相关业务和财务数据，在确定企业关键价值驱动要素的基础上，结合通过 EVA 指标的分解和分析，从而确定 EVA 关键驱动指标，并由此建立 EVA 关键驱动指标的预算、考核、分析、监测和报告等完整的 EVA 驱动因素管理体系，持续完善 EVA 分析监测机制，实现企业价值指标 EVA 的改进和提升。

二、EVA 财务类关键驱动指标

EVA 财务类关键驱动指标以 EVA 指标为出发点，在财务层面对 EVA 进行因素分解或以杜邦分析的方式建立的与 EVA 有逻辑关系的关键指标。

EVA 财务类关键驱动指标是企业业绩考核指标的来源，是企业财务部门日常分析管理的重点工作部分，更是 EVA 非财务类（生产经营）关键驱动指标来源和管理的基础。

（一）EVA 财务类关键驱动指标——基于报表项目

从 EVA 的计算公式可见，EVA 是同时结合了资产负债表和利润表内在联系的业绩考核指标，也是影响因素远超出利润指标的指标，可由 EVA 公式将 EVA 指标分解至资产负债表和利润表的关键报表项目，从而建立 EVA 财务类关键驱动指标（具体见图 7-4），从而发掘哪些财务指标及其报表项目影响了 EVA 提升，哪些财务指标及其报表项目严重损害了 EVA。

（二）EVA 财务类关键驱动指标——基于杜邦分析

EVA 财务类关键驱动指标可以基于杜邦分析法的原理，结合 EVA 计算公式，建立不同层级指标间的 EVA 逻辑关系进行逐级分解，并由此构建 EVA 财务类关键驱动指标体系（见图 7-5），从而明确 EVA 提升的路径。

$$EVA = 税后净营业利润 - 投资资本 \times 平均资本成本率$$
$$= EVA 率 \times 投资资本 = （投资资本回报率 - 平均资本成本率）$$
$$\times 投资资本 = （税后净营业利润/投资资本 - 平均资本成本率）$$
$$\times 投资资本 = \{[EBIT \times （1 - 加权所得税率）+ 研究开发费用调整项$$
$$\times （1 - 25\%）]/投资资本 - 平均资本成本率\} \times 投资资本$$
$$= \{[EBIT \times （1 - 加权所得税率）/投资资本 + 研究开发费用调整项$$
$$\times （1 - 25\%）/投资资本] - 平均资本成本率\} \times 投资资本$$
$$= \{[（EBIT/营业总收入）\times （营业总收入/投资资本）$$
$$\times （1 - 加权所得税率）+ 研究开发费用调整项$$
$$\times （1 - 25\%）/投资资本] - 平均资本成本率\} \times 投资资本$$
$$= \{[EBIT 率 \times 投资资本周转率 \times （1 - 加权所得税率）$$
$$+ 研究开发费用调整项 \times （1 - 25\%）/投资资本]$$
$$- 平均资本成本率\} \times 投资资本$$

通过上述 EVA 指标的逐层分解，EVA 可以分解成：EVA 率、投资资本、投资资本回报率、平均资本成本率、EBIT 率、投资资本周转率、加权所得税率等 EVA 财务类关键驱动指标。

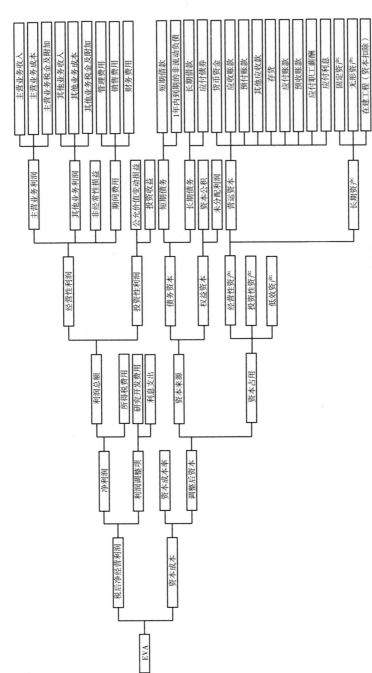

图7-4 EVA财务类关键驱动指标——基于报表项目

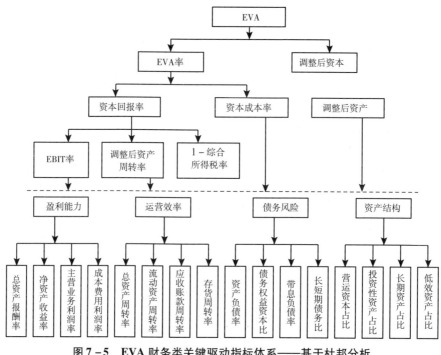

图 7 - 5　EVA 财务类关键驱动指标体系——基于杜邦分析

企业可以在明确这些 EVA 财务类关键指标的基础上，通过选择同行业的标杆企业进行对标来进行企业价值创造的分析诊断，加强对增加企业价值的财务驱动因素的管理，消除损毁价值的驱动因素的不利影响，制定企业长远发展战略，提升企业价值。

三、EVA 非财务类关键驱动指标

EVA 非财务类关键驱动指标是以 EVA 财务类关键指标向生产经营层面进行深层次原因分解而得到的业务管理关键指标。EVA 非财务类关键驱动指标是对企业精细化管理水平的全面检验，更是对企业完整价值影响逻辑的数量化再现。

在 EVA 非财务类驱动指标研究方面，曹玉红、尤建新、胡伟（2013）基于智力资本管理的角度重新审视 BSC 的非财务指标体系，将智力资本与 BSC 非财务构成进行整合，解决 BSC 非财务指标体系难以建立的问题，也使组织内部的智力资本管理变得可操纵、可监控。王丹、林凡鑫（2014）通过建立 CSR 评价指标体系，在 EVA 价值评估模型加入非财务指标变量对模型进行改进，并以 GDDL 公司为例对改进后模型的应用进行了阐述。应海珍（2020）阐释在企业中引入平衡计分卡业绩评价的基础上，探讨企业业绩评价体系运用非财务指标获得成功的经验。

（一）从关键价值驱动因素角度，建立非财务类关键驱动指标

企业可从企业价值的关键价值驱动因素角度，明确企业的非财务类关键驱动指标，并据此建立 EVA 非财务类关键驱动指标（如图 7 - 6 所示），如研发、人力资本、品牌、销售、商业模式和数据等非财务类关键因素。

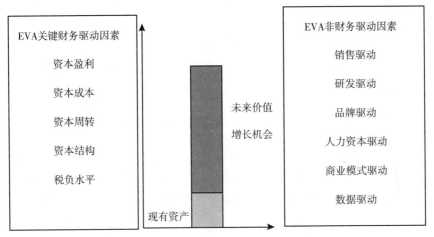

图 7 - 6　EVA 非财务类关键驱动因素

1. 销售驱动类指标

企业创造价值的根源在于提供产品或服务，实现营业收入增长，这是价值的核心来源。提高价值就离不开通过推出新产品或提供优质服务来扩大市场份额。可以通过市场占有率、市场排名、新产品销售收入增速等指标，来构建销售驱动类的关键驱动指标。

2. 研发驱动类指标

科技创新是目前各企业发展的不懈动力，是保持企业快速获得市场竞争力的重要方式，更是提高企业盈利能力和企业价值的有力工具。可以通过企

业研发投入的增速以及增长金额、企业研发人员占比、年度授权专利数和研发成果转化率等指标，来构建研发类的关键驱动指标。

3. 品牌驱动类指标

品牌的塑造与品牌价值的形成可以有助于提高顾客信息采集与处理效率，在激烈的市场竞争中提升企业产品与服务的竞争力与知名度，这种无形的价值呈现为企业的持续竞争力与发展优势，为企业的产品与服务增加超值的附加值。企业可以通过品牌建设投入、品牌价值排名、顾客认知度、服务体验质量等指标，来构建品牌类的关键驱动指标。

4. 人力资本驱动类指标

对于企业价值创造来说，人力资本越来越成为企业价值驱动的关键因素，人力资本的投入是企业创造价值的战略性投入，需要持续鼓励加大投入。员工知识所积累的资产，即企业管理团队的胜任力知识。这种胜任力知识主要包括员工的教育背景、工作经历、行业经验、专场技能和工作态度等。因此可以通过员工薪酬增速、关键岗位员工离职率、员工培训学习投入、员工满意度等指标，来构建人力资本类的关键驱动指标。

（二）从 BSC 角度，以 EVA 为导向建立非财务类关键驱动指标

企业的目标是为了实现 EVA 的增长，以公司战略为导向，将 BSC 的框架和非财务类指标围绕 EVA 进行全面梳理，找出各非财务指标与财务指标之间的内在关系，形成一条价值增值路径。因此，实施"EVA + BSC"业绩考核体系的企业可以通过从 BSC 的角度，分析客户、流程和学习与成长等非财务价值驱动因素对企业财务结果 EVA 的相关性和影响程度，在此基础上，建立企业的 EVA 非财务类关键指标体系。

企业开展价值管理的关键是要建立 EVA 驱动分析管理体系，实施"EVA + BSC"业绩考核体系的企业，EVA 驱动因素分为财务层面和非财务层面。财务层面主要以 EVA 指标为核心进行分解，而非财务层面则细分为"客户、内部业务、学习与成长能力"这三个维度。同时，这四个维度之间彼此促进、互相交错（见图 7-7）。

通过对 EVA 价值驱动因素的分解，结合 BSC 在客户、流程和学习成长三个维度的非财务指标进行系统梳理，可明确 EVA 非财务类关键驱动指标（见图 7-8）。

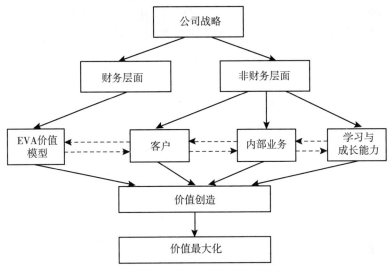

图 7 – 7 "EVA + BSC"业绩考核体系

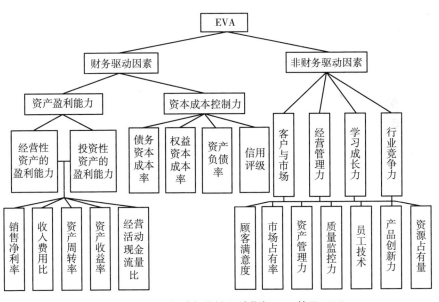

图 7 – 8 EVA 非财务关键驱动指标——基于 BSC

虽然存在很多的 EVA 非财务类驱动因素，且各个非财务因素都对企业价值的创造发挥作用，但是企业要根据自己业务的实际需要确定最关键的非财务因素和非财务指标来进行重点考核、分析和监测控制，某发电公司的"EVA + BSC"业绩考核体系中的 EVA 非财务类关键指标（见表 7 - 1）。

表 7 - 1   EVA 非财务关键驱动指标

价值模式	主要内容	驱动因素指标	考核指标	权重（%）
财务层面 （36%）	盈利能力	EVA	税后净营业利润率	15
	营运能力		资本周转率	12
	偿债能力		加权成本固定回报率	9
非财务层面 （64%）	顾客	产品的质量	电压合格率	8
		顾客关系	顾客满意度	4
		供应商关系	供应商稳定度	2
		市场地位	市场占比	5
	内部业务流程	内部业务与 流程运营 能力	发电厂用电率	8
			设备可靠性	6
			供电煤耗	9
	学习与成长 能力	安全生产责任 员工	重大事故率	5
			知识水平结构	2
			员工满意度	3
			员工人力资本投入回报率	4
		成长能力	研发费用投入率	8

第三节　EVA 关键驱动指标的管理

一、建立 EVA 关键驱动指标分析表

EVA 关键驱动分析体系是企业开展 EVA 分析和价值诊断的前提，更是企业价值管理的一个关键工作内容。

企业应逐步提高对 EVA 关键驱动指标分析工作的认识，明确专门的职

能部门和人员来定期开展 EVA 关键驱动指标的分析，提高 EVA 关键驱动指标的分析水平，实现 EVA 由财务类关键驱动分析到深入业务和产品的非财务类关键驱动分析，进而形成全面的 EVA 价值诊断管理报告，为企业价值创造和提升管理各项决策服务。

企业在价值管理体系建设初期，建立季度的 EVA 财务类关键驱动指标分析表和月度的 EVA 非财务类关键驱动指标表，EVA 财务类关键驱动指标分析表如表 7 - 2 所示。

表 7 - 2　　　　　　EVA 财务类关键驱动指标分析表（季度）

项目	预算值	实际值	预算差异	对标差异	管理措施
一、EVA 财务类关键驱动指标					
EVA 率					
资本回报率（ROIC）					
资本成本率（WACC）					
营业收入净利率					
二、EVA 财务类驱动指标					
（一）经营回报指标					
总资产报酬率					
净资产收益率					
主营业务利润率					
成本费用利润率					
（二）运营效率指标					
总资产周转率					
流动资产周转率					
存货周转率					
应收账款周转率					
（三）资本成本指标					
债权资本成本率					
带息负债比率					
资产负债率					

项目	预算值	实际值	预算差异	对标差异	管理措施
（四）资产结构指标					
两金占比					
经营性资产占比					
投资性资产占比					
其他资产占比					

通过将上述 EVA 关键驱动指标与预算及行业优秀值进行全面对比分析，定期通过开展"EVA、EVA 关键驱动指标、EVA 核心指标与预算、与标杆企业的对比分析"，找出本企业在 EVA 指标方面存在的关键价值毁损点，并提出具体的 EVA 改进和业务措施。

结合 EVA 非财务类关键指标，从采购、研发、生产、库存、销售、售后服务等核心业务环节，并从战略管理、投资管理、资产管理、资金管理、成本费用管理、科研管理、品牌管理、人资管理等价值管理链条的角度，全面查找企业在价值创造方面存在的业务和管理"短板"，并提出针对性的提升建议。

二、EVA 关键驱动指标管理下的提升策略

企业建立 EVA 价值管理体系，不仅需要建立一套完善的 EVA 业绩考核和预算管理体系，更需要建立 EVA 驱动分析管理体系，以帮助企业管理者定期关注影响 EVA 的关键驱动指标变化，从而建立价值分析模式，确定价值改善路径，持续提高公司的价值创造能力与水平。

（一）从 EVA 财务类驱动指标来看，关键在资本回报水平和资本成本率

1. 提高投资资本回报水平

从 EVA 财务类关键驱动指标来看，在资本成本率不变的情况下，EVA 取决于投资资本回报率的改善。而从投资资本回报率指标的进一步分解来看，投资资本回报率取决于营业收入净利率的提高和总资产周转率的改善。

主要提升策略有：

（1）要创新业务发展模式积极开发战略性客户，促进收入的可持续增长来提高主营业务的盈利能力，通过加大研发投入掌握本行业先进的技术来提高主业的核心竞争力，并根据自身情况进行合理的市场定位，通过改善提高产品性能，提高产品竞争力和销售毛利率，实现增收增效。

（2）要提高营业收入净利率还需要企业加强成本管理与控制，实施成本领先战略，拓展主营业务的利润空间。

（3）要加强资本开支管控，优化投资结构，提高资产周转率和投资回报率，控制投资规模，优化投资结构，提高投资回报水平，从而促进营利性增长。例如，要及时处置那些绩效差的非主业项目，这些投资不能弥补资本成本甚至在赔钱。不能弥补资本成本的投资应该被清算或退出资产，因为当投资回报率小于资本成本率时，EVA 为负，退出投资或清算能够改善现有资产的价值。

（4）要提高运营资本管理水平，加快资产利用效率，合理降低负债。首先，加强企业应收款、存货等运营资本管理，提高资产周转速度。组织做好企业用户欠费管理工作，制定科学的信用和收账政策。要组织加强存货管理，根据公司的生产特点，对不同的存货制定最低库存定额标准，优化物流管理，加速存货周转。其次，要盘活用好现有资源，强化固定资产管理。加大资产结构优化及闲置资产出租与清理的力度，通过挖掘存量资产利用率为企业创造价值。设立资产利用率考核奖励指标，调动各单位充分利用资产的积极性。对闲置和效益低下的资产，要采取调拨、变现、报废或减值等多种方法，尽可能地处置，提高整体资产的创收和获利能力，从而提高盈利质量并保持未来利润的可持续增长。

2. 优化资本结构降低资本成本率

采用多元化的融资渠道和多元化的融资工具，调整企业的资本结构和融资期限，可以为企业提供一个具有供应弹性和可选择的资金融通体系，使企业融资随经营业务和理财需求而随时调整，统一调度。保持资本结构的弹性化，有利于企业规避风险，保持经营上的自主和灵活性。实际中企业融资决策时可以按照保持与企业资产收益风险相匹配、维持合理的资信和财务弹性的融资决策和资本结构管理的基本准则，借助财务顾问的专业知识，利用税法等政策环境和金融市场有效性状况，确定融资类型、设定弹性条款、选择融资时机和地点等因素，才能更好地匹配资产收益风险，降低融资成本。

此外，当企业的业务竞争能力增强、市场地位比较稳定、现金流的稳定性和可预测性较高时，应该适当增加债务，特别是长期债务，减少股权资本规模，降低资本成本。

3. 降低综合税负率

EVA 和企业的综合税负率密切相关，如果能够减少营业利润的税率，则为股东创造的财富就会增加。企业为了未来的发展可以并购亏损公司，合并报表后营业利润减少从而使赋税降低。企业还可以通过风险管理降低长期平均税率，因为在大多数税收体制下，随着利润的上升。通过风险管理将利润平滑化，使利润相对稳定、波动较小，从而降低承担税率的可能。

（二）从 EAV 率提升来看，需要重点处理好几种关系

EVA 不仅仅是单纯的财务指标，要提升 EVA 率应更多地考虑指标的全局性、系统性、相关性与拓展性，而不是单纯地一个个分解指标。要重点处理好以下关系：

1. 处理好投资与回报的关系

投资是手段，回报是目的。EVA 鼓励企业投资于 EVA 水平大于零的新项目，实现企业由投资拉动型向规模效益型的转变，加强对投资的管控。一方面，要加大投资回报良好、EVA 为正的项目投资，尤其要加大对 EVA 率高的业务产品和地域的投资。另一方面，降低 EVA 为负的项目投资，通过加强投资管理，提高企业的资产产出能力，促进企业效益的提高。因此，改善 EVA 并不是少投资或不投资，而是确保投资有回报。要重点克服惯性投资思维模式、平均投资及简单控制的工作方法，在全面调查、比较分析、系统研究的基础上，作出科学合理、富有战略性的投资决策。

2. 成本与收入的关系

根据 EVA 原理，加强成本的管控不是刻意降低成本规模，而是提高成本的产出效益。企业要从产业、企业内部和竞争对手的价值链角度，识别每一项价值活动的成本动因，发掘企业创造价值的机会。成本降低不是盲目的，在能给企业带来收益的前提下，成本的合理增加也是应该的。当利用 EVA 核算得到某种成本的额外支出能给企业带来额外收益时，企业应根据这种有利的超支来对原来的目标成本不断地进行调整，使企业的盈利水平能

保持一定幅度的增长，而不仅仅是保持一定历史时期的水平或同一行业的平均水平。

3. 成熟期业务与培育期业务的关系

对不同时期业务的考核重点应有所不同。对处于发展初期 EVA 贡献为负的业务，激励时应较多地关注其 EVA 的增加值（应关注其业务成长性，并做好培育工作）；对发展程度高、EVA 贡献稳定的业务，在关注 EVA 增加值的同时，应强调其 EVA 值本身的实现（应关注其带来的现金流）。只有这样，才能实现近期利益与远期利益的协调，实现企业的可持续发展。

4. EVA 考核与激励的关系

实施 EVA 价值管理，全面开展 EVA 考核，如果不建立相应的 EVA 价值分享激励机制，EVA 价值管理能够带来的效果和长远影响就大为降低。EVA 与薪酬挂钩，可以有效激发经营者的积极性，同时防止短期行为。

当然，企业开展 EVA 关键驱动因素的分析，不仅是一个从 EVA 到关键财务指标，再分解到关键非财务（业务）指标的分解过程，而且同时也是一个定期分析、跟踪和监测企业关键非财务（业务）指标的变化，以及如何有效地将关键非财务（业务）指标的管理能够转化为财务结果，改进和持续提升 EVA 的一个过程，从而实现企业整体的价值创造。

第八章 公司价值管理：建立 EVA 价值诊断体系

第一节 基于价值链的 EVA 价值诊断

一、价值链及分析概述

（一）何为价值链

价值链（value chain）是研究竞争优势的有效工具，其理论方法是将企业的业务流程描绘成一个价值增值和价值创造的链式结构，研究如何通过计划、协调、组织和控制各个环节的工作，使各环节在相互联系的基础上同时具有处理物流、资金流和信息流的自我组织能力。

价值链的概念最早由波特于 1985 年在其所著的《竞争优势》一书中提出。在过去 20 年中，价值链理论获得了很大的发展，在管理会计、市场营销及其他企业管理领域得到广泛的应用，并逐渐上升为一种管理方法体系。企业的各项价值活动不是一些孤立的活动，它们相互依存，形成一个系统，形成一条价值链。价值链的各环节之间相互关联、相互影响。价值链有内部价值链和外部价值链之分，每个企业的运营活动形成其内部价值链。价值链由其基本活动和辅助活动构成，基本活动是企业的基本增值活动，辅助活动支持整个价值链的活动，又分别与每项具体的基本活动有着密切的联系。

波特认为，每一个企业都是由材料采购、生产作业和产品销售等一系列活动组成的集合，这些活动被称为价值活动。它们是企业创造对买方有价值的产品的基石，可以用价值链的形式表示出来。企业的价值活动又可分为两大类：基本活动和辅助活动。基本活动直接创造价值并将价值传递给顾客，它主要包括材料入库、生产作业、产品出库、市场营销和售后服务。辅助活动为基本活动提供条件并提高基本活动的绩效水平，它不直接创造价值。辅助活动主要包括采购、技术开发、人力资源管理和企业基础设施。其中，采购、技术开发和人力资源管理都与各种具体的基本活动相联系并支持整个价值链，而企业的基础设施并不与各特定的基本活动相联系但也支持整个价值链。

1. 价值链——基本活动

基本活动是指生产经营的实质性活动，是企业的基本增值活动，与商品实体的加工流转直接相关。第一，内部后勤。是指与产品投入有关的进货、仓储和分配等活动，如原材料的装卸、入库、盘存、运输以及退货等。第二，生产活动。是指将投入转化为最终产品的活动，如加工、装配、设备维护等。第三，外部后勤。是指与产品储存以及运输给购买者有关的活动，如产品入库、接受订货、送货等。第四，市场营销。是指引导促进购买者购买企业产品的活动，如广告、定价、建立维护销售渠道等。第五，售后服务。是指与保持和提升产品价值有关的活动，如修理、培训等。

2. 价值链——辅助活动

辅助活动是指用于支持基本活动的活动。这些活动也是相互支持的。第一，采购。是广义的，既包括生产原材料的采购，也包括对其他资源的投入的管理，如选购生产设备。第二，研究与开发。是指可以改进企业产品和工序的技术活动。它也是广义的，既包括生产性技术，也包括非生产性技术。这些研发活动不仅影响着最终产品的形成，也支持着企业的整个活动，是判断企业竞争力的重要因素。第三，人力资源政策。它包括企业员工的招聘、培训、晋升和辞退等各项管理活动。它支持着企业的全部活动，影响着企业的竞争实力。第四，企业基础设施。是指企业的组织结构、惯例、控制系统以及文化等活动。与其他辅助活动不同的是，它是用来支持整个价值链运行的。

（二）何为价值链管理

价值链管理就是将企业的业务过程描绘成一个价值链（Value Chain），

从而对其进行管理。与供应链管理相比，价值链管理把客户关系管理也纳入了其管理范畴。其管理的基本思想是以需求为导向，以核心企业作龙头，以提高竞争力、市场占有率、客户满意度和获取最大利润为目标，以协同商务、协同竞争和多赢原则为运作模式，通过运用现代企业管理思想、方法和信息技术、网络技术和集成技术，达到对整个供应链上的信息流、物流、资金流、商流、价值流和工作流的有效规划和控制，从而将核心企业与客户、分销商、供应商、服务商联结成一个完整的网链结构，形成一个极具竞争力的战略联盟。也就是说，要将企业的生产、营销、财务、人力资源等方面面的要素有机地整合起来，做好计划、协调、监督和控制等各个环节的工作，使他们形成相互关联的整体，真正按照"链"的特征实施物流和信息流的自我组织和自我适应能力，使企业的供、产、销系统形成一条环环相扣的、可生产价值的、完整的过程。

1. 价值链管理的核心思想

价值链管理理论的核心思想是，在企业的价值链中找出真正为企业创造价值的增值性活动，对这些活动要进行持续的优化和巩固，而对非增值和低增值活动予以改造或取缔，从而为企业创造出最大的价值。因此价值链管理中价值链分析的基础是价值，而不是成本。该理论认为，竞争不是发生在企业与企业之间，而是发生在企业各自的价值链之间。只有对价值链的各个环节（业务流程）实行有效管理，才有可能真正获得市场上的竞争优势。

2. 价值链管理的优点

企业价值链管理的优点主要包括三个方面。

（1）促进企业战略目标的实现。价值链管理主张以实现客户价值为终点，而这一理念能以价值链分析为基础，对战略成本管理进行研究，可帮助企业的管理者增强其对全局部署的能力，从而达到不仅节约资源，还能提高效益的目的。战略成本管理所追求的目标就是优化整个价值链的效益，这就要以成本管理系统观点为出发点，合理、有效地处理作业之间、业务流程之间、本企业与供应商、销售渠道之间的关系，进而实现优化价值链效益的目的。制定企业战略的同时，价值链会提供一些关于价值活动的信息和数据，其中包括财务信息以及非财务信息，这些信息和数据是一个非常重要的数据源，可以很大程度上促进企业更有效地实现战略目标。

（2）有利于增强企业的竞争优势。企业的竞争优势主要包括成本优势和差异化优势。以价值链为基础来研究战略成本管理，可以帮助企业更加科学地发现其竞争优势。如前文所述，价值链管理旨在找出企业的优势作业并加以优化，因此，通过价值链管理，企业得以巩固其优势，弥补或消弭其劣势，在全行业中就可以获得竞争的相对优势。首先，通过对企业内部以及外部的价值链进行具体分析，从而优化企业的业务流程，例如，当价值链中的成员在分享信息和重要活动上合作时，供货速度就会提高；大量的存货包括原材料和产成品会导致大量的成本，通过价值链中各成员紧密和谨慎的合作，渠道中的物流速度将会提高，这样便会降低库存。这样在价值链管理下，企业就能够对自身业务流程进行优化。然后，确定企业自身的行业竞争优势，并依据该竞争优势制定企业的成本战略，最终实现具有优势以及有效的成本管理。

（3）有利于企业加强成本管理。价值链管理所关注的是所有能为企业创造价值的活动，无论是不是生产活动，也无论是企业内部或者是企业外部甚至是整个行业的价值链，都要进行考察，从而寻找到能够有效提高企业自身经营业绩的方法。由此，在价值链管理中，识别出的高增值作业得以保留和巩固，而低增值和非增值作业则被取缔，当组织砍掉价值链中的那些低效率的和不增加价值的工作后，组织就会在不同的工作和领域中降低成本。此外，价值链管理包含了价值链中产品研发、生产、销售、售后服务等的每个环节，而这些价值链环节又是相互联系、相互影响的，其成本联系是环环相扣的，一个环节的成本变化往往会影响其他环节的成本变化，因此，某个作业成本降低可能会出现使另一个作业的成本上升的情况。价值链管理是从价值链全局来进行成本的考虑和规划，寻求的是各个环节之间的协同效应，使得各个作业的成本总和达到最低，而非只考虑其中一个环节的成本高低。价值链管理能够准确地分析出各个作业的成本变化的相互联系和趋势变化，从成本的变动的方向（同向还是反向）、变动的幅度等来进行成本的管理，从而实现整个企业的成本节约。

3. 价值链管理的作用

实施价值链管理的意义就是优化核心业务流程，降低企业组织和经营成本，提升企业的市场竞争力。它旨在帮助企业建立一套与市场竞争相适应的、数字化的管理模式，弥补我国企业长期以来在组织设计、业务流程和信息化管理等方面存在的不足，从总体上降低组织成本，提高业务管理水平和经营效率，实现增值。企业实施价值链管理目标在于，通过优化核心业务、组织结构、业务流程和信息流等，由职能型向流程型转化，由此降低组织和经营成本，控制经营风险，最终提高企业的效率和效益，增强企业的综合竞争优势。价值链管理的作用则主要体现在以下三个方面：

（1）实时记录和反映价值链上各作业中心的成本费用发生情况，对企业的成本费用支出构成情况、价值链上各项作业活动的资源消耗状况以及企业利润实现情况等，进行全方位的动态反映与监控，为决策管理层及时了解和掌握企业的整个运营状态提供全面的财务信息；

（2）根据价值链构成体系，对企业的价值形成过程与价值（成本、利润）变动原因进行追踪分析，为分析和确定价值链成本费用控制重点，加强和改进企业内部成本费用管理，以及为制定企业产品价格政策等，提供更为具体的财务信息及依据；

（3）对价值链各作业中心的成本费用控制状况进行对比分析、评价，为实施成本预算控制（目标成本管理）、全员绩效管理、建立健全企业内部岗位经济核算责任制提供相应的定量依据。

（三）价值链管理的工作内容

价值链管理旨在根据价值链分析确定的价值增值点，提出针对性落地措施，助推价值创造工作实施。它的核心思路是企业必须实行一种以价值为基础的管理，这种管理方式强调向以价值为基础的转变，又必须提供一种不断完善的方法，以推动管理人员利用操作性价值驱动因素，引导企业成功运作。

价值链管理是把企业分为一些具有战略意义的业务活动的工具，用以确定企业竞争优势的来源，其最终目的是为顾客创造更大的价值。价值链管理涉及一整套工作机制，其中最为关键的有三个环节：一是项目优选机制，把有限的资源放在价值增值最大的环节；二是活动业绩评价，确保价值活动按质、按量、按时、按标准投入完成；三是持续改善，将业绩评价结果应用于活动执行过程中，使活动以更低的成本执行。具体包括：

（1）分析总价值、价值活动成本和差额。价值链理论的立足点是价值，价值是客户对企业提供给它们的产品或服务所愿意支付的价格。价值可由企业的总收入表示，总收入反映了企业产品所标定的价格和企业能够卖出该产品的数量。显然，企业所得大于投入的成本，就有了盈利。企业实施任何战略的目标都是为顾客创造出超出其成本的价值。价值链把总价值分开，它由价值活动成本和差额组成。价值活动是一个企业所进行的在物质形态上和技术上都界限分明的活动，这些都是企业赖以创造出对顾客有价值的产品的基础。差额是总价值和进行价值活动的成本总和之间的差。

（2）分析价值链每项活动的经营成本和资产。价值链上每项活动都有自身的经营成本和资产，因此每项活动的成本要受到所分配的资产数量和使用效率的影响。为了分别观察每种活动的成本效益状况，应将资产和成本分配到这些活动中去，并确定每项活动的成本驱动因素，将其影响予以数量化，以揭示各种成本驱动因素的相对重要程度。同时为了衡量企业的成本竞争地位，还应将上述分析方法运用到竞争对手的每项活动中。如果企业价值链上所有活动的累计总成本小于竞争对手的成本时，就具有了成本优势。而这种优势若能持久得以保持，并且使得竞争对手无法轻易模仿，这种优势对于企业而言，就具有了战略上的意义。

（3）分析企业价值创造系统的组成。价值链的着眼点是企业内、外组成的系统：在企业内部，是由纵横交错的基本活动和辅助活动组成的价值创造系统，而且每种活动都是相互联系的，如每一种价值活动都是使用外购投入、人力资源和某种形式的技术来发挥其功能，每种价值活动也都使用和创造信息；在企业外部，是由企业与供应厂商、销售渠道、买方组成的更大的系统，企业不是独立地在为客户创造价值，而是与上下游企业甚至包括客户在内共同创造价值。

（4）分析竞争优势和潜力。运用价值链理论和提供的分析方法，可以为企业分析自身的优势、挖掘自身的潜力，进而采取正确的策略奠定基础。企业要采取低成本策略，就要分析整个价值链中企业资产分配与利用效率的情况。如果是产品维修量增多加大了服务成本，企业就要通过提高产品质量，以达到减少维修费用的目的。如果经营销售成本过高，就可以从广告、营销管理、促销等诸环节研究成本过高的原因，以便有针对性地采取措施。企业也可以通过重构价值链来适应自己实施的具体策略。如一家处于市中心的蔬菜零售商可以采取将蔬菜的生产、加工、包装等环节都放在远郊的产地完成，既节约了人工成本，又减少了运输量，以此来实现企业的低成本策略，从而会很容易地战胜对手。

（5）分析企业的竞争资源。从价值系统的观点分析企业的竞争资源，是从更大的范围和更宽的视野来分析和确立企业的竞争优势。这是因为供应商的价值链、销售渠道价值链、买方的价值链都对企业竞争优势的形成起着举足轻重的作用。如对机械行业来讲，原料的质量和价格对企业策略的影响重大，机械生产企业可以根据自身情况，或与上下游企业结成同盟，统一行动，利益共享，以从共同为客户创造的价值中取得更高的溢价或以扩张的形式，实行多角化经营，保持和确立自己的优势。

二、基于价值链的 EVA 诊断方法

基于价值链的 EVA 诊断方法是一种基于内外部价值链条来分析诊断企业价值创造情况的新方法，能够帮助企业管理者通过价值链诊断来明确企业各链条各环节的竞争优势、改进提升企业的整体价值。价值链诊断方法关注的是企业各个环节的价值集合，而不是单一的价值因素，企业的财务管理也需要从价值整体出发，指导企业的各项活动。

基于价值链的 EVA 诊断方法核心是各价值链 "虚拟 EVA" 的计算与分析，其核心思路是通过对企业价值链环节的识别和分解，利用价值分配模型为各个环节计算和分配成本费用，再利用作业成本法核算各个环节的成本，通过计算各业务环节和业务相关部门的 "虚拟 EVA"，或者从产业链角度来计算和分析产业链上、中、下游在整个 "产业链 EVA" 中的价值定位和价值结果，据此进行全面深入的价值诊断评估，为企业价值管理和价值提升提供方向与有效路径。

企业完整的价值链包括内部价值链和外部价值链两部分，因而基于价值链的 EVA 诊断方法也包括内部价值链诊断和产业价值链诊断两部分内容。

（一）内部价值链诊断方法

企业内部价值链主要是指由企业内部的不同作业链接起来的、反映企业各种内部联系的一系列价值创造活动。具言之，是指价值链的辅助活动和基本活动之间的各种联系，是企业各个生产环节密切联系的结果，一般包括研究与开发、设计、生产、销售和服务等作业，它们创造了产品的价值。

企业内部价值链诊断的目的是在保持竞争优势的同时实现企业价值的不断增长，其关键在于找出企业内部的哪些作业产生了企业的竞争优势，即真正的增值作业，然后对这些作业进行更有效的管理。由于企业内部价值链的运作影响着企业的成本或差异性优势，因此对企业内部价值链的分析和优化显得至关重要。

企业内部价值链分析由四步构成。

第一步，区分价值链作业。首先，企业以价值创造方式为划分标准，区分出相互间彼此独立的作业。这些作业具有不同的成本、不同的成本动因、独立的资产、涉及不同的人员。例如，产品生产与售后服务就是两项不同的作业，它们的成本和成本动因不同，有各自独立的资产和员工，以不同的方式为企业创造价值。对价值链作业区分的准确性与合理性直接影响了价值链分析的效果，因为价值链分析的基础是对价值链作业的分析。区分价值链作业的两项基本原则包括：一是各作业不能有交叉，这主要是从作业完成的功能上来进行判断，即任何两个作业所完成的功能要有明显的区别；二是所有作业之和代表了企业的全部作业，完成了企业所要实现的全部功能。其次，将已区分出的价值链作业按其在企业日常生产经营活动中的地位与作用划分为结构性作业、过程性作业和经营性作业三大类。结构性作业包括地点管理、垂直一体化、水平一体化、技术管理、产品线宽度管理、制度结构管理、经验积累、学习和技能管理，他们往往与企业成本发生的基础条件相联系。过程性作业包括产品质量管理、员工管理、生产能力管理、效率管理、产品线深度管理和设备布局管理。经营性作业包括生产管理、进货后勤和产成品质检管理。像生产设备的数目和位置这样的结构性作业，决定了公司的基本经济属性；像全面质量管理这样的过程性作业涉及了企业经营活动的各方面，反映了组织实现高效率和优效果的能力；像产品流水线这样的经营性作业则属于公司的日常活动。最后，企业将管理重点放在结构性作业和过程性作业。传统的成本管理将重点集中于经营性作业，它们具有单一的或批次的成本动因。经营性作业代表了企业短期性的活动，它们虽然与企业的成本费用和收入利润直接相关，但在一定的技术水平与生产规模下，经营性作业为企业带来的价值增值能力是基本固定的，过于关注这类作业会导致企业经营管理重点过于集中于一个很窄的范围。面对激烈的竞争，控制短期经营成本虽然重要但却远远不够。而企业的结构性作业和过程性作业的成本动因代表了成本的长期战略性动因，这些作业是企业竞争优势的重要源泉。

第二步，确定战略性价值链作业。不同企业的产品或服务具有不同的特征，而能够在市场上存在是因为它们具有吸引顾客、被顾客认可的特征。这些特征实现了企业的价值增值，与这些特征相联系的作业，即创造这些特征的作业代表了企业最重要的活动，它们就是企业的战略性价值链作业。例如，苹果公司的手机产品的竞争优势就是其高质量、功能强大和个性化的产品特性，所以，研究与开发一直都是其战略性价值链作业。在识别现有顾客认可的产品特征以确定战略性价值链作业的同时，要考虑公司如何更好地实现产品特征，由此为未来顾客创造价值。这些作业可能包括质量、服务、价格和任何产品或公司的有形和无形的特征。对于战略性价值链作业以外的非战略性作业也要加以识别。它们虽不是企业实现战略优势的源泉，也可能不是增值作业，但有时也是一个企业不可或缺的。

第三步，追踪价值链作业成本。追踪即根据不同的成本动因，将成本分配到各个价值链作业。不同的价值链作业占用的资源、耗费的成本和取得的收入是不同的，只有准确地追踪各作业的成本才能更合理地评估各项作业，确定增值作业和非增值作业。会计系统应该符合追踪价值链作业成本的要求。对于不同的作业，能够带来竞争优势的作业是不尽相同的，这样会计系统的侧重点就会因为需要进行成本追踪的作业的不同而不同。例如，库存管理对于百货批发业来说是至关重要的。会计系统就要专门设计一套成本计算系统来报告与库存控制作业和产品管理作业有关的成本信息。又如，新技术的应用和新产品的研究与开发对于电子产品行业来讲是至关重要的作业，会计系统要设计一套成本计算系统来报告与研究开发作业有关的成本信息。同时，在组织结构与人员允许的情况下，还应该为这些作业设计绩效考评指标。追踪结构性作业和过程性作业的成本对企业的会计系统提出了一个很高的要求，因为这两类作业常常包含了企业内部多种生产经营活动，跨越了多个部门。在这种情况下，对作业的成本与资源的追踪就变得相当复杂，企业的会计系统必须能够适应这一要求，设计出一套能够追踪各功能领域间联系的数据收集和合并系统。

第四步，利用作业成本信息对战略性价值链作业进行更有效的管理。通过更有效地管理战略性价值链作业，企业可以实现其竞争优势。企业的战略性价值链作业创造了吸引顾客的产品和服务特征，通过提供这些特征，企业在为顾客创造价值的同时实现了自身的利益。更有效地管理战略性价值链作业，企业的竞争优势就可以得到不断的巩固与加强。需要注意的一点是：尽管管理价值链作业意味着在加强竞争优势中降低各方面的成本。但这不是说一定要降低所有作业的成本。没有任何一项作业可以不考虑对其他作业的影响而单独地进行管理。例如，全面开支的缩减可能会降低短期成本，但对企业的长期战略却可能不利；减少对产品设计的投入会导致产品质量的降低、产品整体成本的增加、新产品导入的推迟等。降低某项作业的成本必须以不影响战略优势的实现为前提。因此，在进行价值链分析时应当意识到：内部价值链作业是相互关联的，没有任何一项作业可以不考虑对其他作业的影响而独立地进行管理。

（二）产业价值链诊断方法

1. 产业价值链及其诊断方法

当把价值链的方法应用到产业层次上即形成产业价值链。产业价值链是指以某一项核心技术或工艺为基础，提供能满足消费者某种需要的效用系统为目标的、具有相互衔接关系企业的集合。产业价值链代表了产业链的价值属性，反映了产业链更深层的价值含义，决定产业链的经营战略和竞争优势。产业价值链的形成有效地实现整个产业链的价值，反映价值的转移、创造和分配。产业价值链代表了产业层面上企业价值融合的更为庞大的价值系统，同样适用于企业价值链的价值活动的概念，也可应用到产业链的价值活动的分解过程中。产业链的价值活动囊括了产业链中企业所有的价值活动，但这些活动并不是简单的"大杂烩"，而是在产业链的价值组织形式下发现和创造价值。

产业价值链诊断是把企业看作是整个产业链的一环，与上下游企业有着相互依存的关系，来诊断企业在整个产业链上的价值创造结果与明确其价值创造的角色，或者从集团整个产业链角度来诊断产业链的价值创造协同化能力和如何实现整个产业链价值创造的最优化结果。

产业链中大量存在着上下游关系和相互价值的交换，上游环节向下游环节输送产品或服务，下游环节向上游环节反馈信息。产业价值链能有效地实现整个产业链的价值，反映价值的转移和创造。相对于价值创造的其他组织形式，产业价值链最能够适应经济全球化、知识化和信息化所导致的不确定性动态环境。更多成功的公司战略分析焦点不只是公司内部价值创造而是价值创造系统本身，在系统内不同的经济行动者包括供应商、商业伙伴、同盟者、顾客等一起合作共同创造价值。

产业价值链的结构由产业链内各个企业的价值链整合而成，各企业的价值链由联结点衔接（见图8-1）。在产业链没有形成前，各企业的价值链是相互独立的，彼此之间的价值联结是松散的，甚至没有联系。通过产业整合，企业被捆绑到一个产业价值链系统，产业链上的产业价值链随之形成，产业链通过应用企业间价值链的创新联结来创造出新的价值。

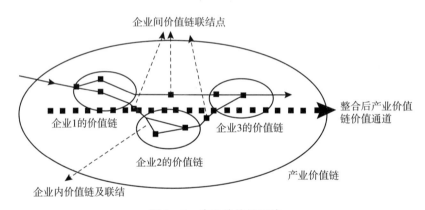

图8-1　产业价值链系统

产业价值链就是通过优化和上下游企业的关系来优化价值链流程，从而找出并利用企业在本行业中的相对优势。产业价值链诊断由两步构成：

第一步，确定产业价值链环节。产业价值链中的每一环节都是这个行业中的一个独立的经济部门。为了确定构成产业价值链的环节，应当从以下三方面考虑：所研究的环节在产业价值链中是否存在市场；市场价格的确定是否客观公允；是否存在只在此环节进行生产和销售的企业。如果这三个问题的回答都是肯定的，那么这个环节就是产业价值链中的独立环节。例如，轴承生产行业中，为顾客设计轴承就不是一个独立环节，因为没有任何一个公司仅仅完成轴承设计这个功能。但是，设计与制造结合就构成了一个独立环节，因为在这个产业价值链的设计与制造环节有许多公司从事生产和销售活动。

第二步，评估企业在产业价值链的地位及其相对优势。在确定产业价值链后，公司要对其在产业价值链中的地位和相对优势进行评估。首先，估计产业价值链每个环节的利润率和资产报酬率。通过分析调查竞争对手，聘请行业专家和利用一些行业协会组织的调研结果，可以较为粗略地得到这些数据。其次，将本企业所处环节的利润率和资产报酬率同产业价值链中其他环节的利润率和资产报酬率进行比较，找出哪个环节的盈利能力最强。最后，综合考虑盈利能力、行业壁垒、竞争程度等因素，评估企业在产业价值链的地位及其相对优势，为企业进行战略选择提供依据。

2. 集团公司的产业价值链协同

集团公司较一般企业而言，其资源更加丰富、规模更为庞大，资源间的协调使用更加复杂。因此，对于集团公司来说，不仅仅是资源要素在数量上的累加，更重要的是要素的集聚与整合所产生的协同效应对企业竞争能力的影响。从要素整合层面上，可以把要素的协同效应分为同质要素协同和异质要素协同。同质要素的共同运动形成了整体新的发展和新的状态，要素所产生的配合主要体现在规模的效果或集聚效应上。异质要素的共同运动产生的协同主要体现在整合效应上。无论是哪种形式的要素协同，其本质都是通过协同作用的发挥，实现对资源的优化配置，使要素在集团范围内产生功能放大或倍增。

集团公司要实现集团产业链价值创造的协同必须要首先确保集团公司价值增长战略目标的协同一致，尤其是对于集团公司来说，各成员企业和子系统较为繁多复杂，实现它们之间的统一价值增长战略目标是集团公司实现产业链协同和集团价值最大化的首要因素。集团公司协同效应的产生和发展应以战略协同为核心，以组织协同、业务协同、资源协同为框架，以信息协同为平台，积极探索能够充分发挥集团各子系统作用的管理模式和协同模式，实现系统的协同效应，从而不断增强自身的价值创造能力，实现集团的协同发展。

在集团公司的产业链协同体系中，应建立统一的价值管理框架，把集团整体价值增长作为决策管理核心，将价值增长战略与价值协同创造的观念融入集团产业链条上各所属企业的战略规划和经营管理之中，这才会产生整体大于部分之和的效果，即："1 + 1 > 2"。

三、EVA 价值链的分析诊断思路

EVA 与价值链管理相融合具有充分的理论基础，二者在管理理念方面具有高度的一致性。首先，EVA 管理体系与全价值链管理目标导向具有一致性，二者皆服务于企业的价值创造，致力于资本的增值保值；其次，EVA 与全价值链管理以成本背后的经济关系为纽带，二者相得益彰、相互渗透；最后，EVA 为全价值链管理提供了新思路，其为企业进行全价值链成本管理明确了目标、阐明了流程、提供了行之有效的约束机制。

基于 EVA 导向的全价值链管理的宗旨就是加速价值链上的价值流动，降低各价值链上的资源消耗。加速价值链上的价值流动要求企业首先弄清楚价值链是由哪些价值流组成，各价值流之间衔接是否顺畅，是否有多余的价值流需要消除；然后，寻找各价值流之间的联系，提高价值流循环速度。这样，一定时间内生产的产量越高，分配到各产品上的固定生产成本就越低。降低各价值流上的资源消耗也是控制企业整体成本的一个重要手段，在企业内部，每项活动都或多或少地为企业创造价值，对企业降低成本的贡献也不同。这就要求企业分析价值链上每个价值流的驱动因素，将成本与所获得的收益相配比，寻找合理的利润增长点，优化每一个高成本低收益的价值流。

基于 EVA 导向的价值链分析，就是要分析企业所处行业的市场竞争格局、分析上下游产业链价值及价值链结构，明确价值管理的重点，科学选择竞争策略，创新商业模式；分析企业内部价值活动规律，确定增值活动与非增值活动；应用作业成本法，分析成本结构和成本耗费的可控形态，找出成本费用控制的重点环节。

四、EVA 导向的价值链诊断与价值提升

在价值链管理中，收入、产品或服务、客户、投资等几个关键逻辑控制点正是企业内在价值运作规律的主要表现，即企业内在价值链的关键节点。因此，EVA 与企业内部价值链自然建立起一种联系，如图 8-2 所示。

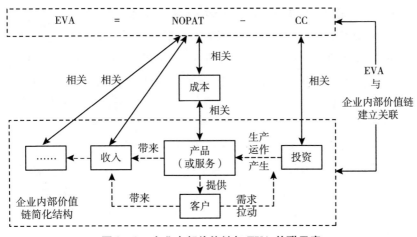

图 8 - 2 企业内部价值链与 EVA 关联示意

以图 8 - 2 所示的 EVA 与企业内部价值链的关联为基础，进一步结合 EVA 的计算过程对其进行分解，形成以 EVA 为起点的财务指标层级结构，并将关键财务指标与企业的内部价值链上的关键节点进行关联，即可将影响 EVA 的主要财务指标融入企业内部价值链的关键路径，从而形成"以 EVA 为导向的企业内部价值链"，基于 EVA 导向的企业价值链诊断也以此为诊断路径。

美国管理学之父德雷克曾撰文指出："作为一种度量全要素生产率的关键指标，EVA 反映了管理价值的所有方面……"由于经济利润指标可以进一步分解为一系列的指标体系，而这些指标体系构成了公司的价值树。例如，企业价值创造的重要驱动要素投资回报率可以分解为营业利润率、资本周转率和税收效应的乘积，而营业利润可以进一步分解为收入与费用之差，资本周转率可以分解为固定资产周转率、运营资本效率、存货周转率、应收账款周转率等，最终形成包含详尽财务指标的价值树。公司可利用价值树分析关键价值驱动因素，并以此设立相应的价值链管理指标，从而确保企业价值的有效提升。

（一）EVA 内部价值链的管理

EVA 作为一种有效的业绩衡量指标，揭示了企业价值链管理的关键驱动因素。价值链管理的意义在于优化核心业务流程，降低企业组织和经营成本，创造更多价值，以提升公司竞争力。传统的会计指标，是用销售收入、市场份额、会计利润和资产规模等指标来衡量价值链管理的效果。而基于

EVA 的企业内部价值链管理追求的是扣除资本成本之后的经济利润。资本成本包括负债资本和权益资本。负债资本包括短期和长期借款以及相当于负债性质的资本来源，例如租金、退休金和员工的年金计划。估计权益资本必须在资产负债表中所列各项权益的账目价值上再加上按会计规定标准而排除在资产负债表外的权益项目，例如坏账准备、商誉摊销、研发费用等。因此，EVA 指标能更为彻底地舍弃那种单纯以达到会计指标增长的规模扩张型价值链管理活动，因为一个有相当可观会计利润的企业并不意味着其创造了真正的价值。基于 EVA 的企业内部价值链管理所追求的是企业从价值链管理和价值创造系统设计中取得的扣除企业所有成本包括债务成本和权益资本成本后的剩余收益（Residual Income）。这部分价值越高，说明企业的价值链管理和价值创造系统设计越有效，企业的核心竞争能力就越强。企业为了提高剩余收益，一方面，可以通过优良作业和成本领先以提高营运效率；另一方面，则可以通过营运资产控制和营运资产转化进而提高资产管理效率。

（1）根据 EVA 价值最大化原理，建立符合公司实际情况的标准业务流程（Standard Operating Procedure），在此基础上实施企业流程再造。业务流程再造，需要企业打破过去营运背后的规则和假设，运用现代信息技术的强大力量打破组织界限的束缚，彻底优化业务流程，使各部门以流程的角度审视各部门的功能和角色，优化作业链，从而尽可能消除所有不增加价值的作业，努力提高可增加价值作业的营运效率，减少资金占用和耗费，以最经济有效的方式满足客户的需求。

（2）为了达到 EVA 财务管理系统的实施要求，企业必须严格采用经营单位（business units），以便达到实施 EVA 所要求的授权。应确立与上述标准业务流程相适应的扁平化组织结构，以减少组织内部的信息传递失真和行政成本，提高组织的决策和执行效率。

（3）基于标准业务流程，确定企业各部门的 EVA 指标。通常而言，企业 EVA 指标的建立是在会计利润的基础上经过一系列的调整得出的。在确定企业 EVA 整体指标之后，根据部门的性质，将 EVA 指标分解到不同的部门，并最终落实到每一个员工身上，使 EVA 成为全员沟通交流的通用语言。

（4）根据 EVA 指标与其他各种绩效考核指标的内在关联，确定不同部门的其他各项绩效考核指标，组成以 EVA 为核心的绩效考核指标体系。

（5）实施绩效考评和相关的奖惩制度，确保以 EVA 指标为核心的绩效考核指标体系的落实。

（二）EVA 产业价值链的管理

产业价值链是指企业内部和企业直接为生产或提高最终交易的产品或服务所经历的增加价值的一系列活动过程，它涵盖了商品或服务在创造过程中所经历的从原材料到最终消费品的所有阶段。现代企业的竞争已演绎成为企业所加入的产业价值链之间的竞争，企业要真正提高竞争优势，实现企业价值创造过程中的增值，不应只局限在其内部的价值链流程中考虑成本和价值增量，还要从产业链角度，将其放置在整个产业的价值链中考虑自己在产业中的位置和竞争力。EVA 最大化要求企业经营者必须从战略竞争角度予以把握，越过企业边界，即从产业价值链角度实施更加系统的价值链管理。企业首先要对行业深层次的经济特征和竞争机制进行深刻思考，深入分析所在行业的机会与威胁，从而确立自己在行业中的位置。然后，价值链的整体增值为根本目标，以协同商务、协同竞争和互利多赢为原则，将产业链上下由各相关利益共同体比如供应商、制造商、分销商、零售商和客户等共同组织起来，组建产业内部的企业价值链管理系统。在这个系统中，不同的利益共同体一起合作共创价值，他们通过对复杂的商业系统进行持续的社会创新，使企业的能力与客户之间创造出一种不断改进的和谐。产业价值链的发展，使企业发掘出产业内许多潜在的商业机会，使企业朝着差异化方向发展。这种基于 EVA 的越过企业边界的战略竞争将为企业赢得长期竞争优势，也为企业获得持续增长的经济附加值奠定基础。

第二节　基于杜邦分析的 EVA 价值诊断

一、杜邦分析概述

（一）何为杜邦分析法

杜邦分析体系由美国杜邦公司最早成功运用。1919 年，为了更好地指导投资决策，美国杜邦公司的皮埃尔·杜邦和唐纳森·布运用一种以净资产收益率（ROE）为中心的体系来衡量企业的财务绩效。杜邦分析法利用各主要财务比率之间的内在关系，从综合性最强的财务指标净资产收益率出发逐级向下分解，建立财务比率分析的综合模型来综合地分析和评价企业的财务状况和经营业绩。杜邦分析法的基本框架如图8-3所示。

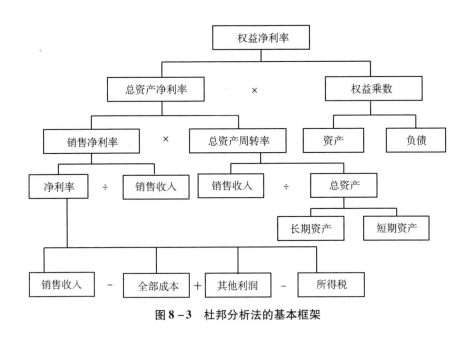

图8-3 杜邦分析法的基本框架

（二）杜邦分析法的基本原理

杜邦分析法的基本原理是，根据各财务指标之间的数量关系将核心财务分析指标净资产收益利率进行层层分解，各个财务指标之间的内在联系导致了每个财务指标的变动都会对上一层财务指标产生影响，最终导致净资产收益利率的变动。根据杜邦分析法的这一特点，确定价值驱动因素的原理为：在杜邦分析体系中，各个指标间的联系有层次而且有分枝，在不同的层面上分析财务指标时需要注意它们反映的内容是不一样的，其中最顶层的财务指标含有最强的综合性，越向下分解财务指标的综合性越弱，与企业经营活动的联系越紧密，也可以认为下层的财务指标是原因，上层的财务指标是结果，利用这种因果关系可以将净资产收益利率进行层层分解，最终分解到可操作的、独立的并且是不可再分的单因素，这些单因素代表的是企业基础的生产要素。当净资产收益利率发生变动时，逐一分析最下层指标的变动对其影响，然后比较影响的大小从而确定管理的重点。

净资产收益率（ROE）反映公司所有者权益的投资报酬率，具有很强的综合性：

净资产收益利率 = 销售净利率 × 总资产周转率 × 权益乘数

由公式可以看出：决定净资产收益利率高低的因素有三个方面：销售净利率、总资产周转率和权益乘数。销售净利率、总资产周转率和权益乘数三个比率分别反映了企业的主业盈利能力比率、资产管理效率和负债风险水平。其中，权益乘数反映了企业的融资能力，权益乘数越大，资产负债率越高，说明企业融资能力越强；销售净利率反映了企业的盈利能力，销售净利率越高，代表企业的获利能力越强；总资产周转率反映了企业资产的使用效率，代表公司投入的资产能够获得的收入，资产周转率越大，说明公司使用资产的效率越高。这样分解之后，可以把净资产收益利率这样一项综合性指标升降的原因具体化，定量地说明企业经营管理中存在的问题，比单独的一项指标能提供更明确的、更具有价值的信息。

此外，杜邦分析法的本质思想是因素分析法。所谓的因素分析法，是指根据分析指标和影响因素的关系，确定各因素对指标的影响程度。因素分析法的最大功用，就是运用数学方法对可观测的事物在发展中所表现出的外部特征和联系进行由表及里、由此及彼、去粗取精、去伪存真的处理，从而得出客观事物普遍本质的概括。而杜邦分析法就是将净资产收益利率分解为总资产周转率、销售净利率和权益乘数等一系列因素，通过分析分解出的因素的变动来观察净资产收益利率的变动情况，并且促进分解因素的改进来促进净资产收益利率的提高，所以说，杜邦分析蕴含着因素分析法的思想。

二、传统杜邦分析体系的改进

鉴于传统杜邦分析体系存在"总资产"与"净利润"不匹配、未区分经营损益和金融损益、未区分有息负债和无息负债等诸多缺陷，基于管理用财务报表重新设计财务分析体系。

（一） 改进后的财务分析体系的核心公式

该体系的核心公式如下：

净资产收益利率 = 税后经营净利润/股东权益 - 税后利息费用/股东权益

= （税后经营净利润/净经营资产）

× （净经营资产/股东权益） - （税后利息费用/净负债）

× （净负债/股东权益） = （税后经营净利润/净经营资产）

× （1 + 净负债/股东权益） - （税后利息费用/净负债）

× （净负债/股东权益） = 净经营资产净利率

+ （净经营资产净利率 - 税后利息率） × 净财务杠杆

根据该公式，净资产收益利率的高低取决于三个驱动因素——净经营资产净利率（可进一步分解为销售税后经营净利率和净经营资产周转次数）、税后利息率和净财务杠杆。

（二） 改进后的财务分析体系框架

改进后的杜邦分析体系将企业的资产区分为经营资产和金融资产；负债区分为经营负债和金融负债；损益区分为经营活动损益和金融活动损益，从而将原来的财务比率和资产负债表、利润表里的各项目进行了更为合理的调整，消除了原来各财务比率中不匹配的地方，定义了一些新的指标，从新的方面来考察企业的财务状况和经营情况，这些改变使得改进的分析指标更为合理，得出的结论也更为准确一些（见图 8 - 4）。改进的财务分析体系与传统的分析体系相比，主要的区别在于以下三个方面：

第一，改进的杜邦分析体系在概念上发生了转变。在资产负债表中，以是否能够取得利息收入作为标准，将企业的资产分为经营资产与金融资产；以是否需要支付利息，将企业的负债划分为经营负债与金融负债。那么企业的净经营资产就等于企业的净金融负债与股东权益之和，也等于企业的经营资产减去企业的经营负债。而企业的净金融负债可以通过企业的金融负债与金融资产的差值来得出，它才是债权人已经投入生产经营的债务资本、才是企业实际承担的债务。

第二，改进的杜邦分析体系调整了财务报表上的相关项目。在资产负债表里，区分了经营资产、金融资产、经营负债、金融负债和所有者权益。该划

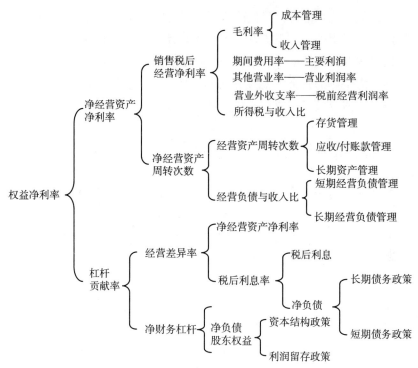

图 8 - 4　改进后的杜邦分析图

分所依据的理论是企业的净经营资产是由企业的经营资产和企业的经营负债之差得出的，同时它又等于企业的净金融负债加上股东权益。新的财务体系将利润表重新分成金融活动损益和经营活动损益，其中经营活动损益又被再次细分为主要经营利润、其他营业利润以及营业外收支三个项目。财务报表的相关项目的调整有助于对收益的来源和收益的可持续性进行分析。其中，主营业务利润是企业日常活动所获得的利润，是最具持续性和预测性的指标；其他营业利润包括企业的投资收益，公允价值变动和资产减值等，其持续性和可预测性不强；而企业的营业外收支根本就没有可预测性，也不具备持续性。财务报表的这些变动对企业的经营者以及投资者等企业的各利益相关者对企业的盈利能力的评价提供了更符合实际情况的数据和更为准确的财务信息。

　　第三，改进后的杜邦分析体系重新定义了核心公式，该核心公式采用的各项指标更加科学和合理，尤其是这些指标需要经过重新调整得到，降低了会计信息扭曲和失真的可能性。

但是，值得注意的是，虽然改进了财务分析体系，但并不表示传统的财务分析体系毫无用处，要想更好地了解和研究一家企业的财务状况和经营情况，应该将两者有机地结合起来，扬长避短，发挥各自的优势。只有这样，才能更好地为企业的财务信息使用者提供有用的信息，为企业的经营管理者、投资者、债权人等企业利益相关者的经济决策提供帮助。

三、基于杜邦分析的 EVA 诊断体系

基于杜邦分析的 EVA 诊断方法是以经济增加值率（EVA 率）替代原杜邦分析体系中的净资产收益率（ROE）作为分析的最核心指标，对其进行层层分解，形成具有逻辑关系的不同层次的 EVA 财务类关键驱动指标，并定期对这些指标结合预算进行差异分析，与集团内部标杆值或行业优秀值进行对标，从而找出企业价值创造需要关注、需要改进的关键指标，形成 EVA 诊断管理报告。

由于 EVA 是一个绝对值指标，不利于在不同投资资本规模之间的比较，因此，在 EVA 计算公式的两边同除以投资资本总额可以得到下面的公式：

经济增加值率（EVA 率）＝EVA/调整后资本 ＝（税后净营业利润

－调整后资本×平均资本成本率)/调整后资本

＝税后净营业利润/调整后资本－平均资本成本率

＝投资资本回报率（ROIC）

－平均资本成本率（WACC）

EVA 率反映的是实现公司 EVA 的效率，排除了投资规模的影响，便于不同规模企业之间的比较分析。

基于杜邦分析的 EVA 诊断方法有如下优点：

（1）更加直观、综合地反映了股东价值实现程度的比率。通过分析 EVA 率，我们可以得出结论：如果 EVA 率大于 0，则公司管理层为股东创造了额外的价值；如果 EVA 率小于 0，则公司管理层未能满足股东的最低要求；如果 EVA 率等于 0，则企业创造的收益仅能满足股东预期。作为一个综合性最强的指标，其剔除了投资规模的影响，便于不同资本规模的企业进行横向、纵向的比较——既可以与同行业其他企业进行比较以发现差距，又可以与本企业历史 EVA 率进行比较以预测企业的发展趋势。

（2）更加全面客观地反映了企业项目投资的决策要求。公司管理层可以将平均资本成本率作为评价项目投资的核心标准，只有在投资资本回报率大于公司平均资本成本率时，该项目投资才是可行的，否则就应该放弃。

（3）更加有利于实现股东价值最大化。基于杜邦分析的 EVA 诊断体系通过对投资资本成本率的分析来体现公司内部经营活动的效益，通过资本成本率的分析来对公司的融资活动进行分析，尤其是融资的资本来源结构及其融资的成本。这种诊断方法使得公司管理人员的视野更加开阔，能更好地实现投资与融资的结合，实现股东价值最大化。

第三节　建立 EVA 价值诊断管理体系

一、明确 EVA 价值诊断对象："EVA 中心"

为形成 EVA 价值诊断与提升的长效机制，公司尤其大型集团公司有必要划分和建立 EVA 中心，对每个 EVA 中心设定 EVA 考核目标，单独进行考核和开展 EVA 诊断，从而分析总结出 EVA 中心提升 EVA 的关键环节和制约因素，最终提升公司整体的价值创造能力。

（一）EVA 中心的定义

"EVA 中心"（EVA centers）：是指一个集团公司或企业内部基于其运营模式、业务特点、管控模式、决策权利分配的要求来设计责权利统一且不同层级的 EVA 考核与价值管理中心。EVA 中心应能够对其自身创造的 EVA 进行计算和管理。最标准的"EVA 中心"是定位为投资中心的责任单位，利润中心和成本中心也可作为"EVA 中心"。EVA 中心设置主要目的是：明确 EVA 考核的责任主体，确保 EVA 考核压力机制的层层传递、定期开展 EVA 价值诊断与价值提升，实现公司价值创造的协同化、最大化。EVA 中心的设置通常至少应该考虑两个因素：一是特征便于归纳，纳入同一 EVA 中心的各企业应当具有价值创造的完整性，同时这种特征明显且便于整理和总结，使集团管理层很容易将他们划分到一个 EVA 中心去。二是在划分 EVA 中心时应当顺应企业实际情况，与企业产业特征相匹配。

（二）EVA 中心与传统责任中心的比较

公司通常可根据内部单位的管理权限、承担的经济责任和经济责任履行的情况设置相应的责任中心。这些责任中心主要包括成本中心、收入中心、利润中心和投资中心。

成本中心对本单位的成本负责。成本中心有狭义、广义之分。狭义成本中心是指对产品生产或劳务提供所消耗的资源负责的责任中心，也即主要指生产产品或提供劳务的责任中心；广义成本中心是指除狭义成本中心外还包括那些非生产性的以控制经营管理费用为主的责任中心，也即费用中心。成本中心的设置可以有多种不同的标准：可以按职能部门划分，也可以按产品项目划分，还可以按作业中心划分。目前，很多公司采取的是按部门来划分成本中心，即对各部门下达全年度的成本指标。按部门划分成本中心的优点，一是充分授权部门经理，极大地调动了中层管理人员、员工的积极性和责任心，成本与个人利益挂钩，每个部门、每个主管、每个员工都会密切关注成本，追求最低成本，从而实现公司经营成本降低和利润最大化；二是便于明确和落实成本中心的责任，建立全面细致、科学合理的业绩评价、员工激励机制，使企业的内部管理更加具有可操作性，预订目标不至于落为空谈。

收入中心对本单位的收入负责。收入中心的存在是为了组织营销活动，典型的收入中心是公司的销售部门，他们负责产品的销售和分配。如果收入中心有制定价格的权力，那么他们就要对获得的毛收入负责。否则就需要对实际销售量和销售结构负责。

利润中心是对利润指标负责的责任中心。它的责任是控制收入和成本费用。该中心的管理人员同时具有生产和销售两个职责。因此利润中心需要对下列活动做出决策：生产哪种产品、如何生产、产品质量如何控制、价格的制定以及产品销售。管理者需要权衡价格、产量、质量和成本使得中心的经营达到最优。利润中心一般有三种形式：一是设立分支机构形式，即企业设立分公司或子公司单独组织生产和经营，由分支机构独立核算；二是一体化形式，即企业生产经营决策权相对集中，内设机构不对利润负责，企业统一核算；三是事业部形式，即企业生产经营决策权集中在事业部，各事业部直接对利润负责，企业按事业部分部门核算。

投资中心是对投资负责的责任中心，其业绩不仅用其收益来计量，还要将其收益与投入的资本结合起来加以考虑，即用收益与所占用的资本额的比率来计量。投资中心的业绩计量标准是投资报酬率和经济增加值。投资中心需要做出的决策不仅仅包括产品的组合、价格的制定和生产方法等短期经营决策，而且还包括投资规模和投资类型的决策。由于投资目的也是为了获得利润，所以投资中心实质上也是利润中心，但投资中心拥有投资决策权，能够独立地运用所掌握的资金，有权购置和处理固定资产，扩大和缩小生产能力等，所以它控制的区域和职权范围比一般的利润中心要大得多。

投资中心是最高层次的责任中心，它拥有最大的决策权，也承担最大的责任。投资中心必然是利润中心，但利润中心并不都是投资中心。利润中心没有投资决策权，而且在考核利润时也不考虑所占用的资产。EVA 中心比较接近投资中心的概念，其中心考核指标就是经济增加值。

EVA 中心是一个价值创造责任中心，能够对价值创造负责，价值创造者能够享受价值回报。通常而言，投资中心都应该作为 EVA 中心，而成本中心、收入中心和利润中心可以根据 EVA 考核推行的力度和取得的效果来逐步作为次级 EVA 中心来设置。在如何划分 EVA 中心的问题上我们可以借鉴成本中心和利润中心划分的思想。但也要注意 EVA 中心和成本中心、利润中心在考核指标和薪酬激励应用等方面存在的异同。

因此，在价值管理实施初期，公司可将投资中心或利润中心设置为 EVA 中心，并对这些 EVA 中心的企业负责人进行 EVA 业绩考核，但在价值管理体系成熟后，可以在公司内部建立"虚拟 EVA 中心"，细化不同业务部门的 EVA 价值考核和价值诊断要求。

（三）EVA 中心设置的具体原则

EVA 中心设置和运行的总体原则："简单可操作、先高层后底层、边试点边总结"。EVA 中心设置的具体原则如下。

1. 责权利一致性

设置的 EVA 中心，应有关于权责利方面的相应制度安排，保持 EVA 中心的决策权、业绩考核和激励体制三者的一致性，从而确保 EVA 中心的管理者对其占用的资本及其产生的业绩负责。

2. 产业链和业务完整性

在确定 EVA 中心的边界时尽量保持其业务的完整性。任何二级 EVA 中心或者次级 EVA 中心所涉及的产业链应尽量完整，所包含的产品或者服务是完整的，在一个 EVA 中心，产品、服务或者业务的流程全部可实现。

3. 可衡量性

EVA 的可测量性是指 EVA 中心能够独立计算或模拟计算税后营业净利润（NOPAT）和资本占用。衡量 EVA 中心业绩是不需要对现有的财务体系进行大的调整和变动。现行的财务报表体系必须能够对业绩进行准确的反映。

4. 可操作性

设置 EVA 中心应简单明了和可操作性强，不需要对集团下属各公司的业务流程和组织结构进行大的变革或调整，易考核和便于日常管理。

（四）EVA 中心设置的总体思路

EVA 中心的设置通常有以下几种方法：按照职能划分，按照层级划分，按照事业部划分，按照市场划分，按照产品划分等几种类型。作为产业链非常紧密的神华集团公司在设置 EVA 中心时，可以考虑将产生价值创造冲突的两个或多个公司将其进行合并设置为一个 EVA 中心。

1. 按职能划分 EVA 中心

根据单位或部门在创造 EVA 中所行使的不同职能来划分，此方法适合于事业制管理模式的企业（见图 8 - 5）。

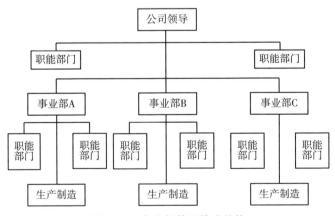

图 8 - 5　事业部管理模式结构

这是一个典型的事业部管理模式的结构图，在划分 EVA 中心的时候可以将事业部 A 划分为 A（EVA 中心）、事业部 B 划分为 B（EVA 中心）、事业部划分为 C（EVA 中心），或者如果公司结构没有那么复杂，可以按照更加细分的职能部门来划分 EVA 中心。

2. 按公司层级划分 EVA 中心

根据总公司的 EVA，层层分解到子公司、分公司、职能部门、车间等，针对每一个不同的层级，对核算中心的性质定位，明确每个子公司、分公司、职能部门、车间的行为与 EVA 业绩关系，该方法适合于公司内部层级较多，且每个层级均能相对独立开展业务。某集团公司按公司层级划分的 EVA 中心如图 8 - 6 所示。

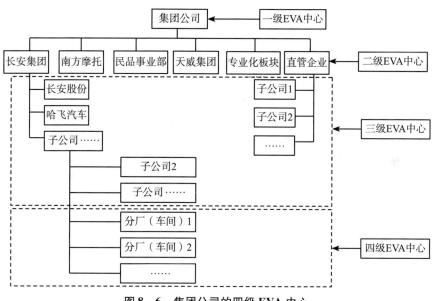

图 8 - 6　集团公司的四级 EVA 中心

二、开展 EVA 价值诊断的总体思路

（一）建立 EVA 价值诊断模板

公司可在前述 EVA 关键驱动分析体系的基础上，设计 EVA 价值诊断的

模板。EVA 价值诊断模板可包括《EVA 计算分析表》《EVA 关键驱动指标分析表》《EVA 敏感性分析表》和《EVA 行业对标分析表》（如表 8 - 1 所示）。

表 8 - 1   EVA 行业对标分析表

对标指标	集团内部标杆值	行业平均值	行业优秀值
一、EVA 值			
经济增加值（EVA）			
EVA 率			
资本回报率			
资本成本率			
二、EVA 关键驱动指标			
（一）经营回报指标			
总资产报酬率			
净资产收益率			
主营业务利润率			
成本费用利润率			
（二）运营效率指标			
总资产周转率			
流动资产周转率			
存货周转率			
应收账款周转率			
（三）债务风险指标			
资产负债率			
带息负债比率			
三、对标差异情况与原因总结			

（二）建立 EVA 价值诊断的流程

公司可根据 EVA 价值诊断的目标、方法、要求等来细化各项工作的流程。某公司的 EVA 价值诊断流程如图 8 - 7 所示。

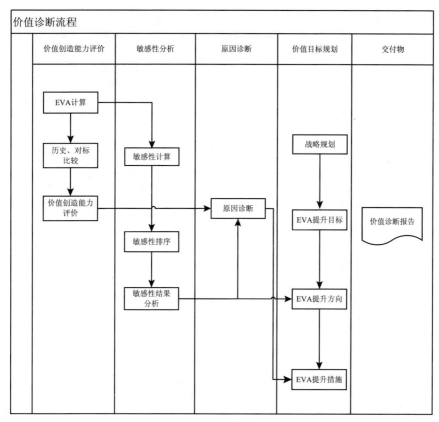

图 8 – 7 EVA 价值诊断流程

（三）明确 EVA 提升路径

根据 EVA 关键驱动分析方法，运用 EVA 价值驱动的运动机理，从影响企业 EVA 的关键因素和路径出发，从影响 EVA 指标的"经营回报、运营效率、债务风险和资产结构"四个维度来明确 EVA 的提升路径（如图 8 – 8 所示）。

（四）EVA 价值诊断报告

EVA 价值诊断报告包括企业基本情况、宏观政策和行业形势对企业的影响、企业价值创造能力评价、企业 EVA 增减原因分析、总结及改进措施、企业 EVA 目标规划六个部分。

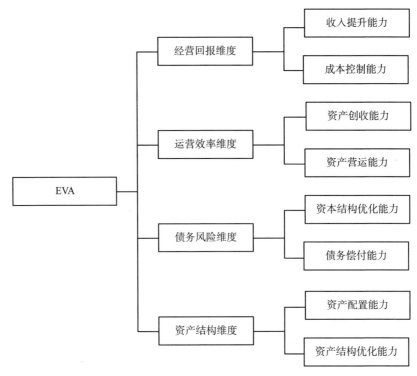

图 8 - 8 EVA 提升路径

公司可定期编制形成《EVA 价值诊断管理报告》，《EVA 价值诊断管理报告》可分为年度 EVA 总结报告、季度 EVA 分析报告和月度 EVA 快报。《年度 EVA 价值诊断管理报告》主要内容可包括集团年度 EVA 完成情况（含所属各产业板块）、EVA 对标分析、企业 EVA 增减原因分析、EVA 提升策略与措施、下一年度 EVA 目标规划五部分内容。

《季度 EVA 价值诊断管理报告》可以适当简化，主要内容可包括季度 EVA 完成情况（含各产业板块）、EVA 关键驱动指标的分析与对标；下季度 EVA 提升措施与建议等。《月度 EVA 价值诊断管理报告》则可进一步简化，主要分析和报告 EVA 及关键驱动指标的月度进展情况，可包括月度 EVA 关键驱动指标的同比、环比变动情况及原因分析等。

第九章 公司价值管理：建立 EVA 监测管理体系

第一节 EVA 监测管理体系概述

一、何为 EVA 监测管理体系

（一）EVA 监测管理体系的定义

EVA 监测管理体系是企业以 EVA 指标为基础，对 EVA 财务类和非财务类关键驱动指标体系进行层次分解，对价值创造活动进行实时分析、跟踪、识别和预警，及时判断企业价值创造存在的问题，及时把握 EVA 指标形成及变化的规律，为改进 EVA 提供科学决策依据的一套管理工具体系。EVA 监测管理体系是企业以 EVA 为目标，判断、分析、诊断企业经营成效的管理工具。

中央企业的 EVA 监测管理体系是价值管理常态化运行的重要环节，是过程控制的关键。中央企业要建立和完善经济增加值监测报告制度，定期分析预警关键价值驱动因素和考核指标变化情况。要参照行业和本企业历史数据，及时发现经济增加值变化的主要原因，对战略、运营、财务、内部控制等方面的不适应性进行调整纠正。要完善经济增加值监控手段，充分应用现代信息技术，逐步提高监测的深度、广度和频度，增强工作的主动性和有效性。

（二）EVA 监测管理体系的意义

建立 EVA 监测管理体系不仅是企业经营业绩考核目标实现的关键环节，更是企业深入推进价值管理体系建设的关键抓手。建立 EVA 监测管理体系可以帮助企业对创造价值的关键驱动因素、价值创造的过程和现状进行动态跟踪，有利于企业及时采取价值改善措施，提高企业的价值创造能力。

EVA 监测管理体系应突出强调 EVA 分析监测的前瞻性、预警性，以及 EVA 改善工作的可落实性，开展 EVA 月度监测、季度分析和半年度、年度 EVA 总结等具体活动，从而建立常态化的 EVA 监测机制，密切跟踪 EVA 及关键驱动指标的考核执行情况、及时发现问题并主动采取措施，为 EVA 考核目标的完成提供支撑并取得显著效果。

（三）EVA 监测管理体系的主要内容

通过对经济增加值指标，以及经济增加值关键驱动因素指标的监测控制和定期总结分析，使各级管理人员适时掌握经济增加值和关键驱动因素指标的变动情况，及时作出改善决策，实施纠偏控制，并为考核激励提供数据支撑。

1. EVA 的监测指标

EVA 监测指标是 EVA 监测管理体系的核心，是建立 EVA 监测管理体系的关键。在确定 EVA 关键驱动指标的基础上，可形成多层次的 EVA 监测指标体系框架。

企业的 EVA 监测指标体系通常包括《EVA 总指标监测表》《EVA 财务类关键驱动指标监测表》和《EVA 非财务类关键驱动指标表》。

（1）EVA 总指标的监测。企业可基于 EVA 的计算公式，建立《EVA 总指标监测表》，如表 9-1 所示。

（2）EVA 财务类关键驱动指标的监测。企业可基于 EVA 财务类关键驱动指标，建立《EVA 财务类关键驱动监测表》，如表 9-2 所示。

EVA 总指标监测表

表 9－1

监测指标	本月值	本年累计值	与预算对比分析			与上年同期对比分析		
			本月预算值	增减额	增减率	上年同期（月）	增减额	增减率
EVA 值								
一、税后净营业利润（NOPAT）								
其中：净利润								
利息支出 - 资本化								
研究开发费用调整项								
二、资本成本								
1. 调整后资本								
其中：平均所有者权益								
平均带息负债合计								
平均在建工程								
2. 资产占用								
其中：平均流动资产								
其中：平均应收账款								
平均存货								
平均非流动资产								

续表

监测指标	本月值	本年累计值	与预算对比分析			与上年同期对比分析		
			本月预算值	增减额	增减率	上年同期（月）	增减额	增减率
其中：平均投资性房地产								
平均长期股权投资								
平均固定资产								
平均无形资产								
3. 资本成本率								
其中：债权资本成本率								
其中：利息支出总额（含资本化利息）								
股权资本成本率								

表 9 – 2　　　　　　　　　　**EVA 财务类关键驱动监测表**

监测指标	本月值	本年累计值	上年同期值	变动差异	预警情况
一、EVA 关键驱动指标					
EVA 率					
资本回报率（ROIC）					
资本成本率（WACC）					
营业收入净利率					
二、财务类关键指标					
（一）经营回报类指标					
总资产报酬率					
净资产收益率					
主营业务利润率					
成本费用利润率					
（二）运营效率类指标					
总资产周转率					
流动资产周转率					
存货周转率					
应收账款周转率					
（三）资本结构类指标					
债权资本成本率					
带息流动负债占比					
资产负债率					
（四）资产结构类指标					
两金占比					
经营性资产占比					
投资性资产占比					
在建工程占比					

企业可以根据 EVA 非财务类指标设计更多细化的次级业务监测指标，既可以是企业内部运营数据基础上的深度监测指标，也可以是行为指标的定量化，如战略制定、战略实施、绩效考核等定性内容的定量化。

2. EVA 的动态监测

应根据企业实际逐步提高经济增加值及相关指标监测的深度、广度和频度，逐步实现企业各层级、全体员工的全覆盖。监测频度可从年度、半年度、季度监测，最终实现月度监测，有条件的企业可以进一步实施适时监测。应从增长、回报、风险三个维度监测价值创造能力，进行同比、环比、同行比等全方位比较分析，及时发现经济增加值形成以及变化的主要原因，并形成监测分析报告。可以参照行业数据和企业历史数据，确定主要指标的优秀值、良好值、合格值、不良值、极差值，并用不同颜色加以区别，增强警示效果。

3. EVA 的及时纠偏

企业应以 EVA 动态监测数据为基础，及时把握 EVA 形成及变化的规律，通过制定评价标准，评价实施中的表现，发现实现目标的弱点、难点，根据实际情况及时纠正实施中的不当行为。在评价的基础上，对战略、运营、财务、内部控制等方面的不适应性进行及时调整，针对实施中不落实的问题，及时予以纠正改进。

4. EVA 的监测直观化

EVA 指标本身也确实存在计算复杂、影响因素多元的问题，计算和分析不太直观，这也使得中央企业前期的价值管理工作没有达到预期效果，因此，企业建立 EVA 监测指标的直观化，也就成为企业开展价值管理体系建设工作的基础。

EVA 监测的直观化通常包括四个方面：（1）EVA 总指标的直观化，即 EVA 会计调整项不能过多，资本成本率的计算不能过于复杂化。（2）EVA 关键驱动指标的直观化，即 EVA 的关键驱动指标应该明晰，以使得 EVA 的影响因素和改善提升更加直观和有针对性。（3）EVA 管理责任的直观化，即要求 EVA 改善提升的目标和责任分解清晰、准确；各部门的 EVA 管理责任直观化，即将企业 EVA 提升的责任分摊至各个部门。（4）EVA 分析监测的直观化，即设计的 EVA 快报和 EVA 监测报表应"简单、精准、可理解和可操作"。

5. EVA 监测的信息技术支撑

企业应重视将信息技术在价值管理中的运用，建立价值诊断分析模型，实现监测信息在各职能部门、业务单位之间的集成与共享，既能满足单项业务的要求，也能满足企业整体和跨职能部门、业务单位的综合要求。

A 集团公司在推进 EVA 价值管理体系建设过程中，就设计开发了含 EVA 指标设定、过程监控、考核评价和结果反馈等环节在内的子公司《EVA 在线分析和监控系统》。该分析监控系统主要功能模块包括 EVA 考核体系设置、目标值上报及协商核定、EVA 月度数据填报、跟踪预警、EVA 数据分析、EVA 预警等。这一系统的开发实现了 EVA 业绩考核与企业信息化相结合，建立了考核方与被考核方的双向沟通机制和更高效的闭环管理体系，有效提高了经营业绩考核工作效率，提升了 EVA 决策、分析、预警的信息化支撑水平，通过该信息化系统的开发和运行，密切监控 EVA 及关键驱动因素的变动情况，加强了 EVA 指标的预警和分析功能。

二、EVA 监测管理体系的实施策略

EVA 监测管理体系的构建应充分实现对 EVA、EVA 财务类关键驱动指标和 EVA 非财务类关键影响指标的全面和动态监测；EVA 监测体系的实施应遵循"先简单、后复杂、先财务后业务、先法人后业务部门"的总体原则。EVA 监测体系的具体实施策略如下：

（一）与企业现有财务快报相结合

EVA 监测报表应在企业现行财务快报的基础上进行统一要求，统一月度 EVA 监测报表的上报要求，大部分 EVA 及 EVA 财务类关键驱动指标应能够通过财务快报直接取数或间接计算，从而不过多增加下属企业的 EVA 监测指标的加工和统计工作。

（二）与动态监测需要相结合

EVA 监测管理体系应能实现让集团公司领导和各相关部门及时了解集团各所属企业 EVA 的完成进度以及 EVA 财务类关键驱动指标和 EVA 非财

务类关键驱动指标的变动情况，进而提供"及时、可靠和有价值"的决策信息。

尽管月度 EVA、EVA 财务类关键驱动指标存在"月度很难精确，月度变动较为频繁和月度预算值较难确定"等监测难点，但是，若不以"月度"作为 EVA 监测的频率，则 EVA 监测的效果将滞后，且将失去分析、跟踪和预警的管理决策价值，因此 EVA 监测管理体系应该与"月度动态监测"的价值管理实际需要相结合。

（三）与预算管理工具相结合

EVA 监测管理体系应与企业现行的全面预算管理工具充分融合，EVA 监测指标应全面融入现行企业预算指标体系，这样才能起到对 EVA、EVA 财务类关键驱动指标和 EVA 非财务类关键驱动指标的"实时跟踪、定期分析和及时预警"作用，才能持续深化对 EVA 指标的全面监测。

由于 EVA 监测指标大部分很难及时取得同业对标企业的数据，因此 EVA 监测指标的预警只能与预算值和上年同期值或集团内部平均值进行差异比较，并通过"红黄绿灯"三盏预警信号灯，及时发现这些指标实际完成值偏离预算目标的情况和存在的问题，从而进行及时预警和排名通报，以便集团所属各企业能够及时查找问题，提出下一步的重点工作和改进措施，采取有效措施来提升改善 EVA。

（四）与现有管理信息系统相结合

EVA 监测管理体系的建立、运行和取得实效，离不开企业现有管理信息系统（ERP）的支撑。集团公司在设计 EVA 监测报表及监测指标体系时，应关注与企业现有管理信息系统的对接问题，提高数据报送和管理的效率，实现 EVA、EVA 财务类关键驱动指标和 EVA 非财务类关键驱动指标跟踪监控的"规范化、信息化、动态化"。

通过 EVA 监测管理体系与企业现有管理信息系统的全面结合，并以仪表盘、统计图表等多种形式，以可视化场景来全面展现出集团所属各企业 EVA、EVA 财务类关键驱动指标和 EVA 非财务类关键影响指标的完成值、预算完成进度、与上年同期和集团内部平均值的差异情况、预警情况和排名情况，从而提高 EVA 监测体系的直观化和智能化水平。

第二节　建立 EVA 监测预警体系

一、EVA 监测预警体系概述

EVA 监测预警体系是指企业在 EVA 监测的基础上，通过建立预警分析模型，识别异常 EVA 关键驱动指标，分析 EVA 关键驱动指标偏离预期目标值的原因，预警经营风险，并据此制定应对措施的过程。

公司负责人都会每月关注企业的销售总量及变化的数据，以此判断企业的经营状况并进行应对，这是一种最简单的监测预警行为。事实上，大部分企业都在进行着有意识或无意识的经营和绩效指标的监测预警，只是大部分企业未将其构建成一套完整的、行之有效的体系，未使这种监测与预警发挥最大的效果。

建立 EVA 监测预警体系，有利于企业及时识别正在恶化的 EVA 关键驱动指标，及时采取改进措施，使企业价值创造活动回归到正确的轨道上并有效运行，这样不仅可以保障企业 EVA 目标的实现，还可以避免某个 EVA 关键驱动指标严重恶化而束手无策的局面。

二、EVA 监测预警的主要内容

为了形成一套兼顾效率与质量的 EVA 监测预警体系，应找出 EVA 监测各个关键环节中提高效率与质量的方法。EVA 监测预警体系包括建立 EVA 监测指标体系、明确 EVA 监测指标的数据来源与计算口径、确定相关部门的职责分工以及制定监测时间表等关键环节。

1. 建立 EVA 监测指标体系

建立 EVA 监测预警体系，企业需要更多考虑的是 EVA 监测预警的成本与监测效率问题，若设计的 EVA 监测指标过多，在进行月度监测或季度监测时，都会产生大量的时间和人力成本，不仅会使 EVA 监测预警结果不能及时产生，还会影响公司的正常运营、影响员工的工作情绪。因此，企业应该在 EVA 关键驱动指标分析的基础上挑选出 EVA 最关键的财务类指标和部分非财务类指标（如图 9 - 1 所示），作为定期监测的对象、定期预警的依据。

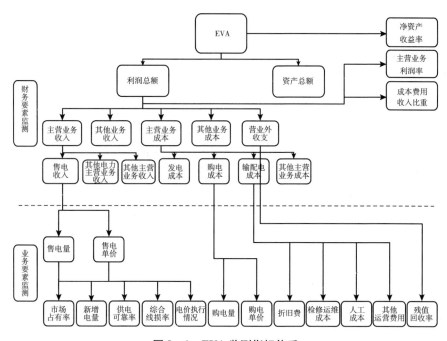

图 9 - 1　EVA 监测指标体系

2. 明确 EVA 监测指标的数据来源与计算口径

明确 EVA 监测指标的数据来源和计算方法，是保证 EVA 监测指标的一贯性，保证 EVA 监测预警准确性的基本要求，也是保证 EVA 监测指标的监测高效率完成的重要方法。因此，企业设计的 EVA 监测指标的数据来源要清晰、收集难度要较低，同时指标计算口径要明确统一，这是保障 EVA 指标监测的效率与质量，保障 EVA 监测预警有效实现的基本要求。

同一个 EVA 监测指标数据可来源于企业中的不同部门，例如销售增长率指标，其由各报告期间的销售总额计算所得，而一个企业中至少会有销售部门和财务部门可同时提供销售总额数据。以哪一个部门提供的数据作为监测指标数据来源，是否需要不同部门进行数据的交叉核对等，都关系到

EVA 监测指标的一贯性，都是明确 EVA 监测指标数据来源所不能忽略的问题。

同一个 EVA 监测指标，在不同的应用环境之中、不同人的理解之下，若存在不同的计算方法和标准，则当发生人员变更的时候，可能会产生同一 EVA 监测指标在不同时期由不同人员通过不同方法计算所得的结果纵向不可比，导致 EVA 监测预警准确性下降。因此，在建立 EVA 监测预警体系时，必须明确各个 EVA 监测指标的数据来源与计算方法，并以管理制度文件的方式下发给公司各相关部门和各所属企业。

3. 确定 EVA 监测相关部门的职责分工

为了保证 EVA 监测预警过程能够有序高效地完成，必须明确 EVA 监测预警各相关部门的职责分工。原始数据的提供、各个 EVA 监测指标的计算与复核、EVA 监测指标的汇总与提交等过程，都需要明确具体负责的部门及岗位，且不要轻易变更，否则，容易造成 EVA 监测指标统计及提交过程的混乱、监测效率下降。

4. 制定 EVA 监测预警时间表

制定 EVA 监测预警时间表，是保证 EVA 监测预警结果及时提交、预警分析报告及时生效的重要措施。若没有明确 EVA 监测预警的工作时间要求，往往就不能以较高效率完成，或会将 EVA 监测预警工作无限期押后，这样不仅会拖累部门整体甚至企业整体的工作，还会影响到其他工作的进行。因此，企业应将制定 EVA 监测预警时间表作为关键环节之一，务必使 EVA 监测预警工作能够高效完成，同时不对其他经营管理日常工作造成影响。

三、EVA 监测预警体系的设计思路

（一）EVA 监测预警体系的构建思路

企业构建 EVA 监测预警体系就要形成一套兼顾效率与质量的监测程序，以保障 EVA 监测预警的有效实施。首先，EVA 监测指标选取是否恰当、EVA 监测指标计算方法是否前后一致等是影响 EVA 监测预警质量的主要因素。其次，EVA 监测预警的效率高低，决定了预警是否及时、反应是否迅

速，是否能尽早排除价值创造活动严重偏离目标的风险和避免潜在的价值大幅毁损。

EVA 监测指标通常需要经过一系列财务和业务数据的收集与计算才能形成，这便造成了一定的滞后性。例如 EVA 监测指标体系中的 EVA 财务类关键驱动指标，其形成依赖于财务报表数据的及时完成，对于一般企业而言，月度财务报告已经是可以做到的最及时的报告了，这也意味着 EVA 财务类关键驱动指标的监测频率最多只能一月一次。因此，企业可以对 EVA 非财务类关键驱动指标建立更高效的监测频率和频次（周或者日），从而使获得 EVA 监测预警的时间缩减到最短。

（二）EVA 监测指标的预警方法

EVA 监测预警体系的预警方法可由单项 EVA 监测指标预警（如表 9 – 3 所示）和综合 EVA 监测指标预警两部分组成。综合指标预警是指由各单项 EVA 监测指标通过一定的数学、统计学分析方法构造而成的一个能够综合反映企业整体价值创造水平的指标，综合指标预警能够判断企业的整体价值创造趋势以及是否面临重大变化，起到综合预警的作用。

表 9 – 3　　　　　　　　　　单项 EVA 监测指标的预警

EVA 监测指标	目标值	实际值	偏差比例	警示灯	原因分析	改进方案
				绿灯		
				黄灯		
				红灯		

对出现黄灯和红灯的单项 EVA 监测指标，企业相关部门需要进行深入的分析，明确产生偏差的原因，及时制定价值改善举措。若企业只针对各单项 EVA 监测指标进行监测和预警，则容易忽略整体价值创造的风险水平，也容易忽略各 EVA 监测指标之间的相互影响关系；相反，若企业只关注综合 EVA 监测指标而忽略了各单项 EVA 监测指标的变化，则难以确定风险产生的具体因素。在单项 EVA 监测指标和综合 EVA 监测指标相结合的预警体系之下，企业才能够及时准确把握价值创造的状态与趋势，有效制定应对措施。

在企业预警领域中被较多使用的预警方法包括多元判别分析法、Logistic 回归法、人工神经网络法、线性加权和法等。多元判别分析法，是一种多元统计分析方法，其根据具有相同指标体系的多个样本数据，找出一种判别函数，使得这一函数能够区分不同类别样本。常用的多元判别分析法有距离判别法、贝叶斯判别法和费舍尔判别法等。Logistic 回归法即概率性非线性回归模型，是一种多元回归分析方法，用于研究二分类观察结果与一些影响因素之间的关系。人工神经网络法，是一种常见的机器学习实现方法，其基于多层次迭代计算的复杂非线性函数，通过对训练样本的学习，实现对输入样本进行分类的功能。

线性加权和法则是企业构建 EVA 监测预警体系的常用方法。线性加权和法，是通过以下公式构造综合评价指标的一种综合评价方法。

$$综合评价值 = \frac{\sum 单个\,EVA\,监测指标转化值 \times 权重}{\sum 权重}$$

上述公式中的指标转化值，是由各项指标通过无量纲化得出。无量纲化是指去除指标单位的影响的运算操作，是保证模型准确性和稳定性的必要步骤。指标的无量纲化可通过阈值法、线性标准化法、比重法等实现。当指标存在方向不一问题的时候，应注意选择合适的无量纲化方法消除方向不一的影响，或在无量纲化之前先调整指标方向。

权重是综合评价过程中指标相对重要程度的一种定量反映，同一组指标数据，不同的权重，可能会导致截然不同的评价结论。在进行权重设定时，应综合考虑评价者对各指标的重视程度、各指标在评价中所起的作用以及各指标的可靠程度三方面的因素。权重的赋值可分为主观赋权法和客观赋权法，其中主观赋权法包括专家评分法、相邻指标比较法、集值迭代法与层次分析法等；客观赋权法则包括变异系数法、复相关法与熵值法等。

利用线性加权和法我们可以获得综合绩效指标的计算公式，在确定综合 EVA 监测预警指标预警级别及临界值的基础上，完成 EVA 监测预警体系的构建。

此外，在企业 EVA 监测预警体系设计中，则较多采用"正常""提醒"和"报警"三个级别进行预警，企业应根据自身发展状况和管理需要设定预警级别。预警级别确定后，则需要根据一定标准设定各个预警级别的数值区间设定临界值，一般可采用的标准包括各绩效指标的最优值、目标值、合理经济界限、同行业平均值等。

例如，A 公司单项 EVA 监测指标预警采用三级预警法，其所处行业的平均净资产收益率为 6%。结合自身的历史数据及预警管理要求，A 企业对平均净资产收益率指标的预警级别划分如表 9 – 4 所示。

表 9 – 4　　　　　　　　　　　EVA 监测指标的预警级别

正常区间	提醒区间	报警区间
>12%	[6%，12%]	<6%

（三）EVA 监测预警结果的应用

在获得预警结果后，企业应根据预警结果进行分析、形成监测预警报告并制定应对措施。企业应指定具体部门，对绩效预警结果进行分析，找出绩效预警体系出现提醒或报警的原因、提出具体改进建议，并形成绩效监测预警分析报告，上交至企业管理层。企业管理层应在仔细研读预警报告，与各部门就预警报告进行充分讨论的基础上，明确应对措施。

应对措施可分为两类，一类是加强管控，另一类是改变工作方式。以三级预警体系为例，当部分单项绩效预警指标出现提醒或报警，而综合绩效预警指标为正常或提醒时，说明企业的经营出现了一定的潜在风险，但潜在风险转变为危机的可能性较低，此时应着重采取加强管控的措施进行应对。当单项绩效预警指标出现大面积提醒或报警，而综合绩效预警指标为提醒或报警时，说明企业的经营已出现较大风险，且风险转变为危机的可能性较大，此时应着重采取改变工作方式的措施进行应对。

在对预警结果进行分析时，应同时考虑预警体系的设计是否适合企业目前的状况、是否满足企业对绩效改进的需要。预警体系不能一成不变，应根据企业战略定位、经营目标变化等进行相应调整。

EVA 监测预警体系作为价值管理体系建设的关键内容之一，能够让集团公司领导和相关部门能够更及时地了解所属各企业的 EVA 变动情况，尤其是 EVA 关键驱动指标变动的预警情况，并能及时将 EVA 监测预警的结果及时反馈给集团所属各企业，以便各企业及时对存在的价值毁损点和薄弱环节进行针对性的改进和提高。

　　由此可见，EVA 监测预警体系不仅可以用于企业自身的业绩管理，还可以用于企业的战略管理、风险管理、投资决策、融资决策等方面。

参 考 文 献

[1] 赵治纲编著.EVA 业绩考核理论与实务 [M].北京：经济科学出版社，2009.

[2]［美］麦金森（Megginson，William）.公司财务理论 [M].大连：东北财经大学出版社，2002.

[3]［美］迈克尔·波特著.竞争战略 [M].北京：华夏出版社，1997.

[4] 赵治纲主编.中国式经济增加值考核与价值管理 [M].北京：经济科学出版社，2010.

[5] 戴维·扬，斯蒂芬·F.奥伯恩.EVA 与价值管理：实用指南 [M].李丽萍等译，北京：社会科学文献出版社，2002.

[6]［美］A.I.埃巴著，凌晓东等译.经济增加值——如何为股东创造财富 [M].北京：中信出版社，2001.

[7] 罗伯特·卡普兰，大卫·诺顿.平衡计分卡：化战略为行动 [M].刘俊勇，孙薇译，广州：广东经济出版社，2015.

[8] 张先治.基于价值的管理与公司理财创新 [J].会计研究，2008（8）.

[9] 赵治纲.中国特色管理会计体系核心内容及应用挑战 [J].会计之友，2015（8）.

[10] 刘圻，王春芳.企业价值管理模式研究述评 [J].中南财经政法大学学报，2011（5）：62 - 67 + 143.

[11] 刘淑莲.评估与价值创造战略研究——两种价值模式与六大驱动因素 [J].会计研究，2004（9）.

[12] 王化成，程小可，终岩.经济增加值的价值相关性 [J].会计研究，2004（5）.

［13］王斌，高晨．论管理会计工具整合系统［J］．会计研究，2004（4）．

［14］汤谷良，林长泉．打造 VBM 框架下的价值型财务管理模式［J］．会计研究，2003（12）．

［15］赵治纲．关于中央企业开展 EVA 业绩考核的一点思考［J］．中国总会计师杂志，2010（7）．

［16］翁世淳．从价值创造到市值管理：价值管理理论变迁研究评述［J］．会计研究，2012（4）．

［17］刘偲．EVA 在企业全面预算管理中的应用［J］．财经界（学术版），2019（24）．

［18］王纪平，高静静．企业集团如何设置 EVA 中心［J］．财务与会计（理财版），2013（3）．

［19］汪平．基于价值的企业管理［J］．会计研究，2005（8）．

［20］刘天放．基于 EVA 的全面预算管理模式［J］．财经界（学术版），2015（3）．

［21］赵治纲．央企 EVA 考核需要理念和行为的根本性转变［J］．中国总会计师，2011（1）．

［22］陈娇娇．基于 EVA 关键驱动因素的体系分析［J］．时代金融，2018（8）．

［23］罗乾宜．企业 EVA 体系中战略风险管控的导入［J］．财务与会计，2011（7）．

［24］陈莉．EVA 评价指标在全面预算管理中的应用［J］．企业改革与管理，2021（1）．

［25］陈艳．价值管理理论发展：回顾与展望［J］．财会通讯（综合版），2007（3）．

［26］陈寅霏．基于 EVA 的全面预算管理实施效果及建议［D］．江西财经大学，2019．

［27］成文东．基于 EVA 的企业全面预算管理体系构建［J］．财会通讯，2018（32）．

［28］高洋．基于 EVA - BSC 的华能国际价值管理模式研究［D］．华北水利水电大学，2019．

［29］池国华，王志，杨金 . EVA 考核提升了企业价值吗？——来自中国国有上市公司的经验证据［J］. 会计研究，2013（11）.

［30］杜璠 . 基于经济增加值的 A 公司预算管理研究［D］. 重庆理工大学，2020.

［31］高登云，李露，卞卉 . 基于 BSC 的企业区块链财务共享中心绩效评价研究［J］. 财经界，2021（1）.

［32］郭晓烨 . 基于 EVA 的 S 纺织公司全面预算体系优化研究［D］. 哈尔滨工业大学，2020.

［33］韩雪琪 . 基于 EVA 的 H 国有企业全面预算管理体系的优化研究［D］. 华侨大学，2020.

［34］蒋学文 . 基于 EVA 的 BC 公司价值管理体系构建研究［D］. 河北大学，2019.

［35］雷娜，邓淑红，雷清 . 非财务因素对企业绩效 EVA 的影响研究——以中国农业上市公司为例［J］. 会计之友，2016（1）.

［36］李海莉 . 基于经济增加值的企业全面预算管理方法探究［J］. 金融经济，2019（4）.

［37］李虎 . 基于 EVA 的企业全面预算管理研究［J］. 财经界（学术版），2014（33）.

［38］李俊山 . 基于经济增加值的企业全面预算管理探究［J］. 中国市场，2020（12）.

［39］李孟阳，郭朝阳 . 非财务指标在企业业绩评价体系中的应用［J］. 财会通讯，2017（17）.

［40］李照亮 . 基于 EVA 的企业全面预算管理体系构建研究［D］. 哈尔滨工程大学，2011.

［41］卢青 . 中央企业在 EVA 考核环境下的全面预算管理的新方向［J］. 时代金融，2013（24）.

［42］鲁静 . BSC、EVA 提升与 KPI 在企业绩效评价中的整合分析［J］. 现代商贸工业，2019（40）.

［43］栾盈莹 . 构建基于 EVA 的全面预算管理体系的探讨［J］. 金融经济，2019（16）.

［44］牟乐海 . 基于 EVA 的企业价值管理体系构建研究［D］. 山东大

学，2019.

［45］牛莉莹.企业集团加强全面预算管理的路径研究［J］.会计之友，2018（15）：8.

［46］邱鸿飞.EVA 考核在企业深入应用的探讨［J］.中国总会计师，2018（7）.

［47］苏世伟，唐德善.市场增加值（MVA）在价值创造评价体系中的作用［J］.会计之友，2004（6）.

［48］孙立荣，王洪姝.EVA 应用的局限性及改进建议［J］.会计之友（B），2005（4）.

［49］王丹，林凡鑫.基于社会责任的 EVA 企业价值评估——以 GDDL 公司为例［J］.财会月刊，2014（12）.

［50］吴琳芳.基于 EVA 的 BSC 体系在企业业绩评价中的应用分析［J］.会计之友，2011（20）.

［51］谢桦.上市公司绩效指标评价体系研究［J］.财会通讯，2014（12）.